AF883089

IMMIGRATION ET NATIONALITÉ :

Droit français, helvétique et congolais (RD Congo) à la lumière du droit international.

Préface de Léon Matangila Musadila

Ange Sankieme Lusanga

IMMIGRATION ET NATIONALITÉ :

Droit français, helvétique et congolais (RD Congo) à la lumière du droit international.

Préface de Léon Matangila Musadila

L'Harmattan

© L'HARMATTAN, 2023
5-7, rue de l'École-Polytechnique ; 75005 Paris

www.editions-harmattan.fr

ISBN : 978-2-14-049862-6
EAN : 9782140498626

Préface

Il est pour moi un réel plaisir moral et intellectuel de préfacer l'ouvrage du Professeur Ange Sankieme Lusanga qui a pour matrice *Immigration et nationalité : analyse du droit français, helvétique et R.D. congolais à la lumière du droit international.*

Ces pages articulent les intuitions à la fois juridiques et théologiques de l'auteur, la nécessité de conformer les législations nationales dont françaises, helvétiques et congolaises (R.D.Congo) en matière de l'immigration et de la nationalité avec le droit international, l'impératif de soumettre les droits nationaux aux exigences du respect de la dignité humaine de l'immigré pour éviter les pièges de l'apatridie, de la discrimination, de l'exclusion et du non-respect des droits de l'homme pour des raisons administratives, juridiques et politiques.

En effet, Ange Sankiemme Lusanga est à la fois Docteur en théologie et en droit des universités helvétiques. Membre de l'Union internationale des Avocat de Paris, Avocat au barreau de Matete à Kinshasa en R.D.Congo, il consacre sa vie à la défense des causes des réfugiés et des demandeurs d'asile en Suisse, outre l'enseignement et la formation des jeunes universitaires qui constitue sa passion.

L'objectif de Ange Sankieme Lusanga dans cet ouvrage est notamment la création d'un cadre légal international qui servirait de référentiel pour les Etats sur ces questions.. Ceci permettra un traitement équitable des personnes dans le respect de leur dignité, sans préjugé et sans discrimination. Ainsi, il propose comme critères pour tous les États notamment la durée de résidence, la maîtrise de la langue, la double nationalité et les connaissances civiques ou culturelles.

L'auteur soulève des questions qui interpellent la conscience commune : « En lien avec l'acquisition de la nationalité, que peut-on exiger raisonnablement à un migrant qui est un résident de longue durée ? A l'inverse, qu'est-ce que ce dernier peut attendre de son pays d'accueil avant l'octroi de la nationalité ? Faut-il ou pas reconnaître aux citoyens d'une minorités culturelles, qu'ils soient migrants de première ou de deuxième génération des droits culturels spécifiques ? »

Ange Sankieme Lusanga repose sa réflexion sur certaines hypothèses ; « Il me semble injuste de refuser l'accès des immigrants à la nationalité après les avoir admis en grand nombre. Aussi, les exigences imposées par différents Etats pour l'accès à la nationalité sont variées d'un espace à l'autre. De mon point de vue, ceci ne peut être justifié par une quelconque spécificité historique, morale et politique des Etats ».

L'auteur est bien conscient que l'articulation entre les droits nationaux des Etats et le droit international sur les questions de l'immigration et de la nationalité se pose dans plusieurs Etats. Il se limite à la France, la Suisse et la R.D. Congo. Il reconnait cependant que ses cogitations peuvent se vérifier ailleurs. Aussi, il n'a pas la prétention d'épuiser la réflexion sur les questions d'immigration et de nationalité dans les tensions qu'elles peuvent soulever quant à l'articulation des droits nationaux et le droit international avec l'accent sur le droit de l'homme et la non-discrimination. Les apports des autres chercheurs sont souhaitables et indispensables pour enrichir la cogitation sur les questions de la politique migratoire des Etats, les demandes d'asile et le traitement des réfugiés.

La démarche poursuivie par l'auteur est « à la fois juridique, historique, réflexive et critique, nourrie de l'expérience du terrain et des contacts directs avec les réfugiés et les demandeurs d'asile. La lecteurs de certains ouvrages m'ont permis d'enrichir mes intuitions à partir des apports des autres ».

Outre l'introduction générale, les préliminaires et la conclusion générale, l' ouvrage est organisé en deux parties. La première a pour matrice les droits européens de la nationalité. La seconde a pour pierre de touche les origines des lois africaines sur la nationalité.

Le mérite de Ange Sankieme Lusanga est d'avoir proposé la création d'un cadre légal international qui servirait de référentiel pour les Etats sur les questions relatives à l'immigration et à la nationalité pour un traitement équitable des immigrés et des demandeurs d'asile, dans le respect de leur dignité, sans préjugé et sans discrimination : la durée de résidence, la maîtrise de la langue, la double nationalité et les connaissances civiques ou culturelles.

Le monde scientifique et les activistes des droits de l'homme ne peuvent que se réjouir pour cet œuvre de rupture, de responsabilité et d'inspiration dont je recommande vivement non seulement la lecture mais surtout la mise en application par toutes les personnes de bonne volonté, habilitées dans la gestion des politiques migratoires et des questions de nationalité..

Léon Matangila Musadila

Professeur des Universités

Directeur de l'Harmattan RD Congo

Doyen Honoraire de la Faculté des Lettres et Sciences Humaines

Université de Kinshasa/ RD Congo

Introduction

Ces pages ont pour pierre de touche *Immigration et nationalité : analyse du droit français, helvétique et R.D. congolais à la lumière du droit international.*

Certaines raisons justifient cet ouvrage. En effet, la question de la migrations représente un phénomène endémique tout au long de l'histoire humaine. Or si sa progression parmi les priorités de l'agenda politique des pays développés en particulier semble inexorable, sa progression au rang des priorités des pays africains en général est en revanche plus lente et négligée.

Ce qu'il faut bien voir, du point de vue de la théorie politique comme de la pratique, la question de la nationalité peut, dans certains pays, conduire à l'apatridie, à la discrimination et à l'exclusion pour des raisons administratives, juridiques et politiques.

Conscient des tensions persistantes entre l'articulation des droits nationaux et le droit international sur les politiques nationales migratoires des Etats, les questions de nationalité avec pour conséquences notamment la discrimination, le non-respect des droits de l'homme, l'apatridie... mon objectif est de sensibiliser les législateurs et les politiciens à la nécessité de la création d'un cadre légal international qui servirait de référentiel pour les Etats sur ces questions.. Ceci permettra un traitement équitable des personnes dans le respect de leur dignité, sans préjugé et sans discrimination.

Certaines questions ont été soulevées dans cet ouvrage. En effet, à propos de la migration, l'Etat a-t-il ou pas le droit de décider qui peut être admis sur son territoire ? Faut-il envisager un monde sans frontière, avec libre circulation des personnes ? Convient-il au contraire d'inventer une voie moyenne légitime entre ces deux extrêmes ? En lien avec l'acquisition de la nationalité, que peut-on exiger raisonnablement à un migrant qui est un résident de longue durée ? A l'inverse, qu'est-ce que ce dernier peut attendre de son pays d'accueil avant l'octroi de la nationalité ? Faut-il ou pas reconnaître aux citoyens d'une minorités culturelles, qu'ils soient migrants de première ou de deuxième générations des droits culturels spécifiques ? A titre illustratif, une fille musulmane peut-elle ou pas avoir le droit de porter un foulard à l'école ?

Ma réflexion repose sur certaines hypothèses. Il me semble injuste de refuser l'accès des immigrants à la nationalité après les avoir admis en grand nombre. Aussi, les exigences imposées par différents Etats pour l'accès à la nationalité varient d'un espace à l'autre. De mon point de vue, ceci ne peut être justifié par une quelconque spécificité historique, morale et politique des Etats. Ainsi,, on peut retenir certains critères sur la base desquels tous les États se conformeraient .. reposeraient leurs décisions. Ce référentiel légal peut être la durée de résidence, la maîtrise de la langue, la double nationalité et les connaissances civiques ou culturelles

Le débat sur l'articulation entre les droits nationaux des Etats et le droit international sur les questions de l'immigration et de la nationalité se pose dans plusieurs Etats. Les cas d'apatridie, de discrimination et d'exclusion sont fréquents dans plusieurs pays. Je me limite à la France, la Suisse et la R.D. Congo. Je reconnais cependant que mes cogitations peuvent se vérifier ailleurs. Aussi, je n'ai pas la prétention d'épuiser la réflexions sur les questions d'immigration et de nationalité dans les tensions qu'elles soulèvent quant à l'articulation des droits nationaux et le droit international avec l'accent sur le droit de l'homme et la non-discrimination. Les apports des autres chercheurs sont souhaitables et indispensables pour enrichir la cogitation sur les questions de politique migratoire des Etats, les demandes d'asile et le traitement des réfugiés.

Ma démarche est à la fois juridique, historique, réflexive et critique, nourrie de l'expérience du terrain et des contacts directs avec les réfugiés et les demandeurs d'asile. La lecture de certains ouvrages m'ont permis d'enrichir mes intuitions à partir des apports des autres.

Mis à part l'introduction générale, les préliminaires et la conclusion générale, cet ouvrage est organisé en deux parties. La première a pour matrice les droits européens de la nationalité. La seconde se corse sur les origines des lois africaines sur la nationalité.

Préliminaires

Le présent ouvrage est une étude comparée des droits de la nationalité des certains Etats où il se pose des problèmes administratifs, juridiques et politiques qui peuvent causer l'apatridie, la discrimination et l'exclusion. Sont ainsi examinées les législations de la France, de la Suisse et de la République Démocratique du Congo (RDC) en matière de la nationalité, ainsi que les instruments juridiques internationaux en matière des droits de l'homme et de la non-discrimination. Par ailleurs, la recherche illustre la législation et les pratiques sur l'égalité, la non-discrimination, les demandeurs d'asile et les réfugiés, dont le traitement réservé aux migrants et à la politique migratoire.

En effet, la question de la migrations représente un phénomène endémique tout au long de l'histoire humaine. Or si sa progression parmi les priorités de l'agenda politique des pays développés en particulier semble inexorable, sa progression au rang des priorités des pays africains en général est en revanche plus lente et négligée.

En fait, la problématique de la migration soulève, tant au niveau de la pratique que de la théorie politiques des questions, notamment celle de l'entrée des migrants (qui consiste de savoir si les États ont le droit de décider qui admettre sur leur territoire, si nous devrions plutôt aspirer à un monde aux frontières ouvertes ou s'il est possible de trouver une voie moyenne légitime entre ces deux extrêmes) ; celle de l'acquisition de la nationalité pour les résidents de longue durée par exemple (il s'agit de la question de savoir ce que l'on peut raisonnablement exiger des migrants et ce que ceux-ci peuvent raisonnablement attendre de leur pays d'accueil avant de leur accorder sa nationalité ; celle de savoir s'il convient de reconnaître aux citoyens appartenant aux minorités culturelles, en particuliers, qu'ils soient des migrants de première ou de deuxième génération, des droits culturels spécifiques en plus des droits généraux qu'ils possèdent en tant que citoyens (il s'agit par exemple de déterminer si les jeunes filles musulmanes devraient avoir le droit de porter le foulard à l'école et si les personnes d'origine africaine devraient garder leurs traditions).

Cependant, ces questions sont à l'évidence liés entre elles. Il serait par exemple injuste de refuser l'accès des immigrants à la nationalité après les avoir admis en grand nombre et les États qui facilitent l'accès à la nationalité se montrent souvent favorables aux droits culturels spécifiques.

Par ailleurs, les exigences que les différents États européens par exemple imposent aux résidents étrangers qui souhaitent acquérir la nationalité sont en effet très diverses. Or, il n'est pas certain qu'une telle diversité soit acceptable, même si l'on reconnaît que ces États ont des cultures politiques, des histoires nationales et des conceptions morales d'eux-mêmes très dissemblables.

Toutefois, on peut néanmoins retenir certains critères sur la base desquels pratiquement tous les États (pas seulement en Europe) fondent leurs décisions. Il s'agit de la durée de résidence, de la maîtrise de la langue, de la double nationalité et des connaissances civiques ou culturelles. En Europe occidentale, la durée minimale de résidence avant que les étrangers puissent demander la nationalité varie de trois ans (en Belgique) à dix (en Suisse), avec une moyenne de sept ans. Certains États, notamment l'Italie et l'Autriche, prévoient par ailleurs des périodes de résidence sensiblement plus courtes pour les ressortissants des autres pays européens (quatre ans au lieu de dix) et d'autres exigent de façon similaire des périodes plus courtes pour les candidats provenant de pays avec lesquels ils sont culturellement ou historiquement liés. La maîtrise de la langue du lieu de résidence est une condition très fréquente, même si elle n'est pas universelle et si le niveau de compétence exigé, ou la rigueur avec laquelle il est testé, varie d'un pays à l'autre. Une maîtrise de base semble toutefois indispensable afin de permettre une participation au marché du travail et à la société civile. Quant à la double nationalité, elle est officiellement tolérée dans huit et interdite dans sept des quinze États membres de l'Union européenne avant l'élargissement. Le Royaume-Uni est probablement le pays dont l'attitude est la plus libérale à l'égard des personnes récemment naturalisées qui souhaitent conserver leur nationalité d'origine, tandis que l'Allemagne est, à l'inverse, le pays le moins tolérant. Enfin, les examens de citoyenneté se présentent eux aussi sous des formes différentes, allant des questions factuelles sur une connaissance civique de base à une évaluation plus approfondie des attitudes des candidats à l'égard de la culture et des valeurs de leur nouvelle société, voire une évaluation de leurs croyances personnelles.

Les procédures de naturalisation des États européens sont rendues plus complexes encore du fait de la multitude d'exemptions, de restrictions et de privilèges spéciaux qu'elles réservent aux différentes catégories de migrants qui souhaitent accéder à la nationalité, bien que certains États imposent une période de résidence plus courte pour les ressortissants d'un autre pays de l'Union européenne, comme susmentionné. À l'inverse, la procédure de naturalisation est plus difficile pour les autres migrants, bien qu'ils aient séjourné dans leur pays d’accueil depuis très longtemps. En outre, les règles de naturalisation pour les conjoints et les enfants de nationaux sont généralement plus souples, même si la situation varie là aussi selon les États.

Dans certains États, les droits de citoyenneté auxquels les résidents de longue durée ne peuvent pas prétendre sont très peu nombreux, bien que les droits réservés à la citoyenneté comprennent au minimum le droit de voter aux élections nationales et d'accéder aux fonctions officielles. En réalité, bien d'autres prérogatives sont généralement réservées aux seuls citoyens. Toutefois, certains Africains discriminent même leurs propres citoyens d'origines à l'instar de la proposition de Loi dite "Congolais de Père et de Mère » pour accéder aux hautes fonctions en RDC. Or depuis l'indépendance de ce pays en 1960 à ce jour, les péripéties liées à la reconnaissance et à la contestation de la nationalité à certains groupes de Congolais ont ponctué les crises politiques, voire sécuritaires à cause des inégalités politiques qui revêtent aussi les inégalités dans l'accès aux fonctions stratégiques dans l'appareil de l'État ou l'accès aux fonctions publiques. Cette triste réalité que nous pensions clore avec l'avènement de la loi sur la nationalité n° 04/024 du 12 novembre 2004 qui selon son exposé de motif, « a pour but de répondre d'une part aux prescrits de la Constitution … et d'autre part aux critiques pertinentes formulées par les délégués aux assises du Dialogue Inter-Congolais contre la législation congolaise en matière de nationalité (spécialement l'Ordonnance-loi n° 71-002 du 28 mars 1971, la Loi n° 72-002 du 05 janvier 1972 dans son article 15 et le Décret-loi n° 197 du 29 janvier 1999 modifiant et complétant la Loi n° 81-002 du 29 juin 1981), refait surface à quelques mois des élections générales en RDC, avec des incidences sur les fondements de la nation et les principes de la démocratie participative. En effet, tel un ballon d'essai, une proposition de loi fut déposée à l'Assemblée Nationale depuis 2021 qualifiée par l'opinion de *« loi de Père et de Mère »* qui veut qu'il faille être Congolais de père et de mère pour être candidat Président de la République et accéder à certaines hautes fonctions. Mise en jachère, cette proposition est défrichée et inscrite au calendrier de la session parlementaire de Mars 2023 comme « Proposition de loi modifiant et complétant la Loi n° 04/024 du 12 novembre 2004 relative à la nationalité congolaise » *déposée par le député NSINGI PULULU.*

Ce sujet qui divise est une proposition de loi déposée à l'Assemblée nationale, qui propose, d'un côté, le caractère irrévocable de la nationalité congolaise. D'un autre côté, l'initiative prévoit le verrouillage de l'accès à certaines fonctions dites régaliennes comme celles du président de la République. Ainsi, les Congolais nés d'un ou de parent(s) étranger(s) pourraient se voir refuser le droit d'être candidats aux fonctions suprêmes.

Concernant le continent africain à l'instar de la RDC, le livre s'inspire du rapport de Bronwen Man-by, Les lois sur la nationalité en Afrique. Une étude comparée où les droits africains de la nationalité sont traités en intégralité. En effet, dans de nombreux pays africains, les lois sur la nationalité font preuve de générosité. Le moyen le plus simple de s'assurer que les enfants nés dans un pays ne risquent pas d'être des apatrides consiste à appliquer strictement le jus soli, et à accorder automatiquement la nationalité à tout enfant né sur le sol national. Parmi les pays dont les lois prévoient ce principe (avec une exception pour les enfants de diplomates ou d'autres représentants d'États étrangers) figurent la Guinée équatoriale, le Lesotho, la Tanzanie et le Tchad. En outre, les législations de plus de vingt autres pays prévoient soit l'octroi automatique de la nationalité d'origine aux enfants nés de parents eux-mêmes nés dans le pays, soit la possibilité pour les enfants nés sur le territoire de parents non-citoyens de demander la nationalité de naissance ou d'origine s'ils sont toujours résidents du pays lorsqu'ils atteignent l'âge de la majorité. Un petit nombre d'autres pays (Afrique du Sud, Cap Vert, Namibie et São Tomé et Príncipe) accordent la nationalité aux enfants nés sur leur territoire de parents ayant légalement résidé sur celui-ci pendant une longue durée. Plusieurs autres pays de tradition civiliste ont des dispositions permettant aux personnes qui ont toujours été traitées comme des citoyens d'obtenir des pièces d'identité nationale sans avoir besoin de fournir des preuves de filiation ou de lieu de naissance. Selon le Code de la nationalité du Gabon de 1998, les enfants nés dans les zones frontalières des pays voisins du Gabon ou élevés par des citoyens gabonais et ayant vécu au Gabon pendant dix ans peuvent demander la nationalité d'origine gabonaise lorsqu'ils atteignent l'âge de la majorité.

Plus de la moitié des pays africains prévoient donc, au moins sur le papier, que la plupart des enfants nés sur leur sol ont la nationalité d'origine ou peuvent la demander lorsqu'ils atteignent l'âge de la majorité. Mais plus de vingt autres pays soit ne prévoient pas que les enfants nés sur leur territoire aient le droit à la nationalité, soit ne prévoient de droit « alternatif » à la nationalité que pour les enfants nés sur le territoire de parents inconnus (cas extrêmement rare). Figurent dans ce groupe certains pays prévisibles et d'autres plus inattendus : l'Algérie, le Botswana, le Burundi, la Côte d'Ivoire, Djibouti, l'Égypte, l'Érythrée, l'Éthiopie, la Gambie, la Guinée-Bissau, le Kenya, le Libéria, Madagascar, l'Ile Maurice, le Maroc, le Nigeria, les Seychelles, la Sierra Leone, la Somalie, le Soudan, le Swaziland et le Zimbabwe. Il s'agit là d'un problème particulièrement inquiétant lorsque la nationalité par filiation est discriminatoire sur la base du genre, ce qui laisse les enfants de pères non-citoyens dans une situation particulièrement vulnérable. Cette situation existe dans sa forme la plus sévère à Madagascar, au Swaziland, au Zimbabwe, et aussi, dans certains cas et malgré les récentes réformes, au Maroc.

Les enfants et les adultes affectés par ces législations sont présents sur tout le continent africain. Ils représentent une énorme population de personnes privées du droit de vote et de représentation, exclues de la pleine citoyenneté du pays où elles vivent (et qui est souvent les seuls qu'elles n'aient jamais connus).

La discrimination raciale, ethnique et religieuse est au nombre des éléments qui posent le plus problème dans les législations. En effet, sur la nationalité de certains pays africains, il y a le recours explicite à des critères raciaux ou ethniques. Dans au moins une demi-douzaine de pays, il existe des dispositions qui, explicitement, excluent les personnes de certains groupes ethniques ainsi que leurs enfants et petits-enfants de l'accès à la nationalité d'origine. Les cas les plus extrêmes sont ceux du Libéria et de la Sierra Leone, tous deux fondés par des esclaves libérés, où seules les personnes « d'ascendance noire » peuvent être citoyens d'origine. En outre, en Sierra Leone, les conditions de naturalisation des « non noirs » sont plus sévères que pour les noirs. Pour le Libéria, les personnes qui ne sont pas « d'ascendance noire » sont non seulement exclues de la nationalité d'origine, mais en plus interdites de devenir citoyens par naturalisation « afin de préserver, promouvoir et maintenir la culture, les valeurs et le caractère libériens positifs ».

D'autres pays pratiquent une préférence raciale. Au Malawi, la nationalité d'origine est réservée à ceux qui ont au moins un parent qui est non seulement citoyen du Malawi, mais est de plus de « race africaine ». Le Mali ne pose pas de conditions générales d'ethnicité pour la nationalité, mais octroie la nationalité d'origine à tout enfant né au Mali de mère ou de père « d'origine africaine » et qui y est lui-même ou elle-même né, alors que cette disposition ne s'applique pas si aucun des parents n'est « d'origine africaine ». Plusieurs autres pays font la même distinction, et accordent un traitement préférentiel en matière de naturalisation aux personnes originaires d'un autre pays africain (en pratique défini en termes de race plutôt que de nationalité). Le Ghana a récemment étendu ce principe aux membres de la diaspora africaine et leur permet de s'installer, et par la suite de devenir citoyens, selon des conditions plus faciles que pour les personnes qui ne sont pas d'ascendance africaine.

Plusieurs pays d'Afrique du Nord ont une législation discriminatoire en fonction de critères religieux. En Égypte, au Maroc, et plus particulièrement en Libye, les règles en matière de naturalisation, de reconnaissance ou de perte de la nationalité sont discriminatoires à l'égard des non-musulmans et des non arabes. En Algérie, bien que le droit à la nationalité ne soit apparemment pas soumis à une condition de religion, les règles en matière de preuve du droit à la nationalité d'origine privilégient ceux qui ont des parents musulmans.

Une autre forme de discrimination existe dans les pays qui ont des conditions de nationalité basées sur le concept « d'origine autochtone » plutôt que sur la race, mais dont les effets sont les mêmes en pratique. C'est le cas par exemple de RDC où la Constitution dispose expressément que la nationalité d'origine est réservée aux personnes membres d'une «

communauté autochtone » présente dans le pays au moment de l'indépendance et plusieurs textes jalonnent l'historique congolais du droit de la nationalité dont certains sont liés aux états d'âmes que cette question a toujours soulevés ici ou ailleurs. Car, en fin de compte, la nationalité demeure une question de survie individuelle et collective. C'est ce qui justifie le foisonnement des textes juridiques en la matière qui ont traité la question de nationalité d'origine.

Le tout premier texte juridique qui définit et organise la nationalité en territoire Congolais est le *décret du 27 décembre 1892.* La nationalité s'acquiert originellement de façon restrictive par les personnes nées sur le territoire congolais des parents congolais ; *c'est à la fois le « jus sanguinis » et le « jus soli »*. En effet, la personne née des parents congolais en dehors du territoire congolais était exclue de la nationalité congolaise d'origine. Tout comme la personne née d'un père congolais avec une mère étrangère ou d'une mère congolaise avec un père étranger même sur le territoire congolais, a fortiori en dehors du territoire congolais. Ce décret est resté en vigueur jusqu'en septembre 1965. Il a été abrogé par le décret – loi du 18 septembre 1965 relatif à la nationalité.

Plusieurs textes jalonnent l'historique congolais du droit de la nationalité dont certains sont liés aux états d'âmes que cette question a toujours soulevés ici ou ailleurs. Car, en fin de compte, la nationalité demeure une question de survie individuelle et collective. C'est ce qui justifie le foisonnement des textes juridiques en la matière qui ont traité la question de nationalité d'origine. Pris en exécution des dispositions des articles 4 et 7 de la Constitution du 1er août 1964 dite de Luluabourg, *le décret-loi du 18 septembre 1965 portant loi organique relative à la nationalité congolaise* fut pris. Ce décret avait abordé tous les aspects traitants de la nationalité. Il produisait ses effets au 30 juin 1960. *La nationalité s'acquérait par filiation du père ou de la mère.*

Quant à la loi n° 72-002 du 5 janvier 1972 relative à la nationalité zaïroise (congolaise aujourd'hui), la nationalité est conférée soit par voie d'attribution soit par voie d'acquisition ; l'acquisition de la nationalité est limitée à 4 modes : *la filiation*, la présomption de la loi, l'option et la naturalisation.

S'agissant de la loi n° 81-002 du 29 juin 1981, elle établit *la reconnaissance à la mère de transmettre également la nationalité zaïroise par filiation. Le « jus sanguinis »*, principe de transmission par filiation, est l'option fondamentale pour l'acquisition de la nationalité. Il faut noter que jusqu'alors ce principe n'a été appliqué dans le système zaïrois qu'au profit du père. C'est bien là l'héritage colonial qui a privilégié la descendance patrilinéaire sans tenir compte de coutumes matrilinéaires d'une grande partie de la population zaïroise. En introduisant le principe de la transmission de la nationalité par la mère, la présente loi avait donné une dimension nationale nouvelle au droit de la nationalité en RDC.

Le décret-loi n° 197 modifiant et complétant la loi n° 81-002 du 29 juin 1981 sur la Nationalité Congolaise renforce les principes fondamentaux de la nationalité congolaise affirmée par la loi du 29 juin 1981 : *la transmission de la nationalité par la mère.*

L'actuelle loi *n° 04/024 du 12 novembre 2004 relative à la nationalité congolaise* a selon son exposé de motif, pour but de répondre d'une part aux prescrits de l'article 14, alinéa 3 de la Constitution de la transition et d'autre part aux critiques pertinentes formulées par les délégués aux assises du Dialogue Inter-Congolais contre la législation congolaise en matière de nationalité. Le principe de la reconnaissance de la nationalité congolaise s'applique au congolais qui l'est d'origine soit par appartenance, soit par filiation soit encore par présomption de la loi. L'option fondamentale pour la reconnaissance de la nationalité congolaise est le principe de la transmission par filiation, par le «*jus sanguinis*» : l'enfant reçoit en naissant la nationalité de son père, de sa mère ou des deux. Aux termes de l'art. 7 de la loi, « est congolais dès la naissance l'enfant dont l'un des parents - le père ou la mère - est congolais. Il suffit donc que l'enfant naisse d'un père congolais ou d'une mère congolaise pour qu'il lui soit reconnu la nationalité congolaise. Le lieu de naissance importe peu ; il peut être né en RDC. ou à l'étranger, la reconnaissance de la nationalité congolaise d'origine est subordonnée à la seule qualité de congolais de l'un des parents (ou des deux) sans que ne puisse être pris en considération le sexe masculin ou féminin de ce parent.

L'application et l'interprétation de cette disposition ont contribué à entretenir des conflits pendant plusieurs années. De même, la Constitution ougandaise réserve largement la nationalité d'origine aux personnes ayant des ascendants « d'origine autochtone ». Bien que n'étant pas aussi restrictive, la Constitution du Nigéria comporte des règles similaires. En Érythrée, la nationalité d'origine est accordée à une personne née de père ou de mère « d'origine érythréenne ».

La loi sur la nationalité somalienne de 1962 prévoit que toute personne « qui par origine, langue, ou tradition appartient à la nation somalienne » et habite la Somalie obtient automatiquement la nationalité. En Côte d'Ivoire où la discrimination ethnique dans l'octroi de la nationalité est largement pratiquée, bien que n'étant pas inscrite dans la loi, les réformes juridiques ne sont pas suffisantes, même si elles constituent un point de départ essentiel vers le règlement de ce problème de discrimination et d'exclusion.

Signalons que le pouvoir discrétionnaire traditionnellement reconnu aux États en matière d'acquisition et de retrait de la nationalité n'est pas sans limite. Plusieurs principes développés par le droit international et la jurisprudence encadrent cette prérogative étatique : l'obligation d'éviter et de réduire les cas d'apatridie ; l'interdiction de la privation arbitraire de nationalité ; et l'obligation générale de non-discrimination.[1] Des mécanismes de plainte individuelle existent également devant certains organes institués par les principaux traités internationaux de protection des droits de l'homme.

De ce qui précède, force est de constater que depuis la naissance des États-nations, la nationalité a été le moyen le plus sûr pour définir une égalité entre les individus. Toutefois, des attitudes discriminatoires perdurent et voir même dans les sociétés libérales où des procédures de naturalisation sont très restrictives. Or le rôle de la citoyenneté doit être considéré comme moteur d'inclusion.

Selon la doctrine en cours dans les sociétés occidentales, la citoyenneté/nationalité est un instrument normatif qui constitue la base essentielle de l'égalité et de la dignité sociale. Les constitutions modernes rejettent en général tout ce qui crée des discriminations au sein de la population. Par conséquent, l'égalité et la respectabilité comprennent non seulement des droits, mais aussi des obligations et des responsabilités, liées au statut politique et légal de la citoyenneté. Les membres d'une collectivité ne jouissent cependant pas tous du même degré de respectabilité. L'absence de droits ou une asymétrie entre droits et devoirs peut entraver leur participation pleine et entière au sein d'une communauté politique, et engendrer ou renforcer ainsi des discriminations. La perception d'autrui peut par ailleurs conduire à des discriminations envers d'autres habitants, quel que soit leur statut. Traditionnellement, seuls les citoyens *pleno jure* jouissent pleinement de la protection de l'État et des droits constitutionnels. Voici les questions clés qui se posent dès lors: qui est citoyen? Comment étendre la citoyenneté aux non-citoyens? Quelles attitudes garantissent le respect mutuel? C'est sur la volonté d'inclure ou d'exclure des résidents non encore considérés comme citoyens que le débat s'est focalisé ces dernières décennies. Si les constitutions libérales n'excluent en principe que rarement des citoyens ou des membres de l'électorat pour des raisons d'ordre culturel, religieux ou ethnique, ces critères jouent un rôle important dans l'évaluation ou l'appréciation de possibles futurs citoyens.

L'histoire de la démocratie montre que des régimes démocratiques et performants peuvent être perçus de différentes manières. Une partie de la population peut par exemple trouver un système inclusif et progressiste, tandis qu'une autre partie peut le juger discriminatoire et hégémonique. Les pratiques de marginalisation se fondent en général sur l'évaluation de

[1] Article 5 de la convention européen sur la nationalité.

critères à même de justifier l'exclusion. Aux États-Unis, par exemple, l'origine ethnique et le sexe ont longtemps limité l'accès au service militaire, voire, dans une «république en armes», à la citoyenneté. Outre l'origine ethnique et le sexe – critères de ségrégation appliqués au début du républicanisme –, la classe sociale a aussi servi de critère d'exclusion décisif aux XIXe et XXe siècles. Diverses luttes menées à différents niveaux ont marqué l'évolution des démocraties modernes; elles ont débouché sur la création de systèmes de protection sociale destinés à combler le fossé entre nantis et démunis, à garantir l'accès à la formation et à la santé, à instaurer une solidarité sans précédent.

La nationalité n'en a pas moins été, et reste dans une certaine mesure, un puissant moyen pour décider s'il convient de considérer les immigrés comme des égaux, s'ils ont droit au même respect ou s'ils «méritent» un traitement inégal.

Dans les pays d'immigration traditionnelle d'outre-mer, l'accès des immigrés à la nationalité par voie de naturalisation allait de soi, car il s'inscrivait dans un vaste processus d'intégration. L'Europe et, plus particulièrement, la Suisse n'ont accueilli de gros contingents d'immigrés qu'après la Seconde Guerre mondiale. Comme ils étaient recrutés à titre de travailleurs temporaires, nul n'imaginait qu'ils puissent un jour devenir des citoyens à part entière. La dynamique des flux migratoires et d'autres changements ont sans doute contribué à instaurer une conception plus inclusive de la citoyenneté et à favoriser l'acceptation des migrants. Avec le regroupement familial, les saisonniers sont devenus des immigrés établis dans le pays. Nombre d'entre eux ont conservé leur nationalité d'origine, un choix rationnel à la fois pratique, car procurant certains droits, et symbolique, car témoin d'une autre identité nationale. À la même époque, les principaux pays d'accueil démocratiques ont élargi les droits des résidents permanents dans plusieurs domaines, les hissant parfois au niveau de ceux des nationaux. Enfin, de plus en plus de pays d'immigration ont abandonné la règle (issue d'un consensus en droit international) selon laquelle les personnes obtenant leur naturalisation devaient renoncer à leur nationalité précédente et de plus en plus de pays d'émigration ont accepté que leurs expatriés possèdent des nationalités multiples. Ces divers changements ont occulté la ligne de séparation, naguère très nette, entre étrangers et citoyens. Alors que certains observateurs ont salué cette tendance, y voyant l'avènement d'une ère cosmopolite post-nationaliste qui finirait par reléguer aux oubliettes la citoyenneté liée à un État, d'autres se sont inquiétés des loyautés multiples des migrants, de leur apparente liberté de jouir des droits du citoyen (sans en avoir les obligations) et de la mobilisation politique d'identités ethniques ou religieuses.

En revendiquant une participation politique plus large, les immigrés se sont attaqués au «noyau dur» des démocraties modernes. Les efforts déployés pour accroître leurs possibilités de participer aux processus démocratiques, tant au niveau national que transnational, en a fait un nouvel objet d'étude, qui repose sur trois dynamiques politiques liées et interdépendantes : comment les systèmes politiques ont-ils réagi, sur le plan institutionnel, à la croissance de la population immigrée? De quelle manière (plus ou moins inclusive) a été défini l'accès à la nationalité? Quelles stratégies les immigrés ont-ils choisies pour parvenir à l'intégration?

Les droits obtenus jusqu'ici semblent montrer qu'il est impossible, contrairement à ce que l'on supposait au XIXe siècle, d'associer de manière stricte un ensemble de droits à une entité nationale. Considérer les immigrés installés à long terme davantage comme des résidents que comme des étrangers a fait progresser la réflexion sur l'écart, au sein d'une nation, entre le statut légal des citoyens et les droits des non-nationaux. Il a également fallu remettre en question les normes civiles communes afin de favoriser la coexistence au sein d'un monde pluriel.

De l'évolution de la notion citoyenneté/nationalité et droit international

La notion de citoyenneté/nationalité a connu moult changements au fil du temps. Depuis la démocratie athénienne de l'Antiquité, sa définition fondamentale correspond à un statut d'appartenance à une entité politique autonome. De nos jours, on associe différentes significations à la notion moderne de citoyenneté en particulière : elles vont du statut légal de la nationalité aux vertus du «bon citoyen» apportant sa contribution à la collectivité. Dans ce section, il est adopté une conception largement politique de la citoyenneté, fondée sur l'appartenance et la participation de plein droit d'un individu à une communauté politique du pays d'accueil. C'est en particulier dans le cadre de la migration que la nationalité marque une distinction entre les membres établis d'une collectivité et les non-membres, cette distinction se fondant sur la relation privilégiée des premiers avec l'État. Or cette relation à l'État a évolué. Les progrès technologiques permettent d'élargir et d'approfondir les contacts avec le «pays d'origine» de même qu'avec les membres du même groupe établis en d'autres lieux. De plus, une certaine représentation de la «patrie», véhiculée en particulier par les médias, était très répandue parmi les personnes émigrées et parmi celles restées au pays. Les médias – journaux, radio, télévision et, désormais aussi, internet – ont de tout temps largement contribué à propager un sentiment d'appartenance commune. Aujourd'hui, il n'est dès lors plus considéré comme illégitime d'entretenir des liens diasporiques multiples. Avec l'avènement de la mondialisation, la «fragmentation» de l'individu constitue au contraire un atout. Analysant tout spécialement le transnationalisme politique, a mis en évidence le rôle joué par l'évolution des institutions et par les nouvelles notions d'appartenance, tant dans les pays d'origine que d'accueil. L'un des nouveaux traits marquants de l'appartenance transnationale réside dans la possibilité offerte à tous les individus, nationaux et non nationaux, de combiner statut et affiliations internes et externes, comme l'illustre parfaitement la double nationalité.

Selon différents auteurs cités par Marion Aeberli et Gianni D'Amato (https://www.swissstats.bfs.admin.ch/collection/ch.admin.bfs.swissstat.fr.issue201420162000/article/issue201420162000-11), la citoyenneté est un concept plus discriminatoire que les liens et l'appartenance, car elle correspond à un statut de membre accordé par une communauté politique établie. Elle n'est ni un phénomène purement subjectif (à l'instar du sentiment d'appartenance) ni un phénomène objectif, au sens où il pourrait être perçu par un observateur qui considère de l'extérieur la situation et les activités sociales d'une personne. La citoyenneté se fonde sur un rapport quasi contractuel entre un individu et une collectivité. Elle comprend la loyauté envers une communauté, mais aussi la protection universelle des droits individuels garantie par l'État. Contrairement à l'appartenance et aux liens, la citoyenneté est également une notion binaire qui oppose «citoyens» et «non-citoyens».

Récemment, des discours républicains et communautaristes ont à nouveau mis l'accent sur les obligations et les responsabilités morales, de même que sur les devoirs légaux associés à la citoyenneté. Ces discours pourraient exercer une influence sur l'accès, plus ou moins ouvert ou restrictif, à la citoyenneté. Ils veulent en effet imposer aux migrants les devoirs du citoyen de manière moins progressive et moins différenciée que les droits du citoyen. Les pays d'accueil ont pourtant régulièrement affirmé que les populations immigrées sont tenues de s'assimiler ou de s'intégrer, profitant de la procédure de naturalisation pour souligner un devoir de loyauté, qui s'avère au mieux implicite pour les citoyens de naissance. L'Autriche, le Danemark, la Finlande, les Pays-Bas, la Suède et la Suisse ont tous mis en place des cours d'intégration pour les nouveaux arrivants, qui comprennent principalement l'apprentissage de la langue et quelques instructions et informations pratiques sur le système juridique et politique du pays d'accueil. Avec sa structure fédéraliste et sa démocratie directe, la Suisse est un cas intéressant pour étudier les facteurs qui légitiment une approche plus restrictive ou plus libérale de l'inclusion. Le présent chapitre se penche donc sur les questions suivantes: le caractère libéral ou restrictif de l'inclusion relève-t-il des seules institutions cantonales et fédérales ou celles-ci sont-elles sensibles à l'attitude générale qui prévaut au sein de la population? Dans quelle mesure la notion de citoyenneté est-elle liée à ces attitudes ? Existe-t-il, en général, une relation entre attitudes, contexte institutionnel et spécificités individuelles ?

C'est sous l'angle des relations interétatiques et des conflits de lois sur la nationalité que le droit international est intervenu au début du XXème siècle. Dans son célèbre arrêt Nottebohm en 1955, la Cour internationale de justice a défini la nationalité comme le "lien juridique ayant à sa base un fait social de rattachement, une solidarité effective d'existence, d'intérêts, de sentiments jointe à une réciprocité de droits et de devoirs." Lien de rattachement permettant l'exercice de certaines prérogatives étatiques, comme la protection diplomatique, la nationalité confère aussi un statut juridique nécessaire à l'exercice de nombreux droits civils et politiques. La Déclaration universelle des droits de l'homme, [2]suivie en cela par plusieurs autres instruments internationaux et régionaux, établit le droit à la nationalité, ainsi que le droit de ne pas être privé arbitrairement de sa nationalité. Les enfants, ainsi que certains groupes de personnes vulnérables, bénéficient par ailleurs d'une reconnaissance spécifique du droit à la nationalité. Pour autant, le droit international laisse les États libres de déterminer les modalités d'obtention de la nationalité, par la naissance ou la filiation (en vertu des principes de jus soli et de jus sanguinis), ou par la naturalisation.

Le principe de non-discrimination en matière de nationalité, inscrit à l'article 5 de la Convention européenne sur la nationalité, n'interdit toutefois pas de manière absolue les traitements différenciés entre ressortissants, selon qu'ils ont acquis la nationalité à la naissance ou a posteriori par un acte de naturalisation.

En ce qui concerne la protection contre l'apatridie, le droit à la nationalité est également régi par les Conventions des Nations Unies de 1954 et de 1961 relatives à l'apatridie qui énonce la définition juridique d'un apatride comme « une personne qu'aucun Etat ne reconnait comme son ressortissant par application de sa législation ». En des termes plus simples, cela signifie qu'un apatride est une personne qui ne possède la nationalité d'aucun pays. Ces instruments, adoptés afin de clarifier le statut des personnes apatrides et de leur conférer un certain nombre de droits fondamentaux, visent également à prévenir et à réduire les situations d'apatridie dans le monde (plus de 10 millions selon les Nations Unies). La Convention de 1961 sur la réduction des cas d'apatridie établit ainsi le principe général selon lequel une personne ne peut être privée de sa nationalité si cette privation la rend apatride. L'article 8 de cette Convention autorise cependant la privation de nationalité, même si elle engendre l'apatridie, dans un nombre limité de circonstances. Ces exceptions au principe général recouvrent des hypothèses telles que l'obtention de la nationalité par le biais d'une fausse déclaration ou de tout autre acte frauduleux, ou le comportement de nature à porter un préjudice

[2] Article 15 de la déclaration universelle des droits de l'homme.

grave aux intérêts essentiels de l'État. La Convention interdit également toute discrimination d'ordre racial, ethnique, religieux ou politique dans le cadre du retrait de nationalité. Elle exige en outre que des garanties procédurales accompagnent la perte de nationalité, sous peine de la rendre arbitraire.[3]

En fin, elle crée un cadre international visant à garantir le droit de chaque personne à une nationalité. Elle exige que les Etats prévoient des garanties dans leurs lois sur la nationalité afin de prévenir l'apatridie à la naissance et plus tard dans la vie. La disposition sans doute la plus importante de la Convention prévoit que les enfants doivent acquérir la nationalité du pays dans lequel ils sont nés s'ils n'acquièrent aucune autre nationalité. Elle établit aussi des garanties importantes pour prévenir l'apatridie liée à la perte ou à la renonciation à la nationalité et à la succession d'Etats. La Convention prévoit également les situations très limitées dans lesquelles les Etats peuvent priver une personne de sa nationalité, même si cela la rendrait apatride.

A. La Convention européenne sur la nationalité

La Convention européenne sur la nationalité de 1997 énumère de manière plus limitative les hypothèses de déchéance de nationalité aboutissant à l'apatridie, et ne prévoit cette possibilité en son article 7 [4]que dans le cas où la nationalité a été obtenue par le biais de fausses informations ou de conduite frauduleuse. D'autres motifs sont énumérés dans la Convention, comme le comportement portant un préjudice grave aux intérêts essentiels de l'État, ou l'engagement volontaire dans des forces militaires étrangères, mais ceux-ci ne peuvent fonder une déchéance de nationalité entraînant l'apatridie de la personne visée.

B. La privation arbitraire de nationalité : Contours

L'interdiction de la privation arbitraire de la nationalité, qui vise à protéger le droit d'en conserver une, est énoncée par la Déclaration universelle des droits de l'homme comme un corollaire du droit à la nationalité.

Ce principe général d'interdiction est repris dans de nombreuses conventions internationales et régionales. Les mesures conduisant à la privation de la nationalité, telles qu'autorisées par le droit international, doivent donc respecter un certain nombre de conditions afin de ne pas être arbitraires :

a) Elles doivent être fondées sur une base juridique claire ;

---

[3] Article 8 de la Convention sur la réduction des cas d'apatridie.
[4] Article 7 de la Convention européenne sur la nationalité de 1997.

b) elles doivent servir un but légitime qui soit conforme au droit international ;

c) elles doivent être proportionnelles à l'intérêt qu'elles visent à protéger ;

d) des garanties procédurales doivent être respectées permettant à l'intéressé de faire valoir tous ses moyens de défense devant une instance indépendante.

Par ailleurs, la Commission du droit international a récemment soumis à l'Assemblée générale des Nations Unies un projet d'articles sur l'expulsion des étrangers, abordant en son article 8 la question de la déchéance de nationalité au regard de l'interdiction de la privation arbitraire de nationalité. L'Assemblée générale des Nations Unies a décidé d'examiner lors de sa prochaine session l'opportunité d'élaborer une convention sur cette base.

Le Secrétaire général des Nations Unies, dans son rapport "Droits de l'homme et privation arbitraire de la nationalité" soumis au Conseil des droits de l'homme en 2009, rappelle que "la notion d'arbitraire s'applique à tout acte de l'État, qu'il soit de nature législative, administrative ou judiciaire. La notion d'arbitraire peut être interprétée comme visant non seulement les actes contraires à la loi, mais aussi, plus largement, ceux qui ont un caractère inapproprié, injuste ou même imprévisible.

C. Les mécanismes de plainte individuelle

Le Conseil des droits de l'homme des Nations Unies dispose d'une procédure de requête lui permettant de connaître de violations flagrantes et systématiques des droits fondamentaux dans un État donné, indépendamment de l'acceptation d'obligations conventionnelles par le pays concerné. La procédure a lieu en principe à huis-clos, et ne prévoit pas l'indemnisation des victimes présumées. D'autres procédures de plainte individuelle existent devant les différents organes créés en vertu d'instruments relatifs aux droits de l'homme. Ces requêtes individuelles sont conditionnées à l'épuisement des voies de recours internes, et peuvent mener à une décision contraignante d'indemnisation des victimes concernées. Le droit à la nationalité est fréquemment évoqué devant ces instances.

D. Jurisprudence

Outre les décisions rendues en matière de nationalité par la Cour internationale de Justice dans l'affaire Nottebohm en 1955, ainsi que par la Cour permanente de Justice internationale en 1923 dans l'affaire des Décrets de nationalité promulgués en Tunisie et au Maroc, la Cour européenne des droits de l'homme et la Cour de Justice de l'Union européenne ont également eu à se prononcer sur les principes encadrant l'autonomie des États en la matière.

La Convention européenne de sauvegarde des droits de l'homme et des libertés fondamentales ne garantit pas le droit à la nationalité en tant que tel ; néanmoins, la Cour européenne des droits de l'homme a énoncé à plusieurs reprises que les règles étatiques en matière d'acquisition et de perte de nationalité pouvaient porter atteinte au principe de non-discrimination inscrit à l'article 14 de la Convention, ainsi qu'au droit à la vie privée et familiale inscrit à l'article 8 de la Convention.[5]

La Cour de Justice de l'Union européenne a quant à elle souligné à diverses occasions que l'exercice par les États membres de leur compétence en matière d'octroi et de retrait de la nationalité pouvait faire l'objet d'un contrôle juridictionnel opéré au regard du droit de l'Union, en particulier au regard du principe de proportionnalité.

Il m'est opportun de jeter un regard sur le droit européen de nationalité.

---

[5] Les articles 8 et 14 de la Convention européenne de sauvegarde des droits de l'homme et des libertés fondamentales.

Première partie
Les droits européens de la nationalité

Cette partie porte sur le droit européen de nationalité.

Le principe de non-discrimination en matière de nationalité, inscrit à l'article 5 de la Convention européenne sur la nationalité, n'interdit toutefois pas de manière absolue les traitements différenciés entre ressortissants, selon qu'ils ont acquis la nationalité à la naissance ou aient acquis sa nationalité ultérieurement.[6]

En effet, les migrations ont représenté un phénomène endémique tout au long de l'histoire humaine. Si leur progression parmi les priorités de l'agenda politique des pays européens semble inexorable, leur progression au rang des priorités de la philosophie politique est en revanche plus lente. En fait, l'immigration soulève, tant au niveau de la pratique que de la théorie politique, un problème qui est préférable de bien distinguer.

Le problème est celui de l'entrée des migrants. Il s'agit de savoir si les États ont le droit de décider qui admettre sur leur territoire, si nous devrions plutôt aspirer à un monde aux frontières ouvertes ou s'il est possible de trouver une voie moyenne légitime entre ces deux extrêmes [7]

Ce livre examine les différentes approches de l'entrée des migrants et l'acquisition de la nationalité pour les résidents de longue durée. Il s'agit cette fois de savoir ce que l'on peut raisonnablement exiger des migrants (et ce qu'eux-mêmes peuvent raisonnablement attendre de leur société d'accueil) avant de leur accorder la nationalité. Et savoir s'il convient de reconnaître aux citoyens appartenant aux minorités culturelles qu'ils soient des migrants de première ou de deuxième génération des droits culturels spécifiques (en plus des droits généraux qu'ils possèdent en tant que citoyens). Il s'agit par exemple de déterminer si les jeunes filles musulmanes devraient avoir le droit de porter le foulard à l'école et si les hommes sikhs qui circulent à moto ou travaillent dans la construction devraient être exemptés de l'obligation de porter un casque de protection.

La réponse à notre préoccupation devrait nous guider dans la réponse que nous apportons à la seconde. Les exigences que les différents États

---

[6] Article 5 de la Convention européenne sur la nationalité.

[7] « *The Ethics of Immigration* », Political Studies Review, vol. 3, no 3, 2005, p.3-21.

européens imposent aux résidents étrangers qui souhaitent acquérir la nationalité sont en effet très diverses. Or, il n'est pas certain qu'une telle diversité soit acceptable, même si l'on reconnaît que les États européens ont des cultures politiques, des histoires nationales et des conceptions morales d'eux-mêmes très dissemblables. C'est une question sur laquelle je reviendrai. On peut néanmoins distinguer quatre critères principaux sur la base desquels pratiquement tous les États (pas seulement en Europe) fondent leurs décisions[8], à savoir la durée de résidence, la maîtrise de la langue, la double nationalité et les connaissances civiques ou culturelles.

En Europe occidentale, la durée minimale de résidence avant que les étrangers puissent demander la nationalité varie de trois ans (en Belgique) à douze (en Suisse), avec une moyenne de sept ans. Certains États, notamment l'Italie et l'Autriche, prévoient par ailleurs des périodes de résidence sensiblement plus courtes pour les ressortissants des autres pays européens (quatre ans au lieu de dix) et d'autres exigent de façon similaire des périodes plus courtes pour les candidats provenant des pays avec lesquels ils sont culturellement ou historiquement liés.

La maîtrise de la langue du lieu de résidence est une condition très fréquente, même si elle n'est pas universelle et si le niveau de compétences exigées, ou la rigueur avec laquelle il est testé, varie d'un pays à l'autre. Une maîtrise de base semble toutefois indispensable afin de permettre une participation au marché du travail et à la société civile.

Quant à double nationalité, elle était officiellement tolérée dans huit - et interdite dans sept des quinze États membres de l'Union européenne avant l'élargissement. Le Royaume-Uni est probablement le pays dont l'attitude est la plus libérale à l'égard des personnes récemment naturalisées qui souhaitent conserver leur nationalité d'origine, tandis que l'Allemagne est, à l'inverse, le pays le moins tolérant.

Enfin, les examens de citoyenneté se présentent eux aussi sous des formes différentes, allant des questions factuelles sur une connaissance civique de base à une évaluation plus approfondie des attitudes des candidats à l'égard de la culture et des valeurs de leur nouvelle société, voire une évaluation de leurs croyances personnelles.

Les procédures de naturalisation des États européens sont rendues plus complexes encore du fait de la multitude d'exemptions, de restrictions et de privilèges spéciaux qu'elles réservent aux différentes catégories de migrants qui souhaitent accéder à la nationalité, comme nous l'avons signalé précédemment pour certains États qui imposent une période de résidence

---

[8] HERMAN R. VAN GUNSTEREN, « Admission to Citizenship », *Ethics*, vol. 98, no 4, 1988, p. 736-737.

plus courte pour les ressortissants d'un autre pays de l'Union européenne. À l'inverse, la procédure de naturalisation est plus difficile pour les migrants illégaux, bien qu'ils aient séjourné dans leur nouveau pays depuis très longtemps. En outre, les règles de naturalisation pour les conjoints et les enfants de nationaux sont généralement plus souples, même si la situation varie là aussi selon les pays.

Afin de se retrouver dans cette complexité de situations, nous supposons que les migrants sont en situation régulière dans leur société d'accueil et qu'ils n'ont pas de liens de parenté avec des nationaux. Quant aux relations particulières entre certains États, nous y incluons non seulement les différences de traitement entre les ressortissants des pays membres de l'Union européenne et les autres, mais également toutes les situations dans lesquelles il est plus facile, pour les citoyens d'un État A par rapport à ceux d'un État B, d'obtenir la nationalité d'un État.

Une dernière complication vient de ce que la division du travail entre les droits des résidents et les droits qui sont réservés aux citoyens varie selon les États. Dans certains pays, les droits de citoyenneté auxquels les résidents de longue durée ne peuvent pas prétendre sont très peu nombreux. Plutôt que de me demander quels droits devraient relever de quel domaine, je supposerai simplement que les droits réservés à la citoyenneté comprennent au minimum le droit de voter aux élections nationales et d'accéder aux fonctions officielles. En réalité, bien d'autres prérogatives sont généralement réservées aux seuls citoyens. Joseph H. Carens nous rappelle en outre que les droits des citoyens sont généralement mieux garantis que ceux des résidents et que la citoyenneté, au-delà des droits qu'elle confère, revêt une signification symbolique importante en tant que signe d'une pleine appartenance à la communauté politique[9].

J'espère néanmoins que ces différentes simplifications, qui pourront être réexaminées ultérieurement, comme des « problèmes d'extension[10], permettront de mieux faire ressortir les valeurs et les principes fondamentaux que le débat sur la naturalisation met en jeu.

La question des conditions qu'il est juste d'imposer aux migrants souhaitant accéder à la nationalité restera probablement sur l'agenda politique pour un certain temps encore. Si une certaine diversité dans les conditions imposées

---

[9] Joseph H. CARENS, « The Integration of Immigrants », *Journal of Moral Philosophy*, vol. 2, no 1, 2005, p. 35-39.

[10] John RAWLS, *Le Libéralisme politique*, trad. de l'angl. Par Catherine Audard, Paris, PUF, 1995, p. 45-46, 294-296 (Political Liberalism, New York, Columbia University Press, 1993).

est acceptable, il s'agit toutefois d'une question de justice et non simplement de souveraineté démocratique.

Pendant la dernière décade, l'Union européenne s'est acheminée vers une codification progressive du droit international privé. En témoignent de nombreux actes législatifs qui ont pour objet la création de règles uniformes en matière de conflits de juridictions et de conflits de lois. Après la promulgation de plusieurs règlements concernant le droit des affaires, les activités actuelles de la Commission se dirigent vers le droit international privé des personnes et de la famille.

C'est dans ce domaine que le principe de la nationalité a toujours joué un rôle important dans un grand nombre d'États européens. Il ne surprend pas que cette tradition se fasse jour aussi dans les documents et propositions de la Commission. Toutefois, le droit de l'Union européenne semble dès sa fondation il y a plus de 50 ans être empreint d'un véritable rejet de la nationalité comme critère de rattachement du domaine d'application des lois nationales et communautaires. Ce rejet et les tendances de la politique législative de l'Union sont en train de produire des tensions permanentes qui font l'objet de l'étude suivante.

Pour mesurer le développement du droit de l'Union de manière plus précise, il faut d'abord prendre acte de la portée de la nationalité en droit primaire, pour ensuite décrire la législation dérivée accordant une place à la nationalité, législation qui n'est pas restreinte au droit international privé. Dans les divers domaines les différends soulevés par les personnes à double nationalité ont engendré plusieurs arrêts de la Cour de justice qui préconisent une nouvelle appréciation du principe de nationalité dans l'Union et les États européens.

Cette partie est composée des chapitres ci-après : adhésion et reconnaissance, de la nationalité en droit français, l'acquisition de la nationalité en droit suisse.

Chapitre 1
Adhésion et reconnaissance

Ce chapitre porte sur l'adhésion et la reconnaissance. Seront évoqués les procédures d'adhésion et la reconnaissance.

Section première : Procédures d'adhésion

Le Traité de Paris créant en 1951 la Communauté européenne du charbon et de l'acier (CECA) et celui de Rome instituant en 1957 la Communauté économique européenne (CEE) et l'Euratom avaient prévu qu'en vue de son adhésion, l'État candidat adresse une demande au Conseil qui, après avis de la Commission, se prononce à l'unanimité (art. 237). Les conditions de l'admission et les mesures d'adaptation faisaient l'objet d'un accord, ratifié selon les procédures constitutionnelles, entre l'État demandeur et les membres. Au cours des négociations du premier élargissement au Royaume-Uni, à l'Irlande et au Danemark, les six membres fondateurs ont établi ces conditions. Les candidats devaient accepter les traités, leurs finalités politiques, les décisions adoptées depuis l'entrée en vigueur des traités ainsi que les perspectives de développement. L'article O du Traité sur l'Union européenne résultant de la rédaction du Traité de Maastricht a repris pour l'essentiel ce dispositif en y ajoutant toutefois la nécessité d'un avis conforme du Parlement. Dans ce contexte, des critères ont été dégagés lors du Conseil européen de Copenhague en 1993 et renforcés lors du Conseil européen de Madrid en 1995. Pour adhérer à l'Union européenne, un nouvel État membre doit remplir trois critères. Le premier est politique : la présence d'institutions stables garantissant la démocratie, l'État de droit, les droits de l'homme, le respect des minorités et leur protection ; le deuxième est économique : l'existence d'une économie de marché viable et la capacité à faire face aux forces du marché et à la pression concurrentielle à l'intérieur de l'Union ; le troisième est l'acceptation de l'acquis communautaire : l'aptitude à assumer les obligations découlant de l'adhésion, et notamment à souscrire aux objectifs de l'Union politique, économique et monétaire. Le Traité d'Amsterdam a constitutionnalisé les conditions substantielles les plus importantes tout en laissant subsister une marge de négociation pour les conditions d'admission et les mesures d'adaptation (Traité sur l'Union européenne, art. 49).[11] Les conditions dès lors incontournables (Traité sur

[11] Article 49 de Traité sur l'Union européenne.

l'Union européenne, art. 6-1), car nommées fondement de l'Union et susceptibles de sanctions en cas de méconnaissance grave, sont la liberté, la démocratie, le respect des droits de l'homme et des libertés fondamentales ainsi que l'État de droit. Le Traité de Lisbonne en cours de ratification vient enrichir et consolider ces conditions substantielles et la procédure. Il transforme les fondements en valeurs (Traité sur l'Union européenne, art. 2) en ajoutant à la liste antérieure le respect de la dignité humaine, l'égalité et, au titre des droits de l'homme, les droits des personnes appartenant à des minorités. Il redit que ces valeurs sont communes aux États membres ; il caractérise en outre les sociétés concernées par leur pluralisme, la non-discrimination, la tolérance, la justice, la solidarité et l'égalité entre les femmes et les hommes. La procédure comporte désormais l'information du Parlement européen et des parlements nationaux. La décision relève du Conseil statuant à l'unanimité et du Parlement européen qui exprime son approbation à la majorité absolue après avis de la Commission. L'article 49 nouveau précise en outre que « les critères d'éligibilité approuvés par le Conseil européen sont pris en compte ».

Sur le plan interne, les procédures constitutionnelles prescrites requièrent la ratification laquelle est souvent subordonnée à une autorisation parlementaire ainsi que, le cas échéant en raison de l'impact sur le système juridique, une révision constitutionnelle ou une procédure équivalente avec ou sans référendum. On aurait pu croire que l'importance de l'enjeu et la similitude des situations étatiques au regard de la construction européenne eussent conduit à l'émergence d'un droit interne commun de l'intégration, mais force est de constater que les différentes étapes du processus font l'objet de réglementations variées. La création de l'Union européenne par le Traité de Maastricht représente cependant un tournant : à partir de ce moment, les procédures de l'adhésion font de plus en plus systématiquement appel à l'intervention des peuples par le biais du référendum pour approuver soit l'adhésion, soit la révision constitutionnelle nécessaire dans cette perspective, soit la ratification du traité d'adhésion.

Je parle de l'adhésion avant et après le traité de Maastricht.

§ 1 : Adhésions avant le Traité de Maastricht

Au cours de cette période, les procédures parlementaires prédominent [12] Les six États fondateurs ont procédé de cette manière ; le premier élargissement concernant l'adhésion du Royaume-Uni, de l'Irlande et du Danemark en 1972

---

[12] J. RIDEAU, « Les référendums nationaux dans le contexte de l'intégration européenne », in A. *AUER* et J.-F. FLAUSS, *Le référendum européen*, 1997, Bruylant, p. 81-113.

a en revanche donné lieu à l'organisation de référendums dans tous les pays concernés, y compris en Norvège où le résultat fut négatif. Toutefois, le référendum britannique n'est intervenu qu'en 1975 au terme d'une renégociation des conditions de l'admission en 1974. À cette liste s'ajoute le référendum atypique organisé en France pour approuver cet élargissement. Au demeurant, l'article 88-5 issu de la révision de juillet 2008 (L. Const. No 2008-724 du 23 juill. 2008, JO 24 juill.) Rend obligatoire le recours au référendum pour toute nouvelle adhésion envisagée lors d'une conférence intergouvernementale postérieurement au 1er juillet 2004, sauf si une motion identique des deux chambres adoptée à une majorité des 3/5 choisit la procédure du Congrès. Le deuxième élargissement permettant l'adhésion de la Grèce à partir du 1er janvier 1980 s'est effectué selon la voie parlementaire ainsi que le troisième, intervenant en 1986 pour l'Espagne et le Portugal. Plus frappante encore est la conclusion qui se dégage en matière de révisions constitutionnelles, puisque seule l'Irlande a modifié sa Constitution pour entrer dans la Communauté européenne.

Que dire de l'adhésion après le traité de Maastricht ?

§ 2 : Adhésions après le Traité de Maastricht

L'approfondissement de la Communauté européenne que signifiait la création de l'Union marque un changement dans les procédures d'adhésion : les référendums et les révisions constitutionnelles deviennent plus fréquents, soulignant la nouvelle dimension politique et constitutionnelle de l'intégration européenne. Ainsi, tous les États devenus membres depuis cette époque ont procédé à des révisions constitutionnelles en vue ou à l'occasion de leur adhésion.

En outre, le quatrième élargissement conduisant à l'adhésion de l'Autriche, de la Finlande et de la Suède en 1995 a été accompagné partout d'un référendum. Ce dernier était obligatoire en Autriche parce qu'opérant en même temps une révision totale de la Constitution, facultatif et simplement consultatif en Finlande et en Suède où il a porté uniquement sur l'adhésion. Ce tournant se confirme ensuite lors du cinquième élargissement en 2004 qui met en œuvre l'adhésion de dix États : Chypre, Malte, les trois États baltes, la Hongrie, la Pologne, la République tchèque, la Slovaquie et la Slovénie. Tous les peuples visés, à l'exception de celui de Chypre où le Parlement s'est prononcé à l'unanimité en faveur de l'adhésion, ont eu l'occasion de s'exprimer par référendum. Cette votation a porté sur l'adhésion proprement dite à Malte, en Lituanie, en Hongrie, en République tchèque et en Slovénie. Elle était facultative à Malte et en Lituanie, obligatoire dans les autres États. Le peuple a eu à se prononcer à la fois sur l'adhésion et la ratification du Traité en Lettonie par un référendum obligatoire (art. 68) et en Pologne de manière facultative (art. 90). En Estonie, le référendum a également eu pour objet d'approuver la révision constitutionnelle et comme celle-ci n'a pas modifié le noyau constitutionnel, il demeurait facultatif (art. 163) alors qu'en Slovaquie, cette procédure était obligatoire et venait entériner tant l'adhésion que la ratification et la révision constitutionnelle (art. 7, 93-1 et 98). Le sixième élargissement, permettant l'adhésion de la Bulgarie et de la Roumanie à partir de 2007, a été accompli par la voie parlementaire en Bulgarie ; si la Roumanie a également ratifié le Traité d'adhésion par la voie parlementaire, un référendum obligatoire d'approbation de la révision constitutionnelle a néanmoins eu lieu.

Il convient de parler de la reconnaissance dans les pages qui suivent.

Section deuxième : La reconnaissance

L'Union européenne demeure totalement absente de cinq constitutions (Danemark, Espagne, Luxembourg, Pays-Bas, Pologne). Si on peut comprendre ou du moins expliquer ce mutisme dans les États membres fondateurs (Luxembourg, Pays-Bas), les silences danois et espagnol peuvent surprendre davantage, mais les textes constitutionnels pertinents ont été adoptés à une époque où l'assimilation de la Communauté à une organisation internationale demeurait prépondérante et, en tout cas, avant le Traité de Maastricht. Dans ces conditions, le mutisme polonais suscite l'interrogation, d'autant que les nouveaux États membres ont pu bénéficier d'une expérience déjà relativement ancienne et d'une jurisprudence établie. Il semble cependant que le constituant polonais comme d'ailleurs celui de Slovénie qui n'a rompu ce silence que dans la loi constitutionnelle d'adhésion de 2003, aient voulu manifester leur conviction selon laquelle l'Union ne se différencierait pas sensiblement d'une autre organisation internationale et que son droit relève du régime général du droit international.

Sur les vingt-sept États membres, vingt-deux constitutions mentionnent explicitement l'Union européenne ou la Communauté. Mais cette mention concerne parfois seulement un aspect particulier, par exemple les élections locales ou le régime de la propriété immobilière. Si reconnaître l'Union européenne revient à souligner que, pour le droit constitutionnel aussi, l'Union européenne apparaît spécifique et se différencie du droit international, on relèvera que parmi les vingt-deux constitutions qui mentionnent au moins l'Union, cinq (Autriche, Finlande, Grèce, Italie, Malte) ne comportent ni définition des rapports avec le droit de l'Union européenne, ni autorisation des transferts de compétence, et ne comportent en conséquence pas de reconnaissance véritable.

J'évoque l'impact sur les droits fondamentaux constitutionnels, de la citoyenneté européenne et des droits y découlant.

§1 : Impact sur les droits fondamentaux constitutionnels

Les droits fondamentaux comportent, selon une classification traditionnelle mais contestable à plusieurs égards, des droits civils, politiques, le principe d'égalité et éventuellement des droits économiques et sociaux. La Charte des droits fondamentaux de l'Union reconnaît à son tour toutes ces catégories tout en les présentant différemment. Même si ce texte est appelé à avoir des répercussions sur le droit constitutionnel, ce qu'il s'agit d'évoquer ici, ce sont les modifications des constitutions internes induites par la construction européenne. Deux grandes rubriques se dégagent à cet égard : les conséquences constitutionnelles de la reconnaissance de la citoyenneté européenne et les modifications plus ponctuelles concernant d'autres droits fondamentaux. Dans son article 1, les Révisions constitutionnelles dues à la consécration de la citoyenneté européenne.

La citoyenneté européenne a été reconnue dans le Traité de Maastricht créant l'Union européenne ; elle a été développée par le Traité d'Amsterdam et la jurisprudence de la Cour de justice. Droit politique par excellence, elle consacre pourtant moins l'existence d'une entité politique européenne, l'émergence d'un peuple européen, qu'elle ne concrétise l'idée de l'Europe des citoyens ou l'union entre les peuples européens. C'est pourquoi les droits qui lui sont attachés soit ne se rapportent pas tous au concept de droit politique, soit laissent aux États membres une si grande marge d'appréciation qu'on est loin d'un droit harmonisé. Au titre des droits non politiques figure ainsi la liberté de circulation et de séjour dont peuvent bénéficier également des non-citoyens, notamment en matière de « visas, asile, immigration et autres politiques liées à la libre circulation des personnes »[13] Quant aux droits plus politiques, ce sont, d'une part, des droits limités à la sphère européenne comme le droit de pétition devant le Parlement européen, de s'adresser au médiateur européen ou de communiquer avec les institutions européennes dans l'une des langues officielles de l'Union et, d'autre part, des droits dont la mise en œuvre a très largement été confiée aux États membres. Il s'agit avant tout du droit de vote et d'éligibilité aux élections du Parlement européen et aux élections locales. C'est ce droit surtout qui a eu des incidences sur les constitutions des États membres.

Il est important de traiter de la citoyenneté européenne.

§2 : De la citoyenneté européenne

Par rapport à la citoyenneté nationale, la citoyenneté européenne apparaît non pas comme une substitution mais comme une superposition ou, comme le formule l'article 17 du Traité CE, « la citoyenneté de l'Union complète la citoyenneté nationale et ne la remplace pas ». Il en résulte que l'accès à cette

---

[13] *Traité instituant la Communauté européenne*, rédaction Traité d'Amsterdam, tit. IV.

citoyenneté est conditionné par la possession de la nationalité de l'un des États membres. En ce sens, ces derniers maîtrisent complètement, à travers leur réglementation relative à l'acquisition et à la perte de la nationalité, l'attribution de la citoyenneté européenne. S'ils sont cependant tenus de respecter le droit communautaire et notamment le principe de non-discrimination, il n'en demeure pas moins que les constitutions et les législations nationales en matière de nationalité diffèrent profondément. Outre le fait que certaines se montrent plus attachées au jus sanguinis, d'autres plus au jus soli, l'acquisition de la nationalité des États membres s'avère parfois extrêmement compliquée, parfois plus facile. Ainsi, par exemple, les minorités russophones résidant dans les États baltes n'accèdent que très difficilement à la nationalité des États concernés[14]

Sur ce point, la reconnaissance d'une citoyenneté européenne n'a donc eu aucune incidence sur la compétence de principe des États membres et,[15] par conséquent, sur le contenu des constitutions. Cela permet simplement de confirmer le caractère « douteux » [16]du concept de la citoyenneté européenne.

Quels sont les droits qui découlent de la citoyenneté européenne ?

§ 3 : Droits découlant de la citoyenneté européenne

L'impact principal de la citoyenneté européenne sur les constitutions nationales est donc l'attribution du droit de vote et d'éligibilité aux citoyens européens résidant dans un État autre que leur État national lors des élections locales et de celles du Parlement européen. Dans dix États membres, cette extension du droit de vote n'a eu aucune incidence sur la Constitution. Il s'agit de Chypre, du Danemark, de la Grèce, de l'Italie, de Malte, de la Pologne, de la Slovaquie, de la Suède, de la Tchéquie et du Royaume-Uni. Au Danemark et en Suède, le droit de vote de tous les étrangers aux élections locales sous réserve d'une certaine durée de résidence avait été consacré dès avant l'introduction de la citoyenneté européenne ; il n'était donc pas nécessaire de réviser la Constitution. Dans les sept autres pays, il faut supposer que l'autorisation globale d'adhésion à la Communauté ou à l'Union devait être considérée comme suffisante. En tout état de cause, s'imposaient

---

[14] 5e rapport de la Commission européenne sur la citoyenneté européenne, COM [2008] 85 final.

[15] FUYANT J.-F. AKANDJI-KOMBÉ, *L'émergence de la citoyenneté européenne.* De Rome à Maastricht, in S. LECLERC et J.-F. AKANDJI-KOMBÉ *sous la direction de, La citoyenneté européenne*, 2006, Bruylant, p. 9-21.

[16] U. BERNITZ et H. LOKRANTZ-BERNITZ, « Les droits de l'homme et l'identité européenne ; le débat relatif à la citoyenneté européenne », in P. ALSTON [sous la direction de], *L'Union européenne et les droits de l'homme*, 2001, Bruylant, p. 523-545 .

alors les directives relatives aux élections municipales (Direct. No 94/90 du Conseil, 19 déc. 1994, JOCE, no L 368, 31 déc. Et Direct. No 96/30 du Conseil, 13 mai 1996, JOCE, no L 122, 22 mai) et relative aux élections du Parlement européen (Direct. No 93/109 du Conseil, 6 déc. 1993, JOCE, no L 329, 30 déc.) En vertu du principe de primauté. Mais la plupart des États membres ont tardé à transposer le droit dérivé concernant les élections municipales (V. CJCE, 9 juill. 1998, Commission c/ Belgique, aff. C-323/97, Rec. I. 4281).

Dans les dix-sept autres États, l'adaptation constitutionnelle a porté d'abord sur les élections municipales. Tantôt l'extension du droit de vote actif et passif se présente comme un droit directement conféré par la Constitution (Allemagne, art. 28-1 ; Autriche, art. 117-1 ; Hongrie, art. 70-2, à l'exception des fonctions de maire ; Lettonie, art. 101 ; Roumanie, art. 16-4), tantôt ce droit est accordé par la Constitution conformément à une loi à intervenir (Bulgarie, art. 42 ; Espagne, art. 13-1 ; Finlande, art. 14-2 ; Irlande, art. 16-2, ii ; Lituanie, art. 119 ; Luxembourg, art. 107-2) et tantôt enfin, la Constitution renvoie à la loi la faculté (la loi peut...) d'instituer le droit de vote et d'éligibilité (Belgique, art. 8 ; France, art. 88-3 ; Pays-Bas, art. 130 ; Portugal, art. 15-4 ; Slovénie, art. 43). Nombre de constitutions prévoient la possibilité d'une extension du droit de vote au-delà des citoyens européens (Belgique, Espagne implicitement, Estonie, Finlande, Hongrie, Irlande, Lituanie, Luxembourg, Pays-Bas, Portugal, Slovénie). En revanche, d'autres restreignent ce droit en excluant les étrangers notamment des fonctions exécutives à l'échelon municipal (Hongrie, France et Luxembourg si la loi le prescrit). La Constitution française exige en outre une loi organique adoptée dans des termes identiques par les deux assemblées parlementaires pour la mise en œuvre de ce régime et, au Luxembourg, les modalités de l'élection du collège des bourgmestres et échevins doivent être déterminées par une loi adoptée à une majorité des 2/3.

Les élections au Parlement européen ont posé nettement moins de problèmes, ce qui ne saurait surprendre, la souveraineté nationale n'étant alors pas en jeu. L'application de la directive a connu moins de difficultés de transposition et, sur le plan constitutionnel, les révisions ont été moins nombreuses que s'agissant des élections municipales. Autorisent ainsi explicitement les citoyens européens originaires d'un autre État membre à participer à ces élections les constitutions autrichienne (art. 23a), bulgare (art. 42-3), hongroise (art. 70-4), portugaise (art. 15-5) et roumaine (art. 38).

Enfin, la citoyenneté européenne a également eu quelques incidences sur les dispositions constitutionnelles régissant l'accès à la fonction publique. Ainsi les constitutions estonienne (art. 30), finlandaise (art. 125 a contrario) et luxembourgeoise (art. 10 bis-2) admettent que la loi ouvre l'accès à la fonction publique à des étrangers, et la Constitution autrichienne (art. 81c) permet à des non-nationaux d'accéder aux emplois universitaires.

Révisions concernant les autres droits fondamentaux

Une bonne moitié des constitutions limitent l'influence du droit de l'Union sur les droits fondamentaux à la citoyenneté européenne ; c'est le cas de l'Autriche, la Belgique, le Danemark, la Finlande, la Grèce, la Hongrie, l'Irlande, l'Italie, le Luxembourg, Malte, les Pays-Bas, la Slovaquie, la Suède et la Tchéquie. On remarquera que toutes les « générations » d'États membres y sont représentées et que de même l'attachement des textes aux droits fondamentaux y est variable.

L'autre moitié légèrement plus réduite témoigne tout d'abord de l'importance du mandat d'arrêt européen, toutes ces constitutions évoquant l'extradition et admettant celle d'un national sous certaines conditions, notamment qu'un traité international le prévoie. Deux autres thèmes dominent l'impact de l'Union sur les constitutions. C'est d'une part le droit d'asile ; ici les accords de Schengen et la Convention de Dublin réglementant et répartissant les compétences étatiques pour statuer sur les demandes d'asile sont au premier plan et font l'objet d'une autorisation particulière. Les États en cause sont l'Allemagne, l'Espagne et la France, en somme des États qui ne conçoivent l'asile pas seulement comme une compétence discrétionnaire de l'État, mais qui y voient également un droit fondamental. D'autre part, et cette fois-ci, ce sont les pays d'Europe centrale et orientale qui sont concernés, il s'agit de reconnaître, sous une forme plus limitée ou plus générale, le droit des étrangers à acquérir la propriété immobilière. Les constitutions bulgare, estonienne, lituanienne, roumaine et slovène le précisent expressément.

Conclusion

L'impact européen sur les textes constitutionnels apparaît donc relativement modeste et doit sans doute être complété par la jurisprudence. Il est enfin d'autant plus modeste que certains textes constitutionnels ne semblent pas avoir voulu tenir compte de l'évolution du droit de l'Union en maintenant l'interdiction d'extrader des nationaux (Finlande, Tchéquie) ou celle de l'acquisition de la propriété immobilière par des étrangers (Tchéquie).

Comme annoncé dans le plan du présent ouvrage, je parle à présent de la nationalité en droit français.

Chapitre 2
De la nationalité en droit français

La nationalité est, tout d'abord, le critère de démarcation des nationaux et des non- nationaux. L'article 1er de la loi 02-03 relative à l'entrée et au séjour des étrangers au Royaume du Maroc à l'émigration et à l'immigration irréguliere1 définit dans son deuxième alinéa le terme étranger comme suit : « on entend par étrangers, au sens de la présente loi, les personnes n'ayant pas la nationalité marocaine, n'ayant pas de nationalité connue, ou dont la nationalité n'a pas pu être déterminées.[17]

Le Petit Larousse Illustré définit le terme « nationalité » comme suit : « Groupement de personnes ayant une histoire et des traditions communes, et qui ne forment pas un Etat. ... » . Il s'agit là de la définition sociologique de la nationalité qu'on appelle également la nationalité de fait.[18] Par ailleurs, ce dictionnaire ajoute que la nationalité est : « (Le) lien juridique qui unit une personne, un territoire ou une chose à un Etat déterminé », il s'agit là de la définition de la nationalité au sens juridique du terme qu'on peut aussi appeler la nationalité de droit.

On peut constater que la nationalité au sens sociologique est l'appartenance d'un individu non pas à une entité étatique, mais à une certaine nation. De ce fait, on peut dire que cette dernière repose sur des critères subjectifs tel que la race, la religion, l'ethnie, la culture, la langue[19]..., tandis que la nationalité de droit consiste en un véritable attachement juridique à un Etat souverain.

La Cour internationale de Justice définit la nationalité comme un lien juridique ayant à sa base un fait social de rattachement, une solidarité effective d'existence, d'intérêts, de sentiments jointe à une réciprocité de

---

[17] La problématique de la migration à la lumière de la loi 02-03 relative à l'entrée et au séjour des étrangers au Maroc et à l'immigration irrégulière », Travaux du colloque national organisé par le ministère de la justice et le ministère de l'intérieure à Marrakech le 19 et 20 décembre 2003, publication de l'Association de Publication des Informations Juridiques et Judiciaires, série « colloques et journées d'étude, No 1-2004, 1ère édition. (Publié en langue arabe).

[18] *Le petit Larousse Illustré*, Librairie Larousse, Paris, édition 1985, p 167.

[19] MOULAY RCHID. A, *Droit International Privé*, Université Mohamed V, Faculté de Sciences Juridiques Economiques et Sociales, Suisse, Rabat, 1999, 2000, page 5.

droits et de devoirs. On peut distinguer dans cette description ce qui constitue le fondement du lien de la nationalité (un fait social de rattachement) et ses effets[20]. La nationalité au sens moderne est, d'une manière générale, l'attachement juridique et politique à un Etat souverain[21]. De ce lien juridique découlent des obligations à la charge des personnes qui possèdent la qualité de nationaux, auxquelles sont conférés de nombreux droits politiques, civils et professionnels, ainsi que le bénéfice des libertés publiques.

Au niveau du droit interne, le lien de la nationalité entraîne tout d'abord des droits et des obligations tel que le droit d'élire, d'être éligible, d'être titulaire dans la fonction publique, de bénéficier de la protection diplomatique.

A l'inverse, ce lien peut imposer des obligations à la charge de son détenteur tel que les charges fiscales, le service militaire ou civil, la solidarité nationale, etc. A cela s'ajoutent d'autres conséquences, telles que la détermination de la loi applicable en matière de statut personnel.

En matière de mariages mixtes, et avec la domination du concept de « l'Etat moderne », le critère de la nationalité est le critère le plus dominant pour qualifier un mariage mixte, si on considère que le critère de la religion commence à connaître du recul pour céder la place au premier critère[22].

Toutefois, au niveau du droit international public, à côté du territoire, du gouvernement et de la souveraineté, la population est l'un des éléments constitutifs de l'Etat. La nationalité est de ce fait liée au contexte politique de la société internationale, c'est à dire à la division du monde en Etats souverains. Elle détermine la population constitutive de la société étatique.

La nationalité de fait ne peut pas coïncider avec la nationalité de droit. La première peut être prise au sens de peuple, de groupe humain ayant une identité, une personnalité, une réalité sociologique.

L'Etat moderne, selon MOULAY RACHID[23], prétend confondre Etat et nation, «conception intolérante et totalitaire, qui refuse la diversité dès qu'elle dépasse le régionalisme ou le folklore. En dehors de quelques exceptions, comme c'est le cas de la Suisse, qui est un Etat constitué de

---

[20] AUDIT (Bernard), *Droit International Privé*, 2ème édition, économico, Paris, 1997, page743.

[21] Sous la direction de GUINCHARD (Serge) et MONTAGNIER (Gabriel), *Lexique de termes juridiques*, 9ème édition, Paris, 1999.

[22] ZAIM (Ibrahim), Premier Président de la cour d'appel de Marrakech, « Le mariage mixte, ses critères et ses problématiques, in AL MOHAMI, numéro spécial, N° 42, N° *international de la revue* : ISSN 08516 0199 pp 7- 26. Article publié en langue arabe (traduction personnelle).

[23] *Op. Cit.*

différents peuples qui contribuent à constituer la nation helvétique et participent à la formation d'une certaine communauté humaine organisée sur le plan économique et politique autour d'un certain nombre de valeurs qui font la Suisse, l'Etat moderne prétend nier la diversité des peuples au sein de sa propre population. Il veut jouer un rôle de creuset où viennent se fondre des éléments disparates et se constituer de nouvelles entités : les nations modernes.

Une nation au sens sociologique peut soit inclure les populations de deux ou de plusieurs Etats, ou au contraire, être l'une des composantes de la population constitutive d'un Etat moderne. En effet, selon l'optique choisie, on peut tout aussi bien dire qu'il y a une nation francophone constituée des québécois, suisses romands, français.

Selon cette optique, on peut aussi citer l'exemple de la nation arabe constituée d'un très grand nombre d'Etats tel que l'Egypte, la Jordanie, l'Iraq, le Maroc, etc., qui constituent tous, au moins théoriquement, la douma arabe.

Toutefois, on peut dire qu'il y a plusieurs nations en France vu que ce pays se constitue de plusieurs entités sociologiques tels que les Bretons, les Gaulois, les Polynésiens, en plus des immigrés venus des quatre coins du monde pour s'installer en France à la recherche d'une vie meilleure, et qui malgré leur diversité religieuse, ethnique et linguistique ont acquis la nationalité française et sont de ce fait considérés comme étant des français.

La nationalité en tant que notion juridique est apparue dès l'antiquité. En Grèce comme à Rome, elle jouait un rôle très différent de celui que l'on lui attribue aujourd'hui. C'était plutôt le concept d'allégeance qui a dominé jusqu'au XVIIIe siècle établissant un lien direct entre le détenteur de l'autorité et les individus qui lui sont soumis[24].

Signalons que la nationalité française est un attribut juridique de la personne dont les titulaires sont régis par le Code civil pour leurs droits civils et par la Constitution de la République française et particulièrement son Préambule (Déclaration de 1789 des droits du citoyen) pour les droits civiques ou politiques. La notion de nationalité française est liée à celle de citoyenneté française.

Un certain nombre de normes, de coutumes ou d'usages, souvent appelés culturels, qui participent de la nationalité française, ne sont pas toujours explicitement formulés dans le droit positif, comme le fait de parler la langue

---

[24] PRUJINER (Alain), « Nationalité, migration et relations », in *Le défi migratoire, questions de relations internationales,* sous la direction de BADIE (Bertrand) et WHITOL DE WENDED (Catherine), presse de la fondation nationale, Paris, 1993, pp 105- 126.

française, introduit seulement en 1992 dans l'article 2 de la Constitution française du 4 octobre 1958.

On parle de nationalité française, non seulement pour les individus, mais aussi pour les personnes morales (associations, entreprises) qui relèvent des juridictions françaises et sont régies par le droit français du fait de leurs statuts, de la nationalité du greffe où elles sont immatriculées et de leur domiciliation, ainsi que pour certains moyens de transport (navires, avions, etc.) Du fait de leur immatriculation.

La nationalité française soumet les personnes physiques ou morales la possédant aux droits, usages et obligations qui lui sont attachées.

Il n'existe pas de nationalité européenne, mais la nationalité française confère à ses titulaires la qualité de citoyen de l'Union européenne, appelée citoyenneté européenne, leur conférant le droit d'être électeurs et éligibles dans tous les pays de l'Union au Parlement européen et d'être candidat aux postes de fonctionnaires ou magistrats de l'Union européenne.

Il convient de rappeler l'historique, la procédure d'acquisition de la française, les droits et les devoirs qui s'y rapportent.

Section première : Historique

Cette brève présentation de l'histoire de la nationalité française a pour objectif de montrer combien les réglés de droit applicables à la matière sont liées à l'histoire démographique, économique et politique de la France.

À titre liminaire, il convient de rappeler quelques principes applicables en droit de la nationalité : la nationalité se définit comme le lien juridique qui rattache un individu a la population constitutive d'un état, en droit international, il existe un principe selon lequel un état est libre de déterminer quels sont ses nationaux, la nationalité française peut être "attribuée" ou peut être "acquise" : les critères de «droit du sang » et de «droit du sol » ont été utilisés au cours du temps pour déterminer à quels individus était attribuée la nationalité française ou quels étaient ceux qui pouvaient l'acquérir.

Il a également toujours été prévu qu'un étranger ayant des liens forts avec la France (notamment par sa domiciliation) puisse acquérir notre nationalité sur décision de l'autorité publique habilitée.

Ainsi, en fonction des impératifs du moment, l'autorité politique a combiné ces différents critères pour déterminer qui pouvait se prévaloir de l'appartenance à la nation.

Je parle de l'avant la France au Bas-Empire romain, de l'ancien régime, de la révolution française en 1940, de la nationalité française sous le régime de Vichy et de l'après-guerre.

§1. Avant la France au Bas-Empire romain

Avec les Grandes invasions, la question de la nationalité s'est posée à toutes les juridictions ayant eu à connaître des causes qui impliquent des personnes de diverses origines qui déclinent le droit romain et se réclament de leur propre droit.

Depuis la période gauloise, la notion d'appartenance à un État n'avait pas vraiment de sens pour ceux n'ayant pas de lien politique avec lui comme les chefs ou les seigneurs : on s'identifiait à sa tribu, à son pays et le Français du haut Moyen Âge sera de son village, à la limite de sa région. On suit la condition de ses parents et pour les femmes celle du mari. Étranger désigne celui qui n'est pas du pays. Il peut cependant s'y établir et être naturalisé en se recommandant à un seigneur pour devenir son sujet. Ce que l'on appelle la nationalité n'est alors pas une qualité individuelle mais collective ou communautaire : l'individu doit s'affilier à une communauté qui lui donne sa nationalité, c'est-à-dire son statut personnel civil.

Les vrais étrangers, ceux venant en groupes de pays étrangers à la France et ne relevant donc pas d'une coutume locale, dépendent directement des services du roi considéré comme leur seigneur et leur reconnaissant un statut avec des représentants, des juridictions (ce statut peut être général, statut des aubains, ou particulier comme pour certaines communautés de migrants étrangers ou des Juifs auxquels est accordée l'hospitalité).

Les seuls textes régissant les rapports entre Gallo-Romains et Francs sont des lois égalitaires adoptées vers 510 propositions de loi visant à promouvoir la France des accents et à lutter contre les discriminations.

Il convient d'évoquer l'ancien régime dans les pages qui suivent.

§2. De l'Ancien Régime

Sous l'Ancien Régime, l'expression « nationalité française » n'existait pas et on désignait par l'épithète arénicole tous ceux qui étaient sujets politiques du roi de France, par opposition à deux appellations : celle du droit d'aubaine, relevant d'un autre ban, c'est-à-dire d'un autre droit et d'une autre justice que celles de la couronne de France, et celle d'étranger (« alter-gens »), appartenant à un autre peuple. Ainsi, avant la Révolution française, le mot « nation » ne désignait pas encore l'État français mais tous ceux qui, dans des institutions internationales, parlaient la même langue.

C'est par la jurisprudence sur la question du « vice de pérégrinité », c'est-à-dire l'impossibilité où est un étranger dont la condition civile n'est, par définition, pas réglée par les statuts et coutumes de France, que la naissance en France de parents étrangers permet de bénéficier du droit de leur succéder (la pratique de l'exclusion des étrangers de ces droits connaîtra cependant un ralentissement au XVIIIe siècle). Par un arrêt du Parlement de Paris en date du 23 février 1515, n'est désormais plus considéré comme aubain tout enfant né de parents légitimes étrangers sur le sol de France, à condition d'y avoir toujours résidé jusqu'au moment de l'ouverture de leur succession. Le 7 septembre 1576, le Parlement de Paris prend un arrêt solennel, l'arrêt Mabile, qui reconnaît comme française une fille né en Angleterre de deux parents Français4. Ces deux arrêts illustrent la combinaison de droit du sol et de droit du sang qui caractérise le droit moderne français de la nationalité.

On peut accorder depuis longtemps déjà la nationalité française à des étrangers. Depuis au moins le règne de François Ier, ces naturalisations (reconnaissance de « naturalité ») sont une prérogative royale, sous forme de lettres patentes (publiques) comme tout ce qui touche au changement de la condition des personnes. Entre 1660 et 1789, une étude fait état de 6 000 lettres patentes accordées.[25]

Que dire de la révolution française de 1940 ?

§3. De la Révolution française à 1940

a) La Révolution française et la nationalité

À partir de la Révolution française[26], les règles concernant la nationalité sont définies par les Constitutions successives, même si celles-ci ne parlent explicitement que de la citoyenneté.

On peut noter cinq étapes importantes : un décret du 30 avril 1790 ; la Constitution de septembre 1791 ; la Constitution d'août 1793, dont les dispositions de droit civil restent valables jusqu'au 22 septembre 1795 malgré sa suspension en octobre 1793 ; la Constitution de septembre 1795 ; la Constitution de décembre 1799 (An VIII).

D'une façon générale, la nationalité française continue de reposer à cette époque sur la naissance et la résidence en France, comme l'indique par exemple l'article 2 de la Constitution de l'an VIII : « Tout homme né et

---

[25] C'est ainsi qu'à l'Université de Paris ou à l'Ordre de Saint-Jean de Jérusalem (Malte), on parle des nations française, normande, anglaise, allemande, etc.
[26] Patrick WEIL, *Qu'est-ce qu'un Français ? Histoire de la nationalité française depuis la Révolution*, Paris, Grasset, 2002, 480 p. (ISBN 978-2-246-60571-3, lire en ligne [archive])

résidant en France qui âgé de 21 ans s'est fait inscrire sur le registre civique de son arrondissement, et qui a demeuré depuis pendant un an sur le territoire de la République, est citoyen français »[27].

b) Naturalisations sous la Révolution

À la différence de l'Ancien Régime, l'accès à la qualité de Français n'est plus soumis à l'autorité de l'État : il suffit que les conditions exigées a priori soient remplies. Certains des textes cités ne laissent pas la liberté du choix aux intéressés.

Ainsi, le décret d'avril 1790 indique que les étrangers « seront réputés Français et admis, en prêtant le serment civique, à l'exercice des droits de citoyen actif après cinq ans de domicile continu dans le royaume, s'ils ont, en outre, ou acquis des immeubles ou épousé une Française, ou formé un établissement de commerce ou reçu dans quelque ville des lettres de bourgeoisie ». Ce décret implique une naturalisation automatique des personnes remplissant les conditions ; le serment civique ne concerne que l'accès à la citoyenneté active[28].

Défendant une conception subjective de la nationalité, l'Assemblée nationale vote, en août 1792, un décret conférant le titre de citoyen français à des personnalités étrangères s'étant distinguées pour leur apport à la liberté et à la lutte contre le despotisme. L'historien et politiste Patrick Weil considère à ce titre l'époque révolutionnaire comme celle de la multiplicité de définitions de la nationalité et d'une réflexion importante sur le concept de citoyenneté[29].

La Constitution de 1791 reprend le décret de 1790, mais la naturalisation n'est plus imposée : le serment civique est une condition nécessaire ; l'automaticité est rétablie en 179310, puis supprimée en 1795.

Le Code civil introduit une nouveauté radicale en ce qui concerne le fondement de la nationalité (qui après 1803 ne relève plus de la Constitution) ; en revanche, il ne change pas les règles de naturalisation.

c) La nationalité dans le Code Napoléon (1804)

En 1804, c'est avec l'unification du droit civil dans le Code civil français qu'on peut véritablement parler d'une « nationalité française ». Après les lois de naturalisation automatique de 1790 pour tous les étrangers ayant au moins 5 années de résidence en France, le code Napoléon impose la notion moderne de nationalité à la France, mais également au reste de l'Europe.

---

[27] *Idem* ., chapitre 1, p. 17-23.
[28] *Idem*, p. 24.
[29] *Idem*, p. 26 qui « décrypte » ce texte : pour les contemporains, il signifiait qu'étaient Français tous les gens nés et résidant en France, parmi lesquels certains pouvaient devenir citoyens.

« En rupture avec la tradition » et contre le souhait de Napoléon Bonaparte lui-même (qui voulait que toute personne d'origine étrangère avec une éducation française ne soit française) 11,12, le code civil donne la primauté à la filiation. La nationalité est désormais un attribut de la personne qui se transmet par filiation paternelle et ne dépend plus du lieu de résidence.

L'article 18 dispose qu'une femme française épousant un étranger perd la qualité de Française et prend la nationalité de l'époux (disposition valable jusqu'en 1927, par exemple : les mères d'Émile Zola, de François Cavanna, de Jean Ferrat).

Le Code civil conserve toutefois un élément de droit du sol : l'enfant né en France de parents étrangers peut obtenir la qualité de Français en la demandant dans l'année qui suit sa majorité (article 9 du Code Napoléon). Cette possibilité sera peu utilisée, mais on peut citer l'exemple d'Émile Zola en 1861.

Le Code Napoléon ne contient pas de dispositions sur la naturalisation, car celle-ci ne relève pas du droit civil. En revanche, il établit un statut de domicilié (ou « admis à domicile » qui est intermédiaire entre ceux d'étranger et de citoyen français).

d) Les modifications de la législation jusqu'en 1889

- Les naturalisations

  Après la révolution de 1848, le gouvernement provisoire publie le 28 mars 1848 un décret autorisant la naturalisation de tous les étrangers résidant en France depuis au moins cinq ans, mais l'année suivante, le premier gouvernement de Louis Napoléon Bonaparte remet en place le système des « admissions à domicile », toujours aussi coûteux.[réf. Nécessaire] En 1867 (dès 1865 dans les départements français d'Algérie), le nombre d'années de résidence obligatoire pour pouvoir entamer une procédure de naturalisation est ramené de cinq ans à trois ans.

- Nationalité et conscription

  Dès 1818, est évoqué un problème lié aux dispositions du Code civil : les étrangers nés en France pouvant resté indéfiniment étrangers sont légalement exempts de la conscription, ce qui semble constituer un avantage par rapport aux Français. Ce problème sera évoqué à plusieurs reprises au cours du XIXe siècle, et deviendra aigu lorsque le service militaire deviendra effectivement obligatoire pour tous les Français.

- Le 7 février 1851, une loi renforce le droit du sol.

  Les enfants nés en France de père étranger lui-même né en France deviennent français à la majorité, mais ils conservent le droit de «

décliner la qualité de Français » (de la refuser). Cette loi ne change pas grand-chose en pratique, puisque dans la majorité des cas, les intéressés optent pour la nationalité étrangère ; en 1874, on restreint cette possibilité en réclamant la production d'une attestation officielle de possession de la nationalité en question. Après cela, la moitié du contingent concerné parvient encore à échapper à la conscription. Ce phénomène touche particulièrement les régions frontalières : par exemple, en 1891, le Nord compte la plus forte proportion d'étrangers, dont la moitié est pourtant nés en France.

e) La loi de 1889 et ses suites

- Les origines de la loi de 1889

Les années 1880 sont marquées à la fois par la consolidation du régime républicain, par une crise économique grave à partir de 1882, par la tension avec l'Allemagne et par la montée du nationalisme. Un certain nombre de projets de loi concernent le statut des étrangers ; ils débouchent en 1889 sur une loi que l'on peut considérer comme le premier « Code de la nationalité », puisqu'elle concerne à la fois l'acquisition de la qualité de Français et la naturalisation. Elle opère aussi un changement essentiel par rapport au Code civil, puisqu'elle introduit un droit du sol contraignant pour une partie des étrangers nés en France.

- La loi du 26 juin 1889

Elle impose la nationalité française à la naissance à toute personne née en France dont un parent est également né en France (c'est le « double droit du sol »). L'enfant né en France d'un père étranger né à l'étranger devient français à sa majorité, mais peut décliner la qualité de Français ; il peut aussi devenir français avant sa majorité par déclaration. La loi de 1889 supprime par ailleurs les « admissions à domicile » ; les étrangers sont désormais invités à une simple déclaration de leur domicile en mairie.

- Réactions à l'étranger

En 1913, est promulguée en Allemagne la loi Delbrück dont l'article 26, alinéa 2, énonce : « Ne perd pas sa nationalité l'Allemand qui, avant l'acquisition d'une nationalité étrangère, aura obtenu sur sa demande, de l'autorité compétente de son État d'origine, l'autorisation écrite de conserver sa nationalité ». Cette loi entre en vigueur le 1er janvier 191414. Elle vient s'ajouter au lourd contentieux franco-allemand, alors que la France compte un nombre non négligeable d'immigrés de ce pays ou de cette origine. L'Action française et Léon Daudet engagent une campagne de presse à son sujet15, autour du thème récurrent depuis la guerre de 1870 de « l'espion allemand ».

- La Première Guerre mondiale

Dossier de naturalisation de Fréderic Louis Sauser, dit Blaise Cendrars, en application de la loi sur la naturalisation des étrangers, votée le 4 août 1914. Archives nationales.

La guerre occasionne un certain nombre de changements dans les questions relatives aux étrangers immigrés, dont le nombre augmente considérablement, la France devant faire appel à la main d'œuvre étrangère de façon systématique (ainsi qu'à des travailleurs coloniaux).

Le 2 août 1914, jour de la déclaration de guerre à l'Allemagne, est instauré le permis de séjour pour tous les étrangers ; le 3 août, on rétablit les passeports (avec visa) pour entrer en France. À la suite des contrôles subséquents, à la fin de 1914, 45 000 étrangers se trouvent internés dans des camps16. À partir de 1916, les étrangers doivent tous être porteurs d'une carte d'identité.

D'autres mesures concernent les naturalisés originaires des pays en guerre contre la France. La loi du 7 avril 1915 (complétée le 18 juin 1917) décide la révision et la possibilité de révocation de toutes les naturalisations de ce type et de toutes les naturalisations postérieures au 1er janvier 191317. Sur 25 000 révisions, 549 aboutissent à une déchéance de nationalité française et environ 8 000 à un internement[30].

f) La loi de 1927 et ses suites sur la nationalité.

Malgré la saignée démographique de la Grande Guerre, les députés français attendent le 10 août 1927 pour adopter une loi d'assouplissement des naturalisations. Cette nouvelle procédure permet un doublement du nombre de décrets pris chaque année.

Le débat qui s'ouvre à cette époque n'est pas propre à la France mais implique au contraire une influence étrangère majeure : les théories racistes issues d'une certaine vision du darwinisme. Ces théories clairement racistes qui parviennent à influencer l'adoption de lois des États-Unis à l'Allemagne et du Canada à l'Italie ne touchent pourtant pas la France.

L'immigration atteint des sommets, et le maintien du principe de terre d'accueil est parfois impopulaire en temps de crise ; c'est le cas dans les années 1930 où les réfugiés fuyant les régimes communistes ou autres, sont perçus comme un facteur d'aggravation du chômage qui sévit depuis la crise de 1929. Des lois de préférence nationale sont alors adoptées, comme cette

[30] *Idem* p. 23 et note 47, p. 281 : en 1819, la Cour de cassation se fonde sur le décret de 1790 pour statuer qu'une personne d'origine étrangère était devenue française en 1790.

loi d'avril 1933 réservant la pratique de la profession de médecin aux Français. Le même type de mesure est pris pour les avocats l'année suivante.

Malgré ces réactions corporatistes, la France reste tout de même une terre d'accueil et à l'approche de la guerre, dès le 12 avril 1939, un décret-loi invite les étrangers à rejoindre l'armée française, naturalisation à la clé. En outre, tous les bénéficiaires de l'asile politique sont soumis à la conscription. On bat à cette époque tous les records en matière de naturalisation, notamment en raison du ralliement de nombreux réfugiés d'Espagne et de pays d'Europe centrale bouleversés par les révolutions et la guerre, mais surtout du flot d'Italiens qui représente près de 60 % de ces naturalisés de la vague 1939-1940.

Quelle innovation a apporté le régime de Vichy sur la question de la nationalité française ?

§4. La nationalité française sous le régime de Vichy

À la suite de la loi du 22 juillet 1940, Alibert, ministre de la Justice, crée une commission de révision des naturalisations prononcées depuis 1927. Près d'un million de personnes sont visées par la loi19. 15 000 personnes, dont 40 % de Juifs, sont déchues de leur nationalité. La loi du 23 juillet 1940 déchoit de leur nationalité tous les Français ayant quitté le territoire national sans l'autorisation du gouvernement. C'est une reprise d'une loi nazie adoptée en Allemagne dès 1933. Elle vise surtout à punir symboliquement ceux qui ont rejoint de Gaulle. En revanche, Vichy met en place un système de dénaturalisation afin de « rectifier les erreurs du passé ».

Deux écoles dominent alors les débats dans les couloirs de Vichy : les « restrictionnistes » et les « racistes ». Entre 1940 et 1944, les débats sont vifs sur ces questions, et le bureau du sceau du ministère de la Justice repousse par exemple le 22 avril 1941 la mise en application du système de tri raciste rappelant que cela ne correspondait en rien à la tradition française en matière d'immigration mais aussi d'approche de l'individu. En effet, en pleine occupation nazie, le ministère de la Justice du gouvernement de Vichy produit un réquisitoire contre la pertinence du modèle raciste. Le Commissariat général aux questions juives qui voit le jour le 29 mars 1941 revient à la charge sur ces thèmes et propose notamment de ne plus naturaliser les étrangers de confession israélite. Le ministère répond par la négative à ces demandes, et le Commissariat n'insiste pas.

C'est le ministère des Affaires étrangères qui transmet finalement l'ordre au ministère de la Justice de procéder à des aménagements visant à ne pas accorder la nationalité française aux enfants juifs nés en France de parents étrangers. Le ministère de la Justice refuse cette dernière demande mais concède à restreindre les droits à la naturalisation pour les étrangers de la première génération, nés à l'étranger. Mais le ministère de la Justice profite des remaniements ministériels pour faire traîner les choses jusqu'au 15 août 1943, date du vote de la nouvelle loi sur la nationalité. C'est une loi clairement « restrictionniste » mais qui préserve les droits de la deuxième génération, née en France.

Si les Juifs étrangers (y compris à la suite des dénaturalisations) sont en principe seuls visés par les mesures de contrôle, d'internement ou d'assignation à résidence dans des hôtels ou dans des camps, les différentes lois sur le statut des Juifs excluent les Français considérés comme juifs de la haute fonction publique et de plusieurs professions, notamment l'enseignement, le barreau, la presse, la médecine.

L'abrogation des lois de Vichy par la France libre se fait au rythme de la reconquête, dès 1943 en Afrique du Nord et en Corse, en 1944 dans l'Hexagone. Le nouveau code de la nationalité est adopté en 1945 et prévoit notamment que la femme peut désormais transmettre la nationalité française. La naturalisation est réformée : on repasse de trois à cinq ans de résidence minimum avant d'entamer une procédure, mais on facilite les démarches après.

Il convient de rappeler dans les pages qui suivent l'après-guerre.

§5. L'après-guerre

Le code de la nationalité adopté en 1945 est tout à fait libéral ce qui s'explique en partie par la volonté de rompre avec les pratiques et l'idéologie de Vichy. Est alors créée en 1945 l'Office national de l'immigration auprès du ministère du Travail. Pourtant les années 1945-1955 voient une stagnation de l'immigration et même une baisse de la proportion d'étrangers en France (autour de 4 % en 1955).

a) Cas particuliers : Cas de l'Algérie française

Lors de la conquête, les habitants suivent le statut de leur territoire. En 1862, la cour d'Alger estime que « tout régnicole du pays conquis revêt par le seul fait de l'annexion la nationalité du pays au profit duquel l'annexion est faite ». Cependant en 1865, un jurisconsulte créé un nouveau statut, l'indigène, qu'Yerri Urban qualifie de « troisième catégorie du droit de la nationalité ». Sauf à passer par une procédure de « naturalisation », les habitants non-Européens des colonies sont nationaux sans être pleinement citoyens jusqu'en 1946, voire 1958 lors de la suppression du « double collège » en Algérie. Par le décret Crémieux du 24 octobre 1870, la pleine nationalité française est attribuée à tous les Juifs d'Algérie.

Au moment des indépendances, ce statut est réactivé, puisque la loi française distingue les Français de « statut civil de droit commun » qui conservent la nationalité française, des personnes de «statut civil de droit local» qui la perdent sauf à souscrire une « déclaration recognitive de nationalité française

» à condition de résider en France. Cette possibilité interrompue par la loi du 9 janvier 1973, applicable au 12 juillet 1973, pour les colonies de l'Afrique Occidentale Française (AOF) et de l'Afrique Equatoriale Française (AEF), jusqu'en 1967 pour les Algériens. Ensuite, les anciens Français doivent utiliser la procédure de « réintégration », très proche de la naturalisation par décret.

Avec la loi Lamine Guèye et la loi du 20 septembre 1947 portant statut organique de l'Algérie, les « Algériens musulmans » sont devenus juridiquement des citoyens, conservant leur statut civil personnel, et appelés par l'administration « Français musulmans d'Algérie » (FMA). Toutefois en Algérie, les électeurs votaient dans deux collèges différents jusqu'en 195824, et le vote des femmes musulmanes, expressément prévu au statut de 1947, est différé jusqu'en 1958.[31]

En métropole, cependant, les Algériens bénéficiaient des mêmes droits que les métropolitains sans devoir renoncer à leur statut personnel .Ils devenaient des migrants régionaux comme les Bretons et les Corses, avec les mêmes droits et devoirs que les autres citoyens français[32]. L'article 3 de la loi de 1947 précisait « Quand les Français musulmans résident en France métropolitaine, ils y jouissent de tous les droits attachés à la qualité de citoyens français et sont donc soumis aux mêmes obligations ».

Après l'indépendance de l'Algérie en 1962, les Algériens de « statut civil de droit local », ou « musulman », en France ont été considérés comme des « réfugiés » et non des « rapatriés » comme ceux de « statut civil de droit commun »27,28. L'ordonnance du 21 juillet 1962 leur a retiré la nationalité française, sauf à souscrire une « déclaration recognitive de nationalité » en France avant le 22 mars 1967.

b) Cas de Mayotte

Dans le prolongement du mouvement social de 2018 à Mayotte, le sénateur LREM Thani Mohamed Soilihi fait adopter le 26 juin 2018 deux amendements dans le cadre du projet de loi pour une immigration maîtrisée, un droit d'asile effectif et une intégration réussie présenté par le ministre de l'intérieur Gérard Collomb qui réformerait le droit du sol à Mayotte en ajoutant une nouvelle condition pour être naturalisé : que l'un au moins des deux parents d'un enfant né sur l'île réside de manière régulière sur le territoire depuis plus de trois mois au jour de la naissance. Si le Conseil

---

[31] Les modalités d'application du vote des femmes étaient laissées par la loi à l'examen de l'Assemblée algérienne, qui ne s'en saisit pas pendant sa période d'existence, entre 1948 et 1956 - Bernard DROZ, article cité.

[32] Gérard NOIRIEL, *Immigration, antisémitisme et racisme en France*, Fayard, 2007, p. 517.

d'État a donné un avis favorable à la mesure au titre de l'article 73 de la Constitution, qui laisse une marge de manœuvre aux législations des collectivités locales d'outre-mer, cette mesure est dénoncée par l'historien et politologue Patrick Weil qui y voit un dangereux précédent, contraire à la jurisprudence du Conseil constitutionnel (décision du 20 juillet 1993 rappelant que toute restriction au droit du sol ne pouvait concerner qu'un territoire anciennement français, devenu indépendant). Le président de la République Emmanuel Macron apporte son soutien à la mesure.[33]

c) Cas de la Légion étrangère

D'ordre symbolique, les soldats de la Légion étrangère, qui par définition peuvent être de nationalité étrangère, peuvent devenir Français, non pas par le sang reçu mais par le sang versé.

Sur le plan du droit, la nationalité peut être attribuée par d'autres ministères :

- Sur demande du ministère de la défense, à des militaires étrangers ayant servi dans l'armée française en temps de guerre[34];
- Sur proposition du ministre des affaires étrangères, à des personnes francophones de nationalité étrangère qui en font la demande et qui contribuent par leur action émérite au rayonnement de la France et à la prospérité de ses relations économiques internationales[35].

Quelle est la procédure pour l'acquisition de la nationalité ?

Section deuxième : Procédure d'acquisition de la nationalité française

En France, les règles de détermination de la nationalité française, contenues dans le code civil entre 1804 et 1944, puis dans le Code de la nationalité à partir de 1945 ont été réintroduites en 1993 dans le code civil, dont elles forment le titre Ier bis du livre Ier relatif aux personnes (art. 17 à 33-2). Ces règles ne s'appliquent cependant qu'à défaut de traités ou de conventions internationales spécifiques (art. 17)[36].

Il convient de distinguer l'attribution de la nationalité française d'origine de son acquisition ultérieure.

Sont français d'origine, d'une part, les enfants nés d'au moins un parent français (droit du sang, art. 18), et, d'autre part, ceux nés en France d'au

---

[33] Simon AUFFRET, « Trois questions autour du projet de limitation du droit du sol à Mayotte » [archive], *Le Monde*, 2 juillet 2018 (consulté le 29 juillet 2018).
[34] *Qu'est-ce qu'être français* ., sur le site maitre-eolas.fr - consulté le 31 octobre 2012
[35] Légifrance, « Code civil » [archive], sur legifrance.gouv.fr
[36] Légifrance, « Code civil » [archive], sur legifrance.gouv.fr

moins un parent né lui-même en France ou en Algérie avant le 3 juillet 1962 (double droit du sol, art. 19-3).

En application de la législation résultant de la loi du 16 mars 1998, on peut distinguer trois modes d'acquisition de la nationalité française :

- L'acquisition automatique sans formalité §1;
- L'acquisition par déclaration de l'intéressé §2 ;
- L'acquisition sur décision discrétionnaire de l'autorité publique formalisée dans un décret§3.

À côté des procédures d'acquisition, existent des procédures comparables de réintégration dans la nationalité française de personnes qui établissent avoir possédé cette nationalité (par exemple les Algériens nés en Algérie française avant le 3 juillet 1962).

J'évoque l'acquisition automatique de la nationalité française sans formalité ou par attributs, la nationalité par acquisition, par décret et par le mariage, la perte de la nationalité française et sa déchéance, la preuve et la conservation de la nationalité, le dénombrement et la double nationalité.

§1. L'acquisition automatique sans formalité ou par attribution

Est français, par filiation, l'enfant dont l'un des parents au moins est français[37]. C'est le droit du sang. L'enfant de père français et de mère française est français depuis 1804, même s'il naît à l'étranger[38]. L'enfant de mère française et de père étranger est français depuis 1927 s'il naît en France et depuis 1945 s'il naît à l'étranger.

Est français l'enfant né en France :

- de parents inconnus[39] ;
- de parents apatrides[40] ;
- de parents étrangers pour lequel les lois étrangères de nationalité ne permettent en aucune façon qu'il se voie transmettre la nationalité de l'un ou l'autre de ses parents[41] ;

---

[37] C. civ., art. 18.
[38] Revenir plus haut en : a et b Massot 1985, p. 11.
[39] C. civ., art. 19, al. 1re .
35. C. civ. art. 19-1, 1.
36. C. civ. art. 19-1, 2.
37. C. civ. art. 19-3.
[40] Weil [2002], p. 60.
39. « Article 19-3 du code civil »

- lorsque l'un de ses parents au moins y est lui-même né[42].

La dernière disposition ci-dessus, communément appelée « double droit du sol » a été instituée en 1851. La loi laisse cependant aux bénéficiaires du double droit du sol la faculté de répudier la nationalité française par déclaration à partir de 17 ans et six mois et jusqu'à 19 ans à la condition qu'ils puissent justifier d'une nationalité qu'ils possèdent de l'un de leurs parents par déclaration. Cette faculté sera supprimée par la loi du 26 juin 1889 qui définit ce que Patrick Weil appelle l'usage républicain du droit du sol[43], 13 (art. 19-3 du Code civil actuel)[44].

L'article 19.3 du Code civil qui consacre ce « double droit du sol » permet à la très grande majorité des « Français par le sang » d'apporter facilement la preuve de leur nationalité qui serait, sans ce moyen, une preuve « diabolique » à établir car elle exigerait de remonter à l'infini la chaine de la filiation[45].

Ce principe, qui conjugue le droit du sang et le double droit du sol, n'a pas été modifié depuis 1889.

Jusqu'en 1993, les personnes nées en France d'un parent né dans une colonie étaient françaises par attribution. Cela ne concerne plus que les enfants des personnes nées en Algérie, alors départements français, avant son indépendance le 5 juillet 1962. Contrairement au double droit du sol, le simple droit du sol n'est attributif de la nationalité française que lorsque la naissance sur le territoire français constitue le seul élément susceptible d'être pris en considération pour déterminer la nationalité d'un enfant (ainsi l'article 19 du code civil attribue la nationalité française à l'enfant né en France de parents inconnus).

Que retenir sur l'acquisition de la nationalité française ?

§2. Nationalité par acquisition

a) Acquisition automatique

Les personnes nées en France de parents étrangers obtiennent automatiquement la nationalité française de plein droit au moment de leur

---

[41] Être français aujourd'hui et demain - Tomes 1 et 2 : rapport remis au Premier ministre par la Commission de la nationalité présidée par M. Marceau Long, La Documentation française, 1998, p. 32.

[42] Cour d'appel d'Agen, Comment obtenir la nationalité française ?

[43] Cour d'appel d'Agen, Comment obtenir la nationalité française ?

[44] https://www.service-pu-blic.fr/particuliers/vosdroits/F295

[45] Article 21-2 du Code civil [archive]. Voir aussi le décret no 93-1362 du 30 décembre 1993 [archive] relatif aux déclarations de nationalité, aux décisions de naturalisation, de réintégration, de perte, de déchéance et de retrait de la nationalité française.

accession à la majorité légale, à la seule condition qu'ils résident en France lorsqu'ils atteignent l'âge de 18 ans et qu'ils y résident habituellement depuis l'âge de 11 ans (sur une durée minimale de 5 ans). Cette procédure d'obtention de plein droit de la nationalité est en vigueur depuis 1889 (simple droit du sol), avec la seule parenthèse de 1993 (loi Pasqua)-1998 (loi Guigou41). La loi laisse toutefois aux bénéficiaires du droit du sol la faculté de décliner la nationalité française entre l'âge de 17 ans et demi et 19 ans[46].

b) Acquisition par déclaration

Certaines personnes peuvent obtenir la nationalité française par déclaration, déclaration qui se fait selon le cas auprès du tribunal de grande instance, du consulat ou auprès de la plateforme d'accès à la nationalité française dont dépend leur lieu de résidence. Cela concerne principalement des personnes nées en France de parents étrangers et les conjoints étrangers de Français. La nationalité est conférée sur demande si les conditions prévues par la loi sont remplies.

La déclaration de nationalité s'applique principalement :

- aux personnes adoptées (art. 21-12 sq. Du Code civil) ;
- aux mineurs étrangers relevant de l'aide sociale à l'enfance, qui doivent faire cette déclaration de nationalité avant obtention de la majorité civile (articles 21-12 sq.) ;
- aux enfants mineurs nés en France de parents étrangers, à partir de l'âge de treize ou seize ans, si, au moment de sa déclaration, ils ont en France leur résidence et s'ils ont eu leur résidence habituelle en France pendant une période continue ou discontinue d'au moins cinq ans, depuis l'âge de onze ans (huit ans si la déclaration est faite entre treize et seize ans) (articles 21-11 du Code civil).
- aux personnes mariées avec un(e) Français(e) (article 21-2 du Code civil43), à condition que la communauté de vie n'ait pas cessé entre les époux et que le conjoint étranger ait une connaissance suffisante de la langue française. La durée minimum du mariage avant de pouvoir déclarer sa qualité de Français est normalement de quatre ans, mais ce délai est porté à cinq ans si le conjoint étranger n'a pas résidé en France pendant au moins trois ans à compter du mariage[47].

---

[46] « Nationalité française par mariage » , sur Site du Ministère de l'Intérieur Français (consulté le 11 septembre 2022)

[47] Civ. 1re, 4 juin 2009, n° de pourvoi: 08-13541, Publié au bulletin (à rapprocher : 1re Civ ., 14 novembre 2007, pourvoi no 07-10.935, Bull. 2007, I, no 356 (cassation) ; 1re Civ ., 4 juin 2009, pourvoi no 08-10.962, Bull. 2009, I, n° ??? (Rejet))

- aux personnes ayant joui de la nationalité française par possession d'état depuis plus de dix ans et à ceux ayant perdu la nationalité française en raison des articles 23-6 et 30-3 du Code civil (art. 21-12 sq.).
- aux enfants mineurs de la personne qui acquiert la nationalité (« effet collectif », selon l'article 22-1 du code civil),

Dans le cas d'enfants adoptés, la Cour de cassation considère que la déclaration de nationalité requiert préalablement que les actes d'état civil effectués à l'étranger soient « légalisés » par le consulat français à l'étranger, en vertu d'une ordonnance royale de la marine d'août 1681 prévoyant la légalisation des actes établis par les autorités étrangères, et ce, malgré l'abrogation de celle-ci par l'art. 7 de l'ordonnance no 2006-46045. La Cour a aussi admis des actes « légalisés » par le consulat étranger (en l'espèce, consulat de Chine) en France[48].

Quel est le sens de l'acquisition de la nationalité française par décret ?

§3. Acquisition par décret

La nationalité s'obtient par « décret de naturalisation ». La procédure est destinée aux étrangers majeurs, résidant habituellement sur le sol français depuis au moins cinq ans, une durée qui peut être réduite dans certains cas (études dans un établissement français, « services importants rendus à la France »). Depuis la loi du 26 novembre 2003 relative à la maîtrise de l'immigration, au séjour des étrangers en France et à la nationalité, le candidat à la naturalisation voit son « assimilation à la communauté française » évaluée lors d'un entretien individuel. Le décret no 2011-1265 du 11 octobre 201147 a remplacé l'entretien individuel de connaissance de la langue française par la production d'un diplôme d'études en langue française (DELF) de niveau B1. Les candidats à la naturalisation de plus de 65 ans sont exemptés de la production de ce diplôme. Depuis 2011, l'article 21-24 du Code civil prévoit que « Nul ne peut être naturalisé s'il ne justifie de son assimilation à la communauté française, notamment par une connaissance suffisante, selon sa condition, de la langue, de l'histoire, de la culture et de la société françaises, dont le niveau et les modalités d'évaluation sont fixés par décret en Conseil d'État, et des droits et devoirs conférés par la nationalité française ainsi que par l'adhésion aux principes et aux valeurs essentiels de la République.

À l'issue du contrôle de son assimilation, l'intéressé signe la charte des droits et devoirs du citoyen français. Cette charte, approuvée par décret en Conseil

[48] Civ. 1re, 4 juin 2009, n° de pourvoi: 08-10962 Publié au bulletin.

d'État, rappelle les principes, valeurs et symboles essentiels de la République française[49]

Après une série de questions[50] posées lors de l'entretien de naturalisation51, le fonctionnaire de l'état transmettra le dossier au préfet qui donnera soit un avis favorable pour transmettre le dossier au ministère de l'intérieur au vu d'une naturalisation par décret, soit un avis défavorable, dans ce dernier cas une lettre d'ajournement sera adressée à l'intéressé par courrier[51].

Pour les personnes non titulaires d'un diplôme français supérieur au niveau IV ni du DELF[52], il a été créé un test simplifié de connaissance de la langue française réservé aux demandes de naturalisations et valables deux années : le Test de connaissance du français pour l'accès à la nationalité française (TCF ANF).

La principale raison des refus et des ajournements pour la naturalisation par décret reste le défaut d'insertion professionnelle[53].

Pour les naturalisations à partir du 1er janvier 2016, le décret de naturalisation est publié au Journal officiel électronique authentifié[54] sur le site Légifrance[55].

Notons aussi que la demande de naturalisation est adressée au ministre chargée des naturalisations. Elle est déposée le plus souvent à la préfecture du département, accompagnée par les pièces15 à fournir par le demandeur. Depuis le décret du 30 décembre 1993, ce dernier dispose d'un délai de six mois après le dépôt de la demande pour fournir l'ensemble des pièces sous peine de voir classée sa demande sans suite.

Ensuite, la phase d'instruction de la demande. A l'échelon départemental, les autorités compétentes constituent le dossier. Dans la plupart des cas, c'est la Préfecture qui est chargée de cette tâche ; elle procède à une enquête de police sur la moralité, le loyalisme et la conduite du postulant, elle désigne les services chargés de vérifier le degré d'assimilation du postulant.

---

[49] Le décret no 2011-1265 du 11 octobre 2011 sur Légifrance.

[50] Article 21-24 de la loi du 16 juin 2011, sur le site le-gifrance.gouv.fr.

[51] « Questions entretien naturalisation » [archive], sur https://naturalisation-francaise.fr.

[52] « 200 Questions d'entretien de Naturalisation Française 2022 - FrancePréfecture.fr », 4 mars 2022 (consulté le 22 août 2022)

[53] « Naturalisation par décret 2022 France Démarches » [archive], 24 juillet 2018 (consulté le 22 août 2022)

[54] France Préfecture, « Niveau de langue française pour naturalisation 2022 - FrancePréfecture.fr », 2 janvier 2022 (consulté le 22 août 2022)

[55] « La procédure de naturalisation par décret », sur https://franceprefecture.fr [archive].

Celui-ci est convoqué personnellement par le représentant du préfet pour un entretien individuel. Six mois après le dépôt de la demande, le Préfet doit avoir transmis le dossier au ministre chargé des naturalisations avec son avis motivé quant à la recevabilité de la demande et quant à la suite qui pourrait lui être donnée. Ensuite, à Rezé, près de Nantes, les services de la Sous-Direction des naturalisations de la Direction des Population et des Migrations examinent la recevabilité puis l'opportunité de la demande.

Lorsque le postulant réside en France, il doit déposer la demande à la préfecture. S'il réside à l'étranger, la demande est déposée auprès des autorités consulaires françaises. Enfin, s'il est sous les drapeaux, elle est reçue par l'autorité militaire qui la transmet ensuite à l'autorité administrative de sa résidence habituelle.[56]

Enfin, la phase de décision. Celle-ci, depuis 1998, ne doit pas excéder dix-huit mois, pourtant, le dépassement du délai n'est pas sanctionné. Quatre types de décision peuvent être retenus. Premièrement, le décret de naturalisation, pris par le premier ministre, souligne que la demande a répondu à la fois aux conditions de recevabilité et aux conditions d'opportunité. Le décret est publié au Journal Officiel. Il prend effet le jour de sa signature.[57] Une ampliation de celui-ci est délivrée à l'intéressé. Deuxièmement, la demande peut faire l'objet d'une décision d'irrecevabilité lorsqu'elle ne remplit pas les conditions légales. Cette décision doit être motivée afin de donner au postulant une possibilité de recours ainsi que les

---

[56] Les pièces à fournir sont les suivantes : extrait d'acte de naissance, les actes d'état civil des enfants, le titre de
Séjour en France, les documents établissant la résidence habituelle en France pendant la durée légalement exigée, Les documents justifiant la résidence en France au moment de la demande, un extrait du casier judiciaire étranger, un certificat professionnel, un bordereau de situation fiscale, un certificat médical. Le nombre de pièces étant important, il faut parfois beaucoup de temps pour réunir ces pièces souvent dispersées, qu'il faut demander à différentes autorités administratives.

[57] Le juge administratif, depuis 1993, contrôle non seulement les conditions de recevabilité, mais également les
motifs d'opportunité eux-mêmes. Jacques Massot souligne que la motivation des décisions doit permettre de
passer d'une conception de la naturalisation en termes de « faveur » à une conception en termes de « droits
reconnus ». Pourtant les motifs d'opportunité ne peuvent être véritablement contrôlés que si le législateur a
précisé quels étaient les motifs que l'administration pouvait retenir pour rejeter une demande. Or, ces derniers
n'ont pas encore été définis précisément ; ce qui laisse encore le champ relativement libre au pouvoir discrétionnaire de s'exprimer.

moyens de faire une nouvelle demande une fois que les toutes les conditions auront été réunies.

Troisièmement, la décision peut être rejetée pour des motifs d'opportunité. Depuis le 1er janvier 1994, ces décisions doivent être motivées[58] (loi du 22 juillet 1993). Mais, elles restent de nature discrétionnaire. En principe, elles sont définitives, mais, en pratique, le postulant peut déposer un nouveau dossier de naturalisation ; seulement, s'il n'y a pas d'élément nouveau, l'administration peut rejeter la demande par une décision confirmative de la précédente. Enfin, l'administration peut prendre une décision d'ajournement pour imposer un délai ou des conditions. Cette décision est de même nature qu'une décision de rejet.

En quoi le mariage peut-il contribuer pour l'acquisition de la nationalité française ?

§4. Acquisition par mariage

La procédure de l'acquisition de la nationalité française par mariage diverge de la procédure de naturalisation dans la mesure où l'acquisition de la nationalité par déclaration est considérée comme un droit alors que la naturalisation résulte d'une décision discrétionnaire de l'autorité publique et est alors appréhendée comme une faveur. La déclaration a été instituée pour les acquisitions par mariage par la loi du 9 janvier 1973.

Auparavant, le mariage exerçait un effet direct sur la nationalité du conjoint étranger si celui-ci était un homme. En effet, en 1973, deux principes importants sont mis en avant : d'abord les effets du mariage doivent être envisagés de la même façon sur la nationalité du mari que sur celle de la femme ; c'est le principe d'égalité des époux. Ensuite, le mariage n'exerce plus d'effet direct sur la nationalité du conjoint étranger ; ce dernier doit souscrire une déclaration d'acquisition de la nationalité française. En même temps qu'il souscrit cette déclaration auprès du juge d'instance, il doit déposer certaines pièces, d'identité, relatives au mariage, à la communauté de vie, etc. Le juge d'instance qui reçoit la déclaration saisit la préfecture qui procède à une enquête sur la communauté de vie, la dignité et l'assimilation et en transmet le résultat au ministre chargé des naturalisations.

Mais l'acquisition de la nationalité par la voie du mariage ne passe pas par une déclaration semblable à celle utilisée dans d'autres procédures. En effet, cette déclaration est enregistrée par le ministre des naturalisations et non par le juge d'instance comme pour les autres déclarations. Cela traduit la

---

[58] Tableau établi à partir des chiffres issus du dépliant édité par le ministère de la Justice et le ministère de la Solidarité et de l'emploi et intitulé « Les acquisitions de la nationalité française en 1998 », février 2000, pp. 16-17

méfiance du pouvoir politique ; ce dernier souhaite garder la maîtrise des acquisitions par mariage. On peut donc remettre en cause l'idée selon laquelle l'acquisition de la nationalité par le mariage serait un droit ; en effet, le droit est jugé par les tribunaux et non par les décideurs politiques. De plus, la déclaration, dans le cas du mariage, nécessite un délai d'un an pour être enregistrée alors que pour les autres déclarations, six mois sont suffisants. Cette disposition dérogatoire ne vient que confirmer les hypothèses précédentes, à savoir que le conjoint étranger qui souhaite acquérir la nationalité française par le mariage est considéré a priori comme un suspect. Enfin, la déclaration, dans le cas de l'acquisition par mariage peut faire l'objet d'une opposition du gouvernement.

En effet, au cours de l'année qui suit le dépôt de la déclaration, le gouvernement peut s'opposer à ce qu'un individu acquière la nationalité française. D'ailleurs, cette opposition est la seule qui subsiste dans le droit français de la nationalité. Cependant cette opposition est réglementée, elle ne peut intervenir que pour deux motifs : le défaut d'assimilation et l'indignité. Si elle intervient alors qu'elle est fondée sur d'autres arguments, elle est automatiquement annulée par le Conseil d'Etat. Cependant, ces motifs sont suffisamment flous et imprécis pour considérer que ce pouvoir d'opposition est assez proche du pouvoir discrétionnaire de l'administration, même s'il ne répond pas à la même logique.

De toute façon, les motifs qui peuvent conduire à une opposition du gouvernement ressemblent aux conditions de recevabilité des demandes de naturalisation. En effet, le défaut d'assimilation a été interprété de la même façon que dans le cas de la naturalisation, à savoir que la connaissance insuffisante de la langue française ou l'état de bigamie effective peuvent apparaître comme des éléments susceptibles d'entraîner une opposition du gouvernement.

Quant à l'indignité, elle se caractériserait par l'existence de condamnations pénales, même amnistiées.

Si aucune opposition gouvernementale n'intervient et que le candidat remplit les conditions, celui-ci acquiert la nationalité française à la date à laquelle la déclaration a été souscrite. Et ceci arrive dans la majorité des cas puisque l'on compte en 1998, pour 24 145 dossiers transmis à la sous-direction des naturalisations, 1107 (4.6 % des dossiers traités) refus d'enregistrement pour des déclarations qui ne remplissaient pas les conditions légales et 119 (0.5 % des dossiers traités) décrets d'opposition.

Maintenant que ces deux procédures ont été décrites, la première question qui se pose pour quelqu'un qui souhaite acquérir la nationalité française, c'est la question suivante : Où trouver ces informations concernant les différentes procédures ? Où obtenir tous ces renseignements que je viens d'énumérer ?

Il semble que l'information fournie par l'administration française est méconnue, ou peu diffusée, voire inexistante. Il n'en est jamais question dans les entretiens. Personne n'a connaissance de l'existence de brochures éditées par l'administration française, que ce soit au consulat du Maroc ou dans les associations marocaines. La règle veut que ce soit le candidat à l'acquisition qui fasse le premier pas et qui demande l'information. On voit que, dans le cas de la naturalisation, l'acquisition de la nationalité n'est pas un droit, mais bien l'octroi discrétionnaire de l'administration à qui en fait la demande. De la même façon, le mariage n'a plus d'effet direct sur la nationalité du conjoint étranger ; celui doit formuler une demande d'acquisition de la nationalité française. Ainsi n'existe-t-il aucune campagne de publicité pour inciter les immigrés à acquérir la nationalité française. L'acquisition de la nationalité française est pensée comme un acte individuel ; il n'y a aucune prise en compte collective de la question. Même si l'on accepte l'idée que c'est à la personne d'engager la procédure, comment peut-elle savoir si elle répond aux conditions, où il faut se rendre pour formuler sa demande, etc. ?

C'est alors les réseaux d'interconnaissance au sein du groupe des immigrés qui remplissent ce rôle. Les associations et les amicales marocaines tentent de relayer l'information administrative au niveau micro-local, au niveau du quartier. De plus, les Français par acquisition, comme on l'a déjà vu, peuvent être amenés à fournir cette information. Mais peuvent alors apparaître des distorsions entre l'information qui est véhiculée par ces groupes et l'information inscrite dans les textes administratifs. Par exemple, les textes de loi sur l'acquisition de la nationalité ne sont pas scrupuleusement étudiés ; ce qui peut amener à la diffusion de contre-vérités.[59] Ces associations et ces individus jouent un rôle très important ; mais ils ne peuvent pas suppléer à la nécessaire implication de l'administration française dans ce travail de diffusion de l'information.

Les individus qui souhaitent faire une demande d'acquisition de la nationalité française doivent donc d'abord glaner l'information auprès de réseaux non-officiels[60]. Une fois les informations de base acquises, ils peuvent passer à la seconde étape, c'est-à-dire contacter les services administratifs en charge de l'acquisition de la nationalité. Là, ils bénéficient

---

[59] Les acquisitions de la nationalité française en 1998, février 2000, pp. 42-43.

[60] Non officiels dans le sens où ce ne sont pas ces réseaux qui sont chargés officiellement de délivrer
L'information.

d'une information officielle délivrée par l'administration. C'est à partir de ce moment que la procédure d'acquisition est enclenchée.

a) Les conditions propres à la naturalisation.

Lorsque l'on évoque des conditions dans le droit français de la nationalité, on pense tout de suite aux cinq conditions principales pour qu'une demande de naturalisation soit jugée recevable :

- Premièrement, il faut être âgé au minimum de dix-huit ans (art. 21-22 du Code civil).
- Deuxièmement, le demandeur doit résider en France au moment de la signature du décret de naturalisation (art. 21-16 du Code civil).
- Troisièmement, il doit avoir résidé de façon habituelle en France pendant les cinq années précédant le dépôt de la demande (art. 21-17 du Code civil). Pourtant, la durée du stage[61] peut être réduite, et le stage même supprimé si certaines conditions sont remplies. Ainsi, le ressortissant ou l'ancien ressortissant d'un Etat sur lequel la France a exercé la souveraineté, un protectorat, un mandat ou une tutelle est dispensé de stage ; et, dans notre étude, c'est le cas des ressortissants marocains, qui sont donc dispensés de ce stage de cinq ans.
  Mais lorsque celui-ci est maintenu pour d'autres candidats, il est utile de souligner les ambiguïtés que comporte la notion de résidence habituelle. Gilbert Anton[62] revient sur cette notion. Pour lui, la résidence habituelle se définit d'abord par le caractère personnel de la résidence ; ensuite, par son caractère effectif : a-t-on à faire à une installation matérielle ? ;

  Enfin, par son caractère d'habitude : peut-on parler de résidence stable et permanente ? Il retient deux critères pour la résidence habituelle. L'individu doit bénéficier d'attaches suffisantes avec la France, des attaches familiales et/ou professionnelles. De plus, il doit justifier d'une certaine stabilité.

- Quatrièmement, il doit être de « bonnes vie et mœurs » (art. 21-23 du Code civil). Sont consultés les éventuels casiers judiciaires et il est vérifié que l'intéressé n'a pas été frappé par l'une des condamnations énumérées dans l'article 21-27 du Code civil. De plus, la condition de « bonnes vie et mœurs » fait l'objet d'une enquête des services de police ou de gendarmerie, qui porte sur « la conduite et le loyalisme du disposant » (art. 36 du décret du 30 décembre 1993). Plus qu'une

---

[61] Ce terme est utilisé par le législateur pour désigner le séjour en France.

[62] Gilbert ANTON, *L'appréciation juridique des demandes de naturalisation : les critères de recevabilité*, in Droit et politique de la nationalité en France. De la communauté française à la communauté européenne, Aixen - Provence, Edisud, 1993.

condition de recevabilité, la moralité du candidat est le résultat de l'appréciation de l'administration. Ce n'est déjà plus une condition objectivement constatée.

- Enfin, il doit justifier de son « assimilation à la communauté française, notamment par une connaissance suffisante, selon sa condition, de la langue française » (art. 21-24 du Code civil). En dehors de la connaissance de la langue, certaines pratiques culturelles ont été montrées du doigt. Par exemple, la pratique de la polygamie a été interprétée comme un signe de non-assimilation à la communauté française ; ceci peut donc constituer un obstacle pour certains candidats musulmans. Ici encore, la définition du degré d'assimilation est le fruit de l'arbitrage de l'administration.

En dehors des conditions de recevabilité propres à la naturalisation, il existe plus généralement des empêchements concernant toute forme d'acquisition de la nationalité française. D'abord, le candidat, comme je l'ai exposé avant, ne doit pas faire l'objet de Certaines condamnations pénales. De plus, aucune mesure d'éloignement du territoire (Expulsion et interdiction du territoire) ne doit avoir été prise contre lui. Enfin, il doit Séjourner de façon régulière en France.

b) Les conditions d'une acquisition par mariage.

Il existe également des conditions propres à la voie d'acquisition par mariage. On peut évoquer d'abord la nécessité que le mariage soit valide. Si celui-ci a été célébré à l'étranger, il s'agit de vérifier la validité du mariage au regard des exigences du droit privé français. En fait, il s'agit avant tout de déjouer certains mariages de complaisance (autrement appelés « mariages blancs »).

Cette peur du mariage blanc est encore davantage perceptible lorsque l'on examine les délais. Avant 1984, aucun délai n'était indiqué : le conjoint étranger pouvait demander l'acquisition de la nationalité française par une déclaration dès la proclamation du mariage. La loi du 7 mai 1984 a instauré un délai de six mois à compter du mariage pour que le conjoint étranger puisse poser sa déclaration. La loi du 22 juillet 1993 a allongé le délai à deux ans, avant que celle du 16 mars 1998 le ramène à un an. Passé ce délai d'un an, la déclaration peut être souscrite tant que dure le mariage.

La troisième condition est la nécessité d'attester d'une communauté de vie entre la proclamation du mariage et le dépôt de la déclaration. Pour cela, il est demandé aux deux époux de faire une attestation sur l'honneur ; et les services de la préfecture engagent une enquête.

Dans certaines circonstances, on peut perdre la nationalité française.

§5. Perte de la nationalité française

Les cas et les modalités de perte de la nationalité française sont prévus par les articles 23 et suivants du Code civil[63]. Tout Français qui possède une autre nationalité peut demander expressément à « répudier » la nationalité française (art. 23-3, 23-4 et 23-5). Cette demande doit être validée par un jugement ou un décret selon les situations.

La perte de la nationalité française peut être constatée par jugement lorsqu'un Français (ou ses ascendants) n'a jamais eu sa résidence habituelle en France, ni fait état de sa nationalité, pendant cinquante ans (art. 23-6). De plus, une personne qui réside depuis plus de cinquante ans à l'étranger « ne sera pas admis à faire la preuve qu' [elle] a, par filiation, la nationalité française » si ni elle ni ses parents ne peuvent justifier avoir « eu la possession d'état de Français » (art. 30-3).

Le Français qui « se comporte en fait comme le national d'un pays étranger » (art. 23-7), c'est-à-dire « manifestant un défaut de loyalisme à l'égard de la France »[64], ou qui n'a pas renoncé à exercer des fonctions auprès d'un État étranger malgré une demande du gouvernement français (art. 23-8), peut se voir retirer sa nationalité par décret en Conseil d'État.

La France a signé la convention internationale limitant les cas d'apatridie, qui interdit explicitement de retirer la nationalité d'une personne qui n'en a qu'une, mais ne l'a pas ratifiée[65]. De même, la convention européenne sur la nationalité de 1997, qui prévoit que « chaque individu a droit à une nationalité », a été signée mais non ratifiée par la France. Par ailleurs, l'article 15 de la déclaration universelle des droits de l'homme stipule que « tout individu a droit à une nationalité »[66]; mais ce texte a une portée juridique faible, pour le Conseil d'État il est dépourvu de valeur normative[67].

En conséquence, pour le constitutionnaliste Didier Maus, « juridiquement il n'y a pas de texte international qui engage la France à interdire l'apatridie »[68]. Mais pour un autre constitutionnaliste, Dominique Rousseau, « sa simple

---

[63] Voir une présentation des diverses possibilités de perte de la nationalité française en réponse à une question orale sur le site de l'Assemblée nationale.

[64] Selon la jurisprudence du Conseil d'État selon le site de l'Assemblée nationale.

[65] Convention de New York du 30 août 1961, entrée en vigueur le 13 décembre 1975, voir le site de l'ONU.

[66] Article 15 de la déclaration universelle des droits de l'homme.

[67] Déchéance de nationalité : aucun texte international n'empêche la France de rendre une personne apatride sur le site du Huffington Post, 4 janvier 2016.

[68] Yves CALVI et Loïc FARGE, « "L'interdiction de l'apatridie n'est pas actuellement dans les obligations de la France", dit un juriste, sur rtl.fr, 5 janvier 2016.

signature [de la convention de 1961] engage [la France] à respecter l'esprit et le but du texte »[69].

La déchéance de la nationalité française est requise sous certaines conditions, tel est l'objet des pages qui suivent.

§6. Déchéance de la nationalité française

L'article 25 du Code civil précise que la déchéance de nationalité française est possible pour une personne ayant «acquis la qualité de Français» (donc qui ne l'a pas obtenue par attribution), « condamnée pour un crime ou délit constituant une atteinte aux intérêts fondamentaux de la nation », pour « terrorisme », un « crime ou délit prévu au chapitre 2 du titre III du livre IV du code pénal » (espionnage, sédition, haute trahison militaire…) ; le fait de se soustraire « aux obligations résultant pour lui du code du service national » ou le fait de s'être « livré au profit d'un État étranger à des actes incompatibles avec la qualité de Français et préjudiciables aux intérêts de la France »[70]. L'article est déclaré conforme à la Constitution par le Conseil constitutionnel, dans une question prioritaire de constitutionnalité de janvier 2015.[71] Les faits doivent être commis au plus tard dix ans après la naturalisation, ou quinze ans en cas de terrorisme (art. 25-1).

Cette procédure est employée exceptionnellement[72]. Quatorze personnes ont été déchues de la nationalité française entre 1989 et 1998, sept entre 1998 et 2007[réf. Nécessaire]. Questionné à ce sujet en 2010, Manuel Valls dénonce le débat concernant la déchéance de la nationalité comme « un débat nauséabond et absurde »[73].

L'article 23-7 du Code civil dispose que « le Français qui se comporte en fait comme le national d'un pays étranger peut, s'il a la nationalité de ce pays, être déclaré, par décret après avis conforme du Conseil d'État, avoir perdu la qualité de Français[74]. » Cette disposition est issue d'un décret-loi du 12 novembre 1938 d'Édouard Daladier et reprise dans l'ordonnance du 19

---

[69] Enora OLIVIER, «La “déchéance pour tous”, juridiquement difficile à imposer [archive]», *Le Monde*, 7 janvier 2015.

[70] Les décodeurs, « Comment Hollande souhaite réformer la loi sur la déchéance de la nationalité » [archive], *Le Monde,* 17 novembre 2015 (consulté le 17 novembre 2015)

[71] Article 25 du code civil.

[72] *Louise FESSARD, « La déchéance de nationalité pour terrorisme à nouveau validée », Mediapart, 23 janvier* 2015 (lire en ligne

[73] Décision no 2014-439 QPC du 23 janvier 2015

[74] « La déchéance de la nationalité française reste une pratique très marginale », *La Croix*, 2 août 2010 (consulté le 7 août 2010)

octobre 1945 prise par Charles de Gaulle[75]. Elle est jugée conforme par le Conseil d'État par la décision « Époux Speter » rendue le 7 mars 1958, puis le 20 mars 1964 (« Sieur et dame Cornakowski »). Le défaut de loyalisme à la France par l'allégeance à une entité étrangère, a été utilisé à 523 reprises entre 1949 et 1967 contre des binationaux dans le cadre de la Guerre froide. Les dispositions de l'article 23 s'appliquent aux Français par attribution et aux naturalisés.

Le 16 novembre 2015, François Hollande, président de la République, annonce au Parlement réuni en Congrès vouloir étendre la possibilité de déchéance de la nationalité aux binationaux nés Français, en plus des naturalisés[76]. Pour cela, un nouvel article 3-1 serait rajouté à la Constitution du 4 octobre 1958 mais le gouvernement se heurte à un fort scepticisme des députés socialistes, certains d'entre eux condamnant une reprise de « l'une de ses mesures phares » au Front national[77]. Selon différents sondages réalisés en 2015, une majorité des Français se déclare favorable à la déchéance de nationalité des terroristes binationaux[78].

Le 30 mars 2016, François Hollande annonce l'abandon du projet de loi sur la déchéance à la suite d'une discussion avec le Président de l'Assemblée nationale, Claude Bartolone (PS) et le Président du Sénat, Gérard Larcher (LR) après que le Sénat a présenté un projet de loi modifié[79]. Entre-temps, le 23 décembre, le hashtag Je Suis Binational a été créé par le journaliste franco-marocain Ali Baddou à l'occasion d'un tweet (« j'ai toujours pensé qu'avoir deux nationalités était une richesse. Aujourd'hui je découvre que c'est un problème ») et a été repris par d'autres binationaux[80].

Il y a des preuves de nationalité comme je l'évoque au point suivant.

§7. Preuve de nationalité

Face à l'administration, la charge de la preuve de la possession de la nationalité française incombe toujours à la personne, sauf si elle dispose d'un certificat de nationalité française qui fait foi jusqu'à une décision judiciaire contraire (art. 3082 et 31-283 du Code civil). Ce certificat est établi par une

---

[75] « Aucune déchéance de nationalité sous Sarkozy », *Le Point*, 3 aout 2010 (consulté le 8 décembre 2015)

[76] « Déchéance de nationalité : "un débat nauséabond et absurde" », BFM TV, 27 septembre 2010 (consulté le 8 décembre 2015)

[77] « Code civil, article 23-7 », *Légifrance* (consulté le 8 décembre 2015)

[78] Patrick WEIL et Jules LE POUTRE, « Refusons l'extension de la déchéance de la nationalité ! » , *Le Monde*, 8 décembre 2015 (consulté le 8 décembre 2015)

[79] Lilian ALEMAGNA, « État d'urgence: la durée ne sera pas définie dans la Constitution », *Libération*, 3 décembre 2015

[80] Laure EQUY, « Déchéance de nationalité : des députés PS «mal dans leurs pompes» » [archive], *Libération*, 2 décembre 2015 (consulté le 3 décembre 2015)

autorité judiciaire : le directeur des services de greffe judiciaires ou le président du tribunal judiciaire territorialement compétent. Il ne peut être remis en cause que par un jugement d'un tribunal de même niveau.

D'après Maurice Maschino en 2002, [81]les personnes ayant un ascendant étranger ou qui sont nées à l'étranger peuvent, à l'occasion du renouvellement de documents d'identité, être contraintes de fournir un certificat de nationalité française. Sa délivrance peut être longue, ce qui est jugé « ubuesque et discriminatoire » en 2010 par le documentariste Daniel Kar-lin et la Ligue des droits de l'homme (LDH) qui ont ainsi lancé une pétition pour l'abrogation du décret du 30 décembre 2005.[82]

Pour la plupart des procédures administratives, la production d'une carte d'identité suffit cependant à justifier de la possession de la nationalité française[83]

Comment conserve-t-on la nationalité française ?

§8. Conservation de nationalité

Ont conservé la nationalité française :

- Les Français originaires du territoire de la République française, tel qu'il était constitué à la date du 28 juillet 1960, et qui étaient domiciliés au jour de son accession à l'indépendance sur le territoire d'un État qui avait eu antérieurement le statut de territoire d'outre-mer de la République française[84] ;
- en vertu de l'article 1er de l'ordonnance du 21 juillet 196288, codifiée à l'article 32-1 du Code civil, les Français de statut civil de droit commun domiciliés en Algérie au 3 juillet 196288, date de l'annonce officielle des résultats du scrutin d'autodétermination, quelle que soit leur situation au regard de la nationalité algérienne[85].

Que dire du dénombrement ?

---

[81] 94 % des Français pour la déchéance de nationalité des terroristes binationaux, bfmtv.com, 19 novembre 2015

[82] 81 % des Français favorables à la déchéance de nationalité de terroristes [archive], lexpress.fr, 18 janvier 2015

[83] Déchéance de la nationalité : le "oui" massif des Français [archive], lejdd.fr, 18 janvier 2015

[84] Louis NADAU, « Déchéance : Hollande abandonne la réforme constitutionnelle », *Le Figaro* (consulté le 31 mars 2016)

[85] Hélène BEKMEZIAN, « Le Sénat enterre la déchéance de nationalité », *Le Monde*, 17 mars 2016 (ISSN 1950-6244, lire en ligne , consulté le 31 mars 2016)

§9. Dénombrement

Les « personnes ayant la nationalité française » résident pour une part sur le territoire français (62,2 millions), pour une autre part à l'étranger (2,5 millions). Début 2020, leur nombre est donc estimé à 64,7 millions de personnes.

Le nombre de « personnes ayant la nationalité française » et résidant en France peut être estimé en 2020 à 92,4 %90 de la population totale, estimée en France métropolitaine + DOM - COM à 67 287 241 personnes résidant en France, soit 62 173 400 personnes.[86]

Au 31 décembre 2020, 1 594 303 citoyens français étaient inscrits au registre mondial des Français établis hors de France ; les informations fournies par le ministère de l'Europe et des Affaires étrangères, n'étant pas complètes puisqu'elles se basent sur des déclarations volontaires faites par les résidents français à l'étranger, le ministère estime que leur nombre est de l'ordre de 2,5 millions[87],

Il y a une ouverture à la double nationalité dans le droit français comme je l'éclaire dans les pages suivantes.

§10. Double nationalité

En principe, la possession d'une ou de plusieurs autres nationalités n'a pas d'incidence sur la nationalité française puisque la France a dénoncé le chapitre I de la Convention du Conseil de l'Europe du 6 mai 1963 sur la réduction des cas de pluralité de nationalités et sur les obligations militaires en cas de pluralité de nationalité. Ainsi, depuis le 5 mars 2009, l'acquisition volontaire de la nationalité d'un des États signataires à cette convention par un citoyen français n'entraîne plus de plein droit la perte de la nationalité française. Sur le plan des droits et devoirs liés à la citoyenneté, la France ne fait aucune distinction entre les binationaux et les autres Français. Toutefois, un Français binational ne peut en général pas faire prévaloir sa nationalité française auprès des autorités de l'autre État dont il possède aussi la nationalité lorsqu'il réside sur son territoire. Il est alors généralement considéré par cet État comme son ressortissant exclusif.

Contrairement aux nombreuses attaques contre le droit du sol en Europe, et surtout en France, la plupart des binationaux le sont « d'origine », par le droit du sang, car issus de parents d'origine différente. De plus, les individus nés avec deux nationalités, donc qui n'ont pas acquis volontairement une autre nationalité, qu'ils soient conscients ou non de leur « bi nationalité »,

[86] Youssr YOUSSEF, « Déchéance : des bi nationaux se fâchent autour d'un hash-tag », sur Rue89, 3 janvier 2016 (consulté le 11 décembre 2016)
[87] Article 30 , Légifrance.

bien souvent ne peuvent de toute façon pas y renoncer, tels les Franco-Algériens ou Franco-Tunisiens de naissance. Ainsi, le code algérien de la nationalité n'autorise pas les individus nés avec au moins deux nationalités dont l'algérienne à renoncer à cette dernière. Un individu né Algérien et Français, qui n'a donc pas accompli de démarche volontaire pour acquérir la nationalité française, n'entre pas dans le cadre de l'article 18 sur la perte de la nationalité du code de la nationalité algérienne. Le choix pourrait à la limite se faire au détriment de la nationalité française, puisque la répudiation est possible côté français. Le droit tunisien est encore plus restrictif et ne prévoit aucun mécanisme de renoncement délibéré à la nationalité. Seul le Maroc laisse en théorie la possibilité aux Marocains nés « binationaux » de perdre leur nationalité si, « ayant une nationalité étrangère d'origine », ils y sont autorisés « par décret » (article 19 du code de la nationalité)[88].

Quels sont les droits et les devoirs qui découlent de la nationalité française ?

Section troisième : Droits et devoirs liés à la nationalité française

Je parle des droits, des devoirs et des divers en lien avec la nationalité française.

§1 Droits

La nationalité française permet :

- De résider sur le territoire français ;
- De bénéficier des services de tous les ministères français, et à l'étranger des services attachés aux représentations diplomatiques et aux consulats ;
- De ne pas pouvoir être extradé, expulsé, ou interdit du territoire français ;
- De ne pas voir son conjoint étranger expulsé ou interdit du territoire si le mariage date de plus de respectivement deux et trois ans et s'est accompagné d'une communauté de vie ;
- De pouvoir obtenir d'effectuer une peine en France lorsque la condamnation définitive a été prononcée par une juridiction étrangère ; et
- De bénéficier de toutes les aides sociales et assistances prévues pour les Français, tels que :

[88] Article 31-2 , Légifrance.

- Assistance judiciaire à l'étranger ;
- De faire appliquer la loi française lorsque l'on est victime à l'étranger d'un crime ou d'un délit puni d'emprisonnement par le Code pénal français ;
- De bénéficier des services de l'Agence pour l'enseignement français à l'étranger;
- D'être électeur, et éligible aux emplois et aux services publics, y compris les emplois dans la fonction publique de tous les pays européens :
- Participer à un tribunal militaire (magistrat, greffier, huissier de justice) ;
- Être assesseur dans un tribunal ;
- Être assesseur d'un tribunal du contentieux de l'incapacité, de la Cour nationale de l'incapacité et de la tarification de l'assurance des accidents du travail de la Sécurité sociale ;
- Participer à une commission départementale de conciliation des impôts ;
- Être membre de la commission nationale de la négociation collective (conventions collectives du travail), d'une commission de conciliation, être médiateur.
- Être fonctionnaire, toutefois, depuis le traité de Maastricht, les droits garantis aux citoyens de l'Union incluent la liberté de circuler et de résidence à travers l'Union et d'occuper n'importe quel poste (y compris fonctionnaire national à l'exception des militaires, policiers et magistrats)[89];
- Avoir le droit de vote et être éligible à toutes les élections locales et nationales (les conseillers municipaux élus étrangers ne peuvent pas participer aux élections sénatoriales, et ne peuvent pas être élus maire ou adjoint du maire) ;
- Être titulaire d'une licence IV de débit de boisson ;
- Être lieutenant de louveterie (chasse).

- La citoyenneté européenne ou la nationalité d'un pays ayant des accords spécifiques avec la France ou l'Union européenne est requise pour :

- Exercer la profession de médecin, de chirurgien-dentiste, de sage-femme, de vétérinaire ou de pharmacien (sauf dérogation) ;
- Tenir un débit de boissons alcoolisées (bar) ;
- Être courtier d'assurance ;

[89] Maurice T. MASCHINO, « Êtes-vous sûr d'être français ; », *Le Monde diplomatique*, juin 2002.

- Être inscrit sur la liste des conseils en propriété industrielle,
- Bénéficier d'une concession et cessions pour l'aménagement et la mise en valeur agricole des terres domaniales ;
- Avoir le droit de vote et être éligible aux élections communales ;
- Diriger ou gérer une régie de pompes funèbres ;
- Être directeur d'un office de tourisme de station classée ;
- Être membre d'un tribunal paritaire de baux ruraux ;
- Être administrateur d'une société coopérative agricole ou mandataire d'une telle société au conseil d'administration d'une union de coopératives ;
- Sous réserve d'agrément par le représentant de l'État et le procureur de la République, exercer des contrôles visuels de bagages à main, palpations de sécurité de personnes consentantes, fouilles de navires ou d'aérogares sous la responsabilité d'un officier de police judiciaire (agents de sécurité).

Un certain nombre de droits s'appliquent aux personnes qui résident en France, françaises ou non, comme les droits sociaux, de salariés, etc.

Quels sont alors les devoirs du citoyen français ?

§2 : Devoirs

La nationalité française oblige :

- à se soumettre à toutes les dispositions du code civil français en matière de majorité, émancipation, mariage, testament, successions, etc. ;
- à se faire recenser pour le service national, et à participer à la Journée défense et citoyenneté.
- à respecter le principe de Fraternité entre les citoyens.
- à payer vos impôts et participer à l'effort commun pour financer les services publics.
- à être juré en matière de justice si vous êtes sollicité lors d'un procès de cours d'assises.

Pour les véhicules et les personnes morales : Les avions de nationalité française doivent respecter les règles de vol françaises, même à l'étranger, à condition que celles-ci soient compatibles avec les règles du pays en question.

§3 : Divers

En matière de nationalité, il est bon d'entendre le point de vue des sociologues, comme celui de Patrick Weil pour qui les Français partagent « quatre piliers qui semblent constituer le code sociopolitique de la France pour les Français et aux yeux du monde » :

- le principe d'égalité, facteur d'indifférenciation et d'émancipation ;
- la mémoire positive de la Révolution française, facteur d'universalisme ;
- la langue française, facteur d'unification culturelle ; et,
- la laïcité, facteur de tolérance religieuse et condition de la liberté de conscience.

Conclusion

Ces piliers sont « forces et facteurs d'unification et de transformation, [ils] représentent l'indifférenciation ; l'assimilation à laquelle chacun aspire dans certaines situations autant que le respect de sa particularité dans d'autres. Et ces piliers ont suscité d'autant plus d'adhésion qu'ils ont souvent été mis en œuvre dans la reconnaissance de cette diversité des Français, dans un équilibre qui offre la possibilité de circuler entre des identités composées».

Après la législation française sur l'acquisition de la nationalité, il m'est utile de comparer avec ce qui est requis dans le droit Suisse dans le second chapitre.

Chapitre 3
L'acquisition de la nationalité en droit suisse

Rappelons que l'acquisition de la nationalité suisse est régie par la Loi fédérale sur l'acquisition et la perte de la nationalité suisse de 1952,[90] révisée à plusieurs reprises.[91]

Les cantons n'ont cependant de compétence propre que pour la naturalisation ordinaire. Ils sont également compétents pour la libération de la nationalité, et consultés en ce qui concerne la naturalisation facilitée ou la réintégration, qui sont du ressort de la Confédération.

Concernant l'acquisition de la nationalité, le droit positif suisse prévoit deux moyens d'acquisition [92]: l'acquisition par effet de la loi,[93] notamment : la filiation [94] et/ou l'adoption[95] ; toutefois, nous n'allons pas évoquer le cas du droit de cité cantonal et communal traité par l'article 4 LN [96] et également le cas de l'enfant trouvé que traite l'article 6 de la même loi ; [97]

- L'acquisition par décision de l'autorité[98]. Ce moyen se subdivise lui-même en trois modes :
- La naturalisation ordinaire [99];

---

[90] Alliance pour la Majorité Présidentielle (AMP), parti au pouvoir et l'Union pour la Nation (UN), principal parti d'opposition qui est arrivé en deuxième position lors des élections de 2006.

[91] LN, RS 141.0.

[92] Voir Message du 4 mars 2011 concernant la révision totale de la LN, FF 2011 2639 ; Projet de loi fédéral sur la nationalité suisse, FF 2011 2683.

[93] Voir en particulier les chapitres 2 : Procédure et modes d'acquisition et de perte de la nationalité et 4 : Conditions générales et critères de naturalisation du Manuel sur la nationalité.

[94] Art. 1 à 7 LN de 1952 et art. 1 à 4 de LN 2014.

[95]Art. 1 LN.

[96] Voir Modification du code civil (RS 210) sur le nom et le droit de cité du 30 septembre 2011, en vigueur au 1er janvier 2013, RO 2012 2569, 3227.

[97] Cet article trouve son origine dans loi sur le heimatlosat du 3 décembre 1850 (RS 191) sur son art. 55 en particulier, art. 3 de LN 2014.

[98] Art. 9 à 29 LN 2014.

[99] Art. 12 à 15 LN de 1952 et art. 9 à 19 de LN 2014.

- La naturalisation facilitée[100] ;
- La réintégration[101].

Ces trois derniers modes se distinguent entre eux par le degré de difficulté, en raison des conditions matérielles et formelles ; par les voies de droit en particulier. En effet, le recours devant le Tribunal fédéral n'est en principe pas ouvert pour la naturalisation ordinaire, contrairement à la naturalisation facilitée et à la réintégration[102].

En dehors des événements familiaux, le droit suisse de la nationalité prévoit le cas de la nationalité suisse admise par erreur[103] et de l'option omise[104] comme motif de naturalisation facilitée.

Ainsi, ce chapitre est organisé en quatre sections : l'acquisition automatique de la nationalité suisse par le seul effet de la loi (art 1 à 8LN) et celle par une déçision de l'autorité ensuite. La troisième section rappelle les trais caractéristiques de la procédure en droit suisse. Je termine par présenter les nouveaux critères pour la naturalisation suisse.

Section première : L'acquisition automatique de la nationalité suisse par le seul effet de la loi (art.1 à 8 LN)

La LN, issue d'une révision totale, conserve la teneur des dispositions de la loi sur la nationalité du 29 septembre 1952 portant sur l'acquisition et la perte de la nationalité par le seul effet de la loi.

L'acquisition automatique de la nationalité suisse intervient dès que les conditions visées par la loi sont réunies, sans que l'intéressé ait à introduire une quelconque requête. Cette automaticité s'explique par la qualité des liens qui unissent le ressortissant ou la ressortissante suisse à sa communauté nationale. En matière de filiation, avant 2006, l'enfant illégitime d'un père suisse et d'une mère étrangère obtenait la nationalité suisse par la reconnaissance de son père, mais seulement pendant sa minorité[105], ce qui

---

[100] Art. 26, 27, 28, 29, 30, 31a, 31b, 58a, 58c LN de 1952 et art. 20 à 25 de LN 2014.. Je termine par le développement des

[101] Art. 21, 23 et 58 LN de 1952 et art. 26 à 29 de LN 2014.

[102] Actuellement, un recours au Tribunal fédéral est possible si le refus présente un caractère clairement discriminatoire ou si la procédure de la décision viole des garanties procédurales fondamentales conformément aux arts. 29 ss Cst. Voir également ATF 90 I 276, 279 ; 129 I 217, et 129 I 232.

[103] Art. 29 LN.

[104] Art. 30 LN.

[105] Art. 2 al. 1 let. c LN

n'était pas le cas sous l'empire du Code civil où la reconnaissance avait des effets en matière de nationalité indépendamment de la minorité de l'enfant[106].

Avant l'entrée en vigueur de la loi[107] sur la nationalité, l'adoption était réglementée par le Code civil, ce dernier ne prévoyant cependant rien quant à l'acquisition du droit de cité[108] de l'adopté. L'adoption ne constituant pas un motif d'acquisition de la nationalité selon la loi, les cantons ne pouvaient dès lors pas lui attacher l'acquisition de leur droit de cité. Le cas de l'enfant trouvé est en quelque sorte une acquisition de la nationalité suisse jure soli, [109]mais de façon limitée. La loi sur la nationalité se devait de reprendre une disposition traitant de ce sujet qui avait été abordée dans la loi sur le heimatlosat[110].

La loi sur la nationalité a dès lors prévu que l'enfant dont la filiation est inconnue acquiert la nationalité suisse et le droit de cité du canton dans lequel il a été trouvé, les cantons pouvant déterminer le droit de cité communal qu'acquérait l'enfant[111] . Dans ce cadre, l'on peut encore une fois constater le rétrécissement des compétences cantonales puisque, sous l'empire de la loi sur le heimatlosat, la Confédération imposait certes aux cantons l'obligation d'attribuer à cet enfant un droit de cité cantonal et communal, mais leur laissait toute liberté quant à la procédure à suivre[112].

Je parle de l'acquisition automatique de la nationalité suisse par filiation et celle par adoption.

§1 : Acquisition automatique de la nationalité suisse par la filiation

Le cas ordinaire de l'acquisition automatique de la nationalité suisse à la naissance est la filiation[113].

---

[106] Voir le Manuel de l'ODM susmentionné.

[107] Bull. Stén. CN 1951, p. 766.

[108] Art. 7 LN. Il faudra attendre la révision du droit de l'adoption de 1972 pour que l'adoption soit considérée comme étant un rapport de droit équivalent à celui de la filiation, cf. le titre B., ci-dessous.

[109] Cf., KNAPP C., p. 98.

[110] Art. 23 de la loi sur le heimatlosat. Cette loi a été abrogée par l'entrée en vigueur de la loi sur la nationalité.

[111] Art. 6 LN.

[112] Art. 23 de la loi sur le heimatlosat. Bull. stén. CN 1951, p. 765.

[113] Art. 1 LN ; art. 1 et 51 al. 3 du Projet-LN 2011, FF 2011 2683, cf. Manuel sur la nationalité, op. cit : chap. 2.2.1.2. En lien avec les articles 4 ; 58c LN et l'art. 252ss CC.

La notion de la filiation en Suisse est définie par le droit de la famille. Selon la doctrine, « le lien de la filiation désigne le rapport de droit de la famille fondé sur la parenté juridique entre un enfant et ses parents. Le rapport de filiation repose d'une part sur la descendance naturelle entre l'enfant et ses procréateurs, d'autre part sur la relation psycho-sociale entre l'enfant et ses éducateurs[114].

L'article 5 alinéa 1 lettre a LN posait initialement deux exigences particulièrement strictes quand la mère est Suissesse : exigence de la mère suisse d'origine suisse et celle du domicile en Suisse au moment de la naissance. En dépit de l'interprétation extensive que le Tribunal fédéral a donnée au terme de « mère d'origine suisse »[115], cet article créait deux types d'inégalités. D'une part, il classait les Suissesses en deux catégories, celles qui pouvaient transmettre leur droit de cité, car entrant dans l'interprétation donnée par la Haute Cour, et les autres[116] , qui ne pouvaient transmettre leur nationalité à leur descendance, en dépit du fait qu'elles étaient parfaitement assimilées au mode de vie helvétique. D'autre part, l'inégalité de traitement entre les sexes était plus que choquante : puisque l'acquisition de la nationalité par un enfant de mère suisse était subordonnée à la double condition que celle-ci soit originairement de nationalité suisse, excluant la mère ayant acquis sa nationalité par naturalisation ou par mariage, et que les deux parents aient eu leur domicile en Suisse au moment de la naissance de l'enfant , alors que l'homme suisse transmettait sa nationalité sans autre condition. Cette exigence de domicile pouvait se révéler extrêmement arbitraire, le domicile était très souvent fondé sur le hasard, pour des raisons parfois indépendantes de la volonté des parents. Ainsi, le domicile en Suisse pouvait être retardé ou être rendu impossible du fait de la situation financière et professionnelle instable des parents[117]. Au surplus, une application différenciée du droit dans la même famille pouvait être possible, selon que les parents étaient domiciliés en Suisse ou à l'étranger au moment de la naissance[118].

Afin de rétablir l'égalité de traitement, les autorités fédérales ont estimé qu'une modification constitutionnelle s'imposait ; il fallait supprimer l'article 44 alinéa 3 de la Constitution de 1874, qui aurait limité la marge de manœuvre des autorités[119]. L'article constitutionnel en question a donc été

---

[114] Hegnauer C., p. 26.

[115] Cf. ATF 105 Ib 49 = JT 1981 I 186 Cicciarelli, consid. 5a ; ATF 105 Ib 145 = JT 1981 I 176, consid. 2 ; ATF 105 Ib 225 = JT 1981 I 179, consid. 2.

[116] Cf. FF 1980 II 1446, p. 1456.

[117] FF 1980 II 1446, p. 1451 ; FF 1982 II 137, p. 144.

[118] FF 1980 II 1446, p. 1451 ; FF 1984 II 214, p. 218.

[119] FF 1980 II 1446, p. 1457. En réalité ce n'était pas le cas puisque l'art. 44 al. 3 Cst. 1874 ne prévoyait que la possibilité d'introduire le jus soli à certaines

modifié dans le sens où, dès l'entrée en vigueur de la révision, il a permis de traiter de la même manière, en matière d'acquisition de la nationalité suisse, l'enfant d'une mère helvétique mariée au père étranger de celui-ci, et l'enfant d'un père suisse marié à la mère étrangère de ce dernier [120].

La loi sur la nationalité fut dès lors modifiée en conséquence, et l'article 5 LN abrogé[121], l'article 1 LN réglementant entièrement l'acquisition de la nationalité par filiation et garantissant, de ce fait, le principe de l'égalité des sexes. Jusqu'à la révision de la loi sur la nationalité de 2003,[122] l'article 1 al. 1 let. A LN faisait une réserve en faveur de l'article 2 LN. En effet, ce dernier créait une entorse au principe de l'égalité des sexes, dans la mesure où la femme ayant acquis la nationalité suisse par le mariage avec un ressortissant suisse (article 3 LN) ne pouvait pas transmettre son droit de cité à ses enfants ; cette exception, selon les autorités fédérales, trouvait sa justification dans les faits suivants : lorsque la mère avait acquis la nationalité suisse par le mariage avec un Suisse dont elle était veuve ou divorcée, et donnait naissance à un enfant dans le cadre d'un nouveau mariage avec un étranger, cet enfant n'avait pas à acquérir cette nationalité sans restriction car la mère, pour devenir suissesse, n'avait dû répondre à aucune condition d'assimilation, puisqu'elle avait acquis cette nationalité automatiquement[123]. Selon la doctrine, cette exception avait toutefois l'inconvénient de créer deux classes de Suissesses.

Or, puisque le principe de l'égalité des sexes voulait précisément que l'on traite les deux sexes de la même manière, cette exception se justifiait. En effet, la femme ayant acquis la nationalité suisse par mariage a été favorisée car l'homme ne détenait pas les mêmes prérogatives. Par conséquent, si l'enfant de cette femme était issu d'un mariage avec un étranger, elle ne devait pas pouvoir transmettre cette faveur à la prochaine génération[124]. Cependant, il pouvait arriver qu'une mère étrangère, élevée en Suisse mais n'ayant pas acquis la nationalité helvétique par une naturalisation ordinaire – parce qu'elle pouvait l'acquérir par le mariage – ne puisse pas transmettre sa

---

conditions bien précises, mais ne traitait pas de l'acquisition de la nationalité jure sanguins, les autorités ayant préféré rester prudentes.

[120] FF 1982 II 137, p. 154.

[121] Les arts. 27 et 28 LN, devenus sans objet, puisque l'enfant d'une Suissesse acquérait désormais la nationalité de par la loi, furent également abrogés (FF 1984 II 214, p. 224).

[122] Devenu par la révision de 1990 l'art. 57a LN, RO 1991 II 1034.

[123] Cf. SCHÄRER R., *Révision partielle*, p. 293.

[124] FF 1984 II 214, p. 222.

nationalité à sa descendance ; c'est précisément dans ce but que le législateur avait institué une procédure de naturalisation facilitée pour cet enfant[125].

Il existait toutefois une exception à la règle : la mère ne transmettait pas sa nationalité suisse lorsqu'elle l'avait acquise par mariage. Cette restriction ouvrait clairement la voie au risque d'une frange de la population « enfants apatrides » justifiant le fait qu'ils ne pouvaient acquérir une autre nationalité à leur naissance[126]. Dans ces deux situations, la nationalité se transmettait de par la loi, automatiquement, comme dans le cas où la mère était Suissesse par naissance ou par naturalisation. Cette inégalité de traitement a récemment été supprimée, puisqu'il n'est actuellement plus tenu compte de la façon dont la mère a acquis sa nationalité suisse[127], les dispositions précitées ayant de ce fait été abrogées[128].

Par conséquent, en prévoyant que tous les enfants d'un ressortissant suisse acquéraient la nationalité suisse par le simple effet de la loi, la Confédération a élargi ses compétences car, d'une part la mère suisse ne devait plus remplir un certain nombre de conditions afin de transmettre sa nationalité, mais ces enfants allaient aussi acquérir la nationalité de par la loi, sans qu'une demande puisse être faite. Cet assouplissement de la législation pour la mère concernait par exemple le fait que peu importe le moyen par lequel la femme avait acquis sa nationalité (sous réserve de l'art. 2 al. 1 LN et de l'art. 57a LN), elle pouvait la transmettre à sa descendance, ce qui n'était pas le cas auparavant puisque l'enfant de cette femme ne pouvait même pas demander la naturalisation facilitée (sa mère n'était pas « suisse de naissance ») et elle devait dès lors passer par une procédure de naturalisation ordinaire. L'égalité des sexes a par conséquent, dans une certaine mesure, élargi encore un peu plus les compétences de la Confédération.

Pour ce qui est des enfants déjà nés, la loi leur permet dans le délai de trois ans à dater de l'entrée en vigueur des modifications, si leur mère avait acquis la nationalité suisse par filiation, adoption ou naturalisation, de faire reconnaître leur nationalité [129]; devenant ainsi suisses de plein droit s'ils en

---

125 Art. 28 LN, devenu art. 58b LN par la révision de la loi de 1990, RO 1991 II 1034.

126 Art. 2 al. 1 LN, devenu art. 57a al. 1 LN par la révision de 1990, RO 1991 II 1034.

127 Art. 58a LN ; RO 2005 5233.

128 RO 2005 5233. Voir également le Manuel sur la nationalité susmentionné : le chap. 2.2, en particulier.

129 Art. 57 al. 8 let. à LN (teneur de 1984, RO 1985 I 420). Au moment de la naissance, la mère devait être suisse et les parents, liés par mariage, être conjoints ; par ailleurs, il ne suffisait pas que la mère ait été suisse au moment de la naissance, mais il fallait qu'elle l'ait encore été au moment de la décision, ATF 112 Ib 465, consid. 2b, 3 et 4.

faisaient la demande. Toutefois, si la mère avait acquis la nationalité par mariage, ses enfants pouvaient bénéficier d'une naturalisation facilitée. Passé ce délai de trois ans, l'enfant dont la mère avait acquis la nationalité suisse par filiation, adoption ou naturalisation[130], pouvait bénéficier de la naturalisation facilitée[131].

Avec l'acquisition de la nationalité de plein droit par les enfants d'une mère suisse mariée à un étranger, puisque la condition du domicile en Suisse des parents au moment de la naissance de l'enfant était levée[132], la législation accordait aussi la même prérogative aux enfants qui pouvaient aussi obtenir la nationalité suisse s'ils étaient domiciliés à l'étranger, ce qui n'était pas le cas auparavant. En ce qui concerne la répartition des compétences, elle s'est encore élargie en faveur de la Confédération pour ces enfants-là.

Si leurs parents étaient domiciliés à l'étranger, ils n'acquéraient pas la nationalité par le simple effet de la loi, la seule solution étant de passer par une procédure de naturalisation facilitée. Pour présenter une telle demande, ils devaient avoir vécu en Suisse pendant dix ans et requérir la naturalisation avant vingt-deux ans révolus[133], respectivement avoir résidé en Suisse et former la demande pendant leur minorité[134], les autres conditions de fond devant également être remplies dans les deux cas[135].

Si ni les conditions de forme, ni les conditions de fond n'étaient remplies, ces enfants ne pouvaient pas bénéficier de la naturalisation facilitée, leur seul recours étant la naturalisation ordinaire. Par conséquent, la Confédération a encore élargi son champ de compétence personnel en soustrayant également ces étrangers à la procédure de naturalisation ordinaire, en leur octroyant la nationalité suisse par le simple effet de la loi[136].

En ce qui concerne l'enfant né hors mariage d'un père suisse et d'une mère étrangère, la loi sur la nationalité prévoyait qu'il n'acquérait plus la nationalité de son géniteur, lorsqu'il avait été reconnu et qu'il portait le nom de son père et vivait sous son autorité parentale, mais pouvait faire une

---

[130] Mais pas par mariage, ces enfants étant renvoyés à la procédure facilitée de l'art. 28 al. 1 let. b LN (FF 1984 II 214, p. 228).

[131] Art. 57 al. 8 let. b LN (teneur de 1984, RO 1985 I 420).

[132]Ancien art. 5 al. 1 let. a LN teneur de 1976, RO 1977 I 237.

[133] Art. 27 LN (teneur de 1952, RO 1952 1115).

[134] Art. 28 LN (teneur de 1984, RO 1985 I 420).

[135] Telles que la mère d'origine suisse par naissance et la dissolution du mariage des parents. Art. 27 al. 1 LN (teneur de 1952, RO 1952 1115). Art. 28 al. 1 LN (teneur de 1984, RO 1985 I 420).

[136] La perte de la nationalité suisse par péremption a cependant été rendue plus facile : elle s'applique désormais à la première génération née à l'étranger (et non plus à la deuxième) et s'étend également aux enfants mineurs (art. 10 LN).

demande de naturalisation facilitée [137]. Cette disposition était sans conteste une dérogation flagrante au principe de l'égalité des sexes. Car en effet, la mère suisse célibataire transmet de par la loi sa nationalité à son enfant, alors que, dans la même situation, le père ne le peut pas, son enfant devant passer par une procédure de naturalisation facilitée pour obtenir la nationalité suisse. L'on peut indubitablement se poser la question sur la compatibilité de cette disposition avec le principe de l'égalité des sexes. Selon le Tribunal fédéral, cette égalité n'est pas absolue puisqu'elle est sujette à exception «lorsque la différence biologique ou fonctionnelle due au sexe exclut absolument une égalité de traitement»[138]. En l'espèce, pour ce qui est de la mère, la naissance constitue la preuve de sa maternité, ce qui n'est pas le cas du père. Il y a donc bien une certaine inégalité de fait entre les deux sexes, inégalité qui a été exploitée par les autorités fédérales afin de justifier une politique de lutte contre l'octroi de la nationalité de complaisance[139].

En ce qui concerne la perception fédéraliste de cette réglementation, celle-ci rétrécissait la compétence des cantons et des communes de deux points de vue. D'une part, puisque les conditions étaient moins strictes qu'auparavant

- L'enfant pouvait faire la demande même s'il ne portait pas le nom du père et ne vivait pas sous son autorité parentale[140],
- Les compétences fédérales s'en trouvaient élargies, un plus grand nombre d'enfants pouvant en bénéficier.

D'autre part, la naturalisation facilitée n'était pas temporellement limitée, dans la mesure où l'acquisition de la nationalité ne dépendait pas de la minorité de l'enfant comme c'était le cas auparavant, même si après vingt-deux ans révolus la loi exigeait une durée de résidence en Suisse de cinq ans[141].

Par ailleurs, la loi sur la nationalité a récemment été révisée sur ce point, permettant ainsi d'établir une égalité totale entre les sexes concernant

---

[137] Art. 31 LN (teneur de 1990, RO 1991 II 1034).

[138] ATF 108 Ia 22, consid. 5 ; ATF 125 I 21 = JT 2000 I 343, consid. 3a.

[139] FF 1987 III 285, p. 293. Voir JÄGER M., La révision partielle du 23 mars 1990 de la loi sur l'acquisition et la perte de la nationalité suisse (LN), REC 1992, p. 52-57, p. 54.

[140] Art. 31 al. 1 let. a à d LN (teneur de 1990, RO 1991 II 1034), qui pose des conditions alternatives. FF 2002 1815, p. 1854 ss.

[141] Art. 31 al. 2 LN (teneur de 1990, RO 1991 II 1034), délai qui sera porté à trois ans par la loi fédérale du 20 juin 1997, entrée en vigueur le 1er décembre 1997 (RO 1997 II 2370).

l'acquisition de la nationalité[142]. Désormais, l'enfant d'un père suisse et d'une mère étrangère qui n'est pas mariée avec le père acquiert la nationalité de son géniteur par le simple établissement du lien de filiation[143]. Par conséquent, l'enfant obtient la nationalité suisse de par la loi, sans qu'il soit dans l'obligation de déposer une demande de naturalisation facilitée[144].

L'acquisition automatique de la nationalité suisse s'obtient aussi par adoption comme je l'évoque dans les pages qui suivent.

§2. Acquisition automatique de la nationalité suisse par l'adoption[145]

Selon la doctrine, l'adoption crée un lien de filiation (naturelle), partiel ou total, entre des personnes qui ne descendent pas l'une de l'autre. A l'origine, elle servait à assurer à l'homme sans enfants la continuation du culte des ancêtres, et à le préserver de la disparition de son espèce. Ultérieurement le but primordial fut d'avoir un héritier légal. Un changement radical s'est produit de nos jours : l'adoption est de plus en plus inspirée par l'idée de donner des parents aux enfants qui n'en ont pas et de donner à des époux sans enfants l'occasion de vivre l'expérience d'un père et d'une mère [146]».

La législation suisse prévoit deux types d'adoption : l'adoption conjointe et l'adoption par une personne seule. Leurs effets sont réglés par les articles 267 et 267a CC. D'après le Tribunal fédéral, l'adoption conjointe [147]doit être la règle et celle par une personne seule [148]l'exception. Selon le système de la loi, l'adoption doit être plénière [149] et irrévocable pour faire ainsi acquérir automatiquement la nationalité suisse en faveur de l'adopté. [150]Ainsi,

[142] Par cette nouvelle réglementation, il convient de préciser que, sur ce point, le droit suisse est conforme à la Convention européenne sur la nationalité. Cf. l'art. 6 § 1 let. À Convention européenne.

[143] Art. 1 al. 2 LN.

[144] FF 2002 1815, p. 1855. La disposition transitoire attachée à cet article ne prévoit que l'enfant de père suisse qui remplit les conditions de l'art. 1 al. 2 LN, mais qui est né avant l'entrée en vigueur de la révision, peut former une demande de naturalisation facilitée avant l'âge de vingt-deux ans (art. 58c al. 1 LN) ; s'il a plus que vingt-deux ans, il peut également former une demande de naturalisation facilitée, pourvu qu'il ait des liens étroits avec la Suisse (art. 58c al. 2 LN). FF 2002 1815, p. 1868.

[145] RO 1972 II 2873 ; FF 1971 I 1222 ; 267 et 267a CC ; art. 4 du Projet-LN, FF 2011 2683.

[146] Hegnauer C., p. 67.

[147] Art. 264a CC.

[148] Art. 264b CC.

[149]Le système de l'adoption plénière a été introduit par la révision totale du droit suisse de l'adoption en 1972, entrée en vigueur le 1er avril 1973.

[150] RO 1972 II 2873 ; FF 1971 I 1222 ; 267 et 267a CC ; art. 4 du Projet-LN, FF 2011 2683.

l'enfant adopté qui acquiert le statut juridique de ses parents adoptifs voit ses liens de filiation antérieurs rompus, sauf dans le cas où c'est l'enfant de l'autre conjoint.

Acquiert ainsi automatiquement la nationalité suisse de ses parents adoptifs l'enfant mineur de nationalité étrangère adopté par un ressortissant suisse. Il obtient la nationalité au moment de son adoption. De même, l'enfant mineur de nationalité suisse acquiert le droit de cité cantonal et communal du ou des parents adoptif(s)[151].

Ceci marque, bien entendu, un tournant décisif sur la question de la nationalité qui évolue irréversiblement et s'adapte aux exigences du monde contemporain. Ceci est d'autant plus vrai qu'avant la révision de 1972, l'adoption n'avait pas d'effets sur la nationalité de l'étranger adopté. Le principe de l'unité de la nationalité et de la famille n'était pas reconnu. L'enfant étranger devait dès lors avoir un passeport de son pays d'origine et un permis de séjour, ce qui était une source de problèmes pour l'adopté. Pour y remédier, l'article 7 susmentionné a été adopté et promulgué. Cependant, certains avaient émis des craintes sur la question des abus (adoption de nationalité, comme dans le domaine du mariage). Mais le Conseil fédéral avait relevé que « contrairement au mariage, l'adoption est soumise à un examen approfondi de l'autorité ».

Pour mieux protéger les enfants adoptés[152], la Suisse s'associe aux efforts entrepris sur le plan international. En effet, selon la volonté du législateur, l'adoption doit servir le bien de l'enfant, favoriser son plein épanouissement et le développement de sa personnalité, tant du point de vue affectif, intellectuel que physique. On voit bien la double dimension matérialiste et spirituelle évoquée précédemment transparaître en filigrane.

Nous osons croire qu'au-delà de cette perception sociale qui consiste à donner de la famille aux enfants adoptés, ou à donner des enfants aux parents adoptifs, il y a bien l'idée d'une responsabilité humanitaire qui découle de la nécessité de s'occuper des enfants orphelins dont les parents ont été victimes des conflits, des guerres et catastrophes naturels survenus à travers le monde.

---

[151]Art. 267 al. 1 CC.

[152] Lorsqu'il s'agit d'un adulte adopté, le TF a appliqué non pas l'art. 7 LN, mais deux dispositions transitoires : l'art. 57 al. 5 LN qui est abrogé depuis la révision de 1987 et l'art. 12c Titre final CC, cf. ATF 101 Ib 113. Les délais prévus dans ces dispositions transitoires sont arrivés à l'échéance le 31 mars 1978, cf. Nguyen M.S., p. 722.

Une étude de la haute École de Santé de l'Université de Genève[153], rapporte que les politiques d'adoption en Suisse et dans le monde sont soumises à de grandes discriminations. A en croire cette étude, les enfants adoptés dans le monde viennent pour la plupart d'Asie et d'Europe de l'Est. En dépit de la pandémie du sida et du nombre élevé d'orphelins, peu d'enfants d'Afrique et d'Amérique latine sont adoptés au niveau international, pour des raisons liées tant aux mentalités qu'aux politiques favorisant les adoptions. Là encore, il convient de relever qu'il y a une violation flagrante, aussi bien du droit international que la Convention Internationale sur les droits de l'enfant[154], la convention de la Haye (clah) de 1993 et de la législation interne de la Suisse[155]. Ce qui explique une baisse progressive du taux d'adoption en Suisse depuis une trentaine d'année.

Par ailleurs, conformément au droit suisse, l'enfant mineur dont on ne connaît pas la filiation et qui a été trouvé sur le territoire de la Confédération acquiert automatiquement la nationalité suisse[156].

C'est le canton où il a été découvert qui détermine le droit de cité communal après avoir accordé à l'enfant son indigénat ; en général ce sera la commune où celui-ci a été découvert en premier lieu[157].

L'article 6 alinéa 3 LN exclut le risque d'apatridie lorsque le lien s'établit avec un parent étranger. Ainsi, l'enfant ne perd t- il la nationalité suisse que s'il acquiert la nationalité étrangère de ce parent.

La nationalité suisse s'acquiert aussi par une décision de l'autorité. C'est la matrice du point qui suit.

Section deuxième : Acquisition de la nationalité suisse par une décision de l'autorité

Contrairement à la filiation, la nationalité peut s'acquérir par décision de l'autorité dans deux cas, hormis la naturalisation ordinaire[158], soit par

---

[153] Layla AMINI & Col. *L'adoption internationale : Enfants en provenance des pays défavorisés, Université de Genève, Faculté de Médecine,* Haute Ecole de Santé, 2010, pages 6-8.
[154] CIDE 1989, ratifiée unanimement par tous les pays du monde excepté la Somalie qui l'aura ratifié en 2009 et les Etats-Unis. L'article 21 de cette convention priorise l'adoption nationale sur l'adoption internationale.
[155] Loi fédérale du 22 Juin 2001 relative à la Convention de la Haye sur l'adoption et aux mesures de protection de l'enfant en cas d'adoption internationale.
[156] Art. 6 LN.
[157] Art. 6 al. 1 et 2.
[158] Articles 8, 9, 29 ; 37 et 38 al. 2 Cst ; 12, 13, 14, et 15, 16, 36, 37, 38, 50, et 51 LN de 1952 ; 9, 13, 14, 33, 35, 36, 46, 51a de LN 2014.

naturalisation facilitée[159], nouveau mode d'acquisition dérivée introduit par la loi sur la nationalité, soit par réintégration[160], institution déjà connue sous l'empire des lois précédentes.

La décision de naturalisation suppose non seulement que l'intéressé remplisse un certain nombre de conditions légales, mais encore que l'autorité apprécie l'opportunité de conférer ou non la nationalité suisse au requérant. En effet, la décision de l'autorité est discrétionnaire. C'est pourquoi la naturalisation ordinaire en Suisse n'est pas un droit, mais plutôt une faveur. Le demandeur n'a pas de droit à ce type de naturalisation. Ainsi, sur le plan fédéral, il n'existe pas de droit à l'autorisation fédérale nécessaire. De plus, même si cette dernière a été accordée[161], le requérant n'a aucun droit d'être naturalisé. L'autorisation délivrée n'est qu'une condition nécessaire et non suffisante de la validité de la naturalisation ultérieure par une commune et un canton[162].

La législation fédérale distingue la naturalisation ordinaire et la naturalisation facilitée. Il convient ainsi, dans les parties suivantes, d'analyser ces deux types de naturalisation, ainsi que la réintégration qui intervient à la suite de la perte de la nationalité suisse. Cependant, la réintégration présuppose des circonstances différentes de celles d'une demande de naturalisation[163].

L'acquisition de la nationalité suisse par une décision de l'autorité appelée l'une naturalisation ordinaire, l'autre facilitée.

§1. Acquisition de la nationalité suisse par la naturalisation ordinaire [164]

La naturalisation est l'octroi de la nationalité suisse, par les autorités, à l'étranger qui en fait la demande. La naturalisation ordinaire n'est jamais de droit ; l'autorité est traditionnellement habilitée à apprécier tant l'intérêt pour la communauté d'intégrer un étranger qui remplit les conditions légales nécessaires, que l'aptitude de celui-ci à devenir Suisse[165]. En plus des

---

[159] Articles 26, 27, 28, 29, 30, 31a et b, 33, 34, 35, 36, 37, 38, 41, 50, 51, 58a et c LN de 1952 ; 9, 10, 11, 13, 14, 20, 33, 35, 36, 46, 51a de LN 2014.

[160] Art. 38 al. 1 Cst. ; articles 10, 11, 14, 18, 21, 23, 24, 25, 42, 50, 51 et 58a LN de 1952; 26, 27, 28 et 29 de LN 2014.

[161] Depuis le 1er février 2013, la Compétence du SEM est reconnue, voir RO 1952 1115; FF 1951 II 665; RO 2003 187; FF 2001 3657.

[162] FASEL D., p. 100 ss ; NGUYEN M. S., p. 76 ss.

[163] ATF 114 Ib 257 ; ATF 101 Ib 120.

[164] Voir le Manuel sur la nationalité, susmentionné : chap. 2.4 et chap. 4 en particulier.

[165] En effet, « l'attribution de la nationalité suisse est une question de qualité et non de quantité », FF 1951 II 665, p. 677.

exigences de la résidence et de l'aptitude, l'acquisition de la nationalité suisse par naturalisation ordinaire doit faire l'objet d'une procédure en trois étapes.

En effet, selon la procédure traditionnelle, le requérant dépose une demande de naturalisation à la commune, qui la transmet à l'administration fédérale. La Confédération est la première à donner son accord. Puis, la demande de naturalisation est traitée au niveau communal, et, dans une troisième étape, au niveau cantonal. Lorsque les décisions sont positives à ces trois niveaux, la nationalité suisse est accordée[166]. Dans le cas où la Confédération n'a pas les informations suffisantes pour donner son aval, elle interroge les communes via les cantons. Ces enquêtes complémentaires sont coûteuses, longues et entraînent un surcroît de travail administratif. Une procédure alternative permet d'éviter ces tractations en plaçant la commune au premier stade, la Confédération ensuite, et le canton au troisième stade de la décision[167].

Le candidat à la naturalisation ordinaire doit avoir résidé légalement pendant au moins dix ans de domicile en Suisse dont trois sur les cinq ans ayant précédé le dépôt de la demande. Attention, le temps passé sur le sol helvétique entre l'âge de 8 et 18 ans compte double, mais une demande de naturalisation ne peut pas être déposée avant six ans de séjour effectif. [168]. D'autre part, lorsque les conjoints forment simultanément une demande d'autorisation et que l'un remplit les conditions légales, un séjour de cinq ans, dont l'année qui précède la requête, suffit à l'autre s'il vit en communauté conjugale avec son conjoint depuis trois ans[169]. Le délai de cinq ans s'applique également au requérant dont le conjoint a déjà acquis la nationalité à titre individuel.

La résidence au sens de l'article 36 LN est définie par le séjour effectué en Suisse en tant que porteur d'un permis d'établissement ou de séjour mais également de saisonnier, de rentier, de stagiaire, d'étudiant, de réfugié, de fonctionnaire international [170] cependant selon l'art. 33 LN 2014 les éléments retenus dans le calcul de la durée de séjour sont : l'autorisation de séjour

[166] Dix-huit cantons suivent encore aujourd'hui cette procédure classique (AR, BL, FR, GE, GL, GR, JU, NE, NW, OW, SG, SH, SZ, TG, UR, VD, VS, ZG).

[167] Sept cantons ont introduit cette procédure (AG, BE, BS, LU, SO, TI, ZH). Dans le canton de Zurich, la Confédération intervient même au dernier stade de la décision, après la commune et le canton.

[168] Art. 9 à 19 LN 2014.

[169] Art. 15 al. 3 et 4 LN.

[170] Sur ce dernier type de séjour, cf. la décision du DFJP du 20 novembre 1956, JAAC 1956 (26) 77, p. 176 ss.

l'admission provisoire, la moitié du séjour d'admission provisoire, et la carte de légitimité délivrée par le DFAE ou d'un titre de séjour similaire.

La loi sur la nationalité donne de la résidence une définition particulière, différente de celle du domicile[171]. Elle est plus attachée à la présence effective de l'étranger en Suisse qu'à son intention de s'y établir. Une absence, même provisoire, de plus de six mois interrompt la continuité du séjour. La nature objective de la résidence au sens de cette loi ressort bien de la formulation de l'alinéa 3 de l'article 36 LN selon lequel la résidence prend fin lorsque l'étranger a « résidé en fait pendant plus de six mois hors de Suisse ». Selon le Tribunal fédéral, la résidence doit en outre se poursuivre durant toute la procédure d'autorisation[172]. Ainsi, la résidence doit être effective au moment de la demande, pendant l'examen du cas et au moment de la décision. Celui qui navigue en haute mer sur un bateau suisse ne satisfait pas à cette condition.

Conformément à l'article 14 LN, l'intéressé doit notamment s'être intégré[173] dans la communauté suisse, s'être accoutumé au mode de vie et aux usages suisses. Selon le Conseil fédéral, « le terme d'intégration désigne l'accueil des étrangers dans la communauté suisse et la disposition des étrangers à s'insérer dans le milieu social suisse, sans qu'ils soient pour autant obligés de renoncer à leurs cultures et à leur nationalité d'origine »[174]. Donc, l'étranger doit être de bonne réputation, capable de communiquer avec son entourage, de mener une vie autonome, de s'intéresser et de participer à la vie publique et sociale dans les domaines culturels et sportifs, dans les manifestations villageoises ou de quartier[175] .

S'accoutumer est le résultat d'un effort réciproque entre l'étranger et la communauté suisse, l'adaptation de l'un à l'autre. Pour le Conseil fédéral, «le fait de s'accoutumer est une conséquence de l'intégration et désigne l'adoption du mode de vie et des usages suisses par l'étranger »[176].

---

[171] Art. 23 et 25 CC.

[172] ATF du 13 juillet 1977, *Marzorati, non publié.*

[173] Le mot intégration ne figure qu'une seule fois dans la LN, à l'art. 15c let. c, introduit lors de la révision de 2009. Même la Loi fédérale sur les étrangers (LEtr), qui ancre la notion d'intégration au cœur de la politique migratoire suisse, n'en donne pas une définition légale, cf. FF 2002 3469 ; Achermann A., Sturm E., Von Rütte B., Studie zur Praxis von Bundesgericht und Bundesverwaltungsgericht im Bereich der integrationskriterien. Zuhanden Bundesamt für Migration, Direktionsbereich Zuwanderung und Integration, Berne 2010 ; Uebersax P., Der Be-griff der Integration im schweizerischen Migrationsrecht. Eine Annäherung. Asyl, 21 (4): 3-11, 2006.

[174] FF 1987 III 296.

[175] Nguyen M. S., op. cit ., p. 725.

[176] FF 1987 III 296.

L'étranger doit maîtriser l'une des quatre langues nationales. Des connaissances linguistiques suffisantes pour communiquer avec la population du lieu de naturalisation et pour comprendre les informations écrites sont nécessaires. Il doit également connaître les fondements de l'ordre politique et social suisse. Toutefois, ce critère ne suppose pas que le candidat possède des connaissances approfondies sur l'histoire et le système politique suisse, en passant par exemple des examens comme dans certaines communes[177].

De manière générale, l'on peut considérer que l'intégration est l'insertion d'un individu dans un groupe social et, simultanément, la reconnaissance par le groupe de l'appartenance de l'individu à celui-ci ; il s'agit d'un processus permanent qui se traduit par différentes phases successives[178]. Du point de vue de la population étrangère, l'intégration doit être considérée comme un processus individuel et subjectif d'apprentissage ayant trait à la langue, aux habitudes et fonctionnements de divers domaines permettant une participation à la vie sociale[179]. L'intégration peut mener à l'assimilation, c'est-à-dire l'identification de la minorité à la culture de la majorité : l'assimilation présuppose donc l'intégration. Dans ce cadre, l'assimilation peut être un synonyme d'acculturation.

De plus, l'article 14 lettre c LN prévoit que l'intéressé doit se conformer à l'ordre juridique suisse. La lettre dudit article parle de ne pas compromettre la sûreté intérieure et extérieure de la Suisse. Ces termes se trouvaient déjà dans la Constitution pour l'expulsion politique. Ils consacraient le principe du renvoi du territoire fédéral des étrangers qui compromettent la sécurité[180].

Le respect de l'ordre juridique suisse implique fondamentalement, sauf exception, les éléments suivants[181] :

- Pas de peine non radiée au casier judiciaire ;
- Pas de procédure pénale en cours ;
- Pas de poursuite pour dettes et faillites non réglées ;
- Pas de dettes fiscales ;
- Pas de procédure d'extradition ou d'entraide judiciaire en cours ;
- Renonciation à la violence comme moyen de lutte politique.

---

177 NGUYEN M. S., *Op. Cit.*, p. 726.

178 Cf. Rapport de la Commission fédérale des étrangers sur l'intégration des migrants, p. 12.

179 GUTZWILLER C., p. 231 ss.

180 Cf. ancien art. 70 Cst.

181 Directives de l'Office fédéral des étrangers du 14 juin 2002 concernant le respect de l'ordre juridique suisse, p. 2.

La condition qui imposait à tout candidat à la naturalisation de n'entreprendre aucune démarche en vue de conserver sa nationalité[182] précédente a été supprimée[183].

Il convient à présent de signaler l'acquisition de la nationalité suisse par la naturalisation facilitée.

§2. Acquisition de la nationalité suisse par la naturalisation facilitée

La naturalisation facilitée se distingue de la naturalisation ordinaire sur plusieurs points. Le premier est qu'il n'est pas exigé du requérant qu'il s'accoutume au mode de vie et aux usages de sa future patrie, contrairement à ce qui est prévu à l'article 14 LN[184]. La naturalisation facilitée ressort exclusivement du droit fédéral. Les cantons ne disposent en conséquence d'aucune compétence. Ainsi, l'article 32 LN dispose que c'est le SEM qui statue de manière exhaustive sur la naturalisation facilitée, après consultation du canton cependant. Les décisions négatives rendues dans le domaine de la naturalisation facilitée peuvent être attaquées par recours devant le Tribunal administratif fédéral d'abord, le Tribunal fédéral ensuite.[185]

La naturalisation facilitée est prévue pour huit cas. L'article 26 alinéa 1 LN définit les conditions applicables aux différentes formes de cette naturalisation. Pour le conjoint étranger d'un ressortissant suisse, elles s'appliquent directement. En revanche, elles ne s'appliquent que par analogie s'agissant des autres cas (article 26 alinéa 2 LN).

La naturalisation facilitée est accordée à condition que le requérant :

- Se soit intégré en Suisse ;
- Se conforme à la législation suisse ;
- Ne compromette pas la sécurité intérieure ou extérieure de la Suisse.

Les liens étroits avec la Suisse sont exigés pour un certain nombre de situations dans le cadre de la naturalisation facilitée et de la réintégration. L'interprétation du terme : « lien étroit avec la Suisse » relève de critères administratifs élaborés par le SEM qui examine si les conditions fédérales sont respectées. Selon la pratique ayant actuellement cours au sein de la Confédération, les liens étroits avec la Suisse sont admis lorsque l'une des conditions alternatives suivantes est remplie :

- Passer régulièrement ses vacances en Suisse ;

---

182 Ancien art. 17 LN.

183 Lors de la révision de 1990.

184 Il s'agit ici d'intégration culturelle.

185 Art. 31 LTAF, 51 LN et 82 let. a et 83 let. b LTF.

- Avoir des liens étroits ou exercer une activité avec/pour des sociétés, associations ou des cercles de Suisses de l'étranger ;
- Avoir de fréquents contacts avec des personnes vivant en Suisse, en particulier des parents ou des amis ;
- S'exprimer dans l'une des quatre langues nationales ou dans un dialecte suisse ;
- S'intéresser à ce qui se passe en Suisse et avoir une connaissance de base de la géographie et du système politique suisses ;
- Avoir des contacts avec des Suisses de l'étranger.

Bien que ces conditions ne soient pas cumulatives, d'autres facteurs encore peuvent être pris en considération, comme la durée de la communauté conjugale ou la naissance d'enfants pendant le mariage. Ces derniers doivent posséder la nationalité suisse[186].

La naturalisation facilitée relève de la seule compétence de la Confédération. C'est le SEM, section de la nationalité, qui statue[187]. Toutefois, le canton d'origine du conjoint ou du parent suisse est consulté au préalable durant la procédure. Contrairement à la naturalisation ordinaire pour laquelle l'octroi d'une autorisation de naturalisation variera entre 50 et 150 francs selon les requérants[188], la procédure concernant la naturalisation facilitée des conjoints de ressortissants suisses, au sens des articles 27 et 28 LN, coûte désormais 450 francs[189]. Pour les autres types de naturalisation facilitée et la réintégration, l'émolument est compris entre 150 et 300 francs.

Les décisions négatives relatives à la naturalisation facilitée peuvent être attaquées devant le Tribunal administratif fédéral et devant le Tribunal fédéral.

A la différence de la naturalisation ordinaire, on peut ainsi admettre l'existence d'un « quasi-droit » à la naturalisation facilitée dans la mesure où, lorsque les conditions légales sont réunies, la Section de la nationalité du SEM est tenue d'accepter la naturalisation.

La naturalisation facilitée concerne :

1-2.la personne mariée avec un Suisse ou une Suissesse [190];

3. La nationalité suisse admise par erreur ;

4. L'enfant mineur apatride ;

---

[186] Office fédéral des migrations, 2005, p. 6 ss.
[187] Art. 32 LN.
[188] Cf. art. 3 al. 1 let a OE-LN.
[189] Art. 3 al. 1 let. b OE-LN.
[190] Art. 27 et 28 LN.

5. L'enfant étranger d'une personne naturalisée ;

6. L'enfant d'une personne ayant perdu la nationalité suisse ;

7. Les enfants de mère suisse ;

8. Les enfants de père suisse nés hors mariage.

Depuis le 1er janvier 1992, la femme étrangère qui épouse un citoyen suisse n'acquiert plus automatiquement la nationalité suisse, mais peut, tout comme un étranger marié à une ressortissante suisse, conformément au principe d'égalité des droits entre homme et femme de l'article 8 alinéa 3 de la Constitution fédérale, faire une demande de naturalisation facilitée.

L'intéressé doit :

- Avoir résidé en Suisse au moins pendant cinq ans en tout[191] ;
- Y résider depuis une année[192] ;
- Vivre depuis trois ans en communauté conjugale effective et stable avec son conjoint suisse[193].

S'il s'agit d'un mariage avec un Suisse de l'étranger[194],

L'intéressé doit :

- Vivre en communauté conjugale avec le ressortissant suisse depuis six ans[195] ;
- Avoir des liens étroits avec la Suisse[196].

Le conjoint étranger acquiert le droit de cité cantonal et communal de son conjoint suisse[197]. Les conjoints ne doivent pas avoir l'intention de se séparer ou de divorcer. Cependant, un domicile séparé est possible, notamment pour des motifs professionnels ou de santé.[198] Mais la section de la nationalité du SEM doit vérifier soigneusement si la volonté de vivre ensemble existe encore. Les époux doivent signer une déclaration où ils confirment qu'ils vivent une communauté conjugale effective et stable. La naturalisation peut

---

[191] Art. 27 al. 1 let. à LN.

[192] Art. 27 al. 1 let. b LN.

[193] Art. 27 al. 1 let. c LN.

[194] Art. 28 LN.

[195] Art. 28 al. 1 let. a LN.

[196] Art. 28 al. 1 let. b LN.

[197] Il est nécessaire qu'au moment du mariage l'un des deux époux soit de nationalité suisse. En revanche, il n'y a pas de naturalisation facilitée lorsque les deux conjoints étaient étrangers au moment du mariage et que l'un d'eux n'a acquis la nationalité suisse qu'ultérieurement, par une procédure ordinaire de naturalisation, cf. FF 1987 III 301.

[198] ATF 121 II 49, ATF 129 II 401, ATF 128 II 97.

être annulée dans les cinq ans conformément à l'article 41 LN s'ils fournissent de fausses indications[199]. Cette déclaration concerne les articles 27 et 28 LN. Elle doit être signée immédiatement avant que la décision ne soit prise. S'il s'avère que le conjoint a été naturalisé par erreur, alors qu'il n'y avait plus de communauté conjugale, le canton ou la commune d'origine peut, dans un délai de trente jours, interjeter un recours administratif d'annulation.

Le conjoint étranger doit vivre en communauté conjugale (faire ménage commun) avec un Suisse ou une Suissesse. En cas de divorce, la naturalisation facilitée n'est pas accordée, quelle que soit la durée de la vie conjugale, puisqu'il faut être marié à un conjoint suisse au moment de la demande[200].

La notion de communauté conjugale dont il est question ici présuppose non seulement l'existence formelle d'un mariage, à savoir d'une union conjugale conformément aux dispositions du Code civil suisse[201], mais implique également une communauté de fait entre les conjoints, c'est-à-dire une communauté de vie effective, intacte et stable[202]. Cette condition n'est pas remplie si, avant ou pendant la procédure, l'un des époux demande la séparation ou le divorce, ou si la communauté conjugale n'existe plus[203].

En outre, la vie commune suppose l'assistance et la fidélité conjugale. Elle implique une communauté sexuelle et exclut la pratique de la prostitution. Cette dernière consiste à accomplir ou subir de façon répétée des actes impliquant les organes génitaux et tendant à une forme d'assouvissement sexuel, moyennant de l'argent ou d'autres avantages matériels. De même, les massages érotiques, qu'ils conduisent ou non à un rapport sexuel complet, constituent aussi des actes de prostitution. Ainsi, il existe une présomption de fait, conduisant à un renversement du fardeau de la preuve, selon laquelle

---

[199] ATF 121 II 49 ; ATF 129 II 401 ; ATF 128 II 97.

[200] Le TF maintien sa jurisprudence stricte dans le cadre des annulations des naturalisations facilitées fondées sur l'art. 41 LN. Ainsi, dans l'arrêt 1 C_239/2013 du 19 avril 2013, les juges de la Haute Cour confirment les critères régulièrement usités dans ce domaine, soit l'absence d'une communauté conjugale stable et effective ainsi que l'absence d'un événement exceptionnel justifiant la fin de la vie conjugale peu après l'obtention de la naturalisation facilitée. En l'espèce, il s'agissait d'un mariage entre un ressortissant nigérian et une Suissesse en 1999, de l'obtention de la naturalisation facilitée en 2005, de la séparation du couple en mai 2006 et du divorce en octobre 2006. Voir également arrêt 1 C_9/2013 du 25 avril 2013.

[201] Art. 159 al. 1 CC.

[202] JAAC 2003 n° 104, consid. 20a.

[203] ATF 121 II 49.

l'existence d'une communauté conjugale[204] doit en principe être niée ou être sérieusement mise en doute lorsque le conjoint étranger s'adonne, et continue de s'adonner, après le mariage, à la prostitution[205].

Concernant le domicile séparé, on peut admettre exceptionnellement que la communauté de vie subsiste, même lorsque les époux ont cessé d'avoir un domicile unique, pour autant que la création de domiciles séparés repose sur des motifs plausibles et que la stabilité du mariage ne soit pas manifestement en cause. D'autre part, lorsque l'intéressé a attiré par téléphone l'attention du département sur une procédure de divorce pendant qu'il vivait en ménage commun avec son épouse au moment du dépôt de la requête, l'autorité ne saurait révoquer la naturalisation qu'elle a accordée en raison du peu de soin accordé au dossier. Quid du décès dudit conjoint ?

Lorsque le dépôt de la requête n'intervient qu'après la mort du conjoint suisse, les conditions de l'article 27 LN s'appliquent par analogie.

Dans le cas où le décès du conjoint suisse est survenu avant la procédure de naturalisation, le conjoint étranger doit aussi remplir les conditions concernant le domicile et la durée de la communauté conjugale, conformément aux articles 27 et 28 LN[206].

Exceptionnellement, si, au moment du décès, il manquait quelques jours pour que le délai de résidence soit respecté, le SEM admet la demande si le mariage a duré plus de dix ans, ou si peu de temps s'est écoulé entre le décès et la demande de naturalisation, et si des enfants sont issus de cette alliance avec le conjoint suisse décédé. Sinon, le demandeur doit être né ou doit résider pendant longtemps en Suisse[207]. Dans le cas où le conjoint suisse meurt en cours de procédure, la naturalisation facilitée du conjoint étranger requérant demeure possible si les conditions sont manifestement remplies et si un refus aurait de trop graves conséquences pour le requérant.

Cependant, elle n'est pas admise s'il y a de sérieux doutes quant à l'existence de la communauté conjugale effective ; tel est le cas s'il y a une grande différence d'âge entre les conjoints, ou si le conjoint suisse décédé était impliqué dans le trafic ou la consommation de drogue, ou si le conjoint étranger a épousé entre-temps un ressortissant étranger.

Conformément à l'art. 29 LN, « l'étranger qui, pendant cinq ans au moins, a vécu dans la conviction qu'il était suisse et a été traité effectivement comme tel par une autorité cantonale ou communale peut bénéficier de la

---

[204] Art. 159 al. 1 et 3 CC.

[205] ATF 121 IV 86, consid. 2a, p. 88 ss ; JAAC 2003 n° 104, consid. 20c.

[206] ATF 106 Ib 1, consid. 2a, p. 4 ss ; ATF 128 II 97, consid. 3a, p. 99.

[207] ATF 129 II 401, consid. 2.4 ; SCHÄRER R., « Premières expériences faites depuis l'entrée en vigueur de la dernière révision de la LN », in *REC* 1993, p. 360.

naturalisation facilitée (al. 1). En règle générale, il acquiert par cette naturalisation le droit de cité du canton responsable de l'erreur, qui détermine le droit de cité communal acquis simultanément (al. 2). Si le requérant a déjà servi dans l'armée suisse, il n'est soumis à aucune condition de temps (al. 3). Enfin, en vertu de l'al. 4 de l'art. 29, les al. 1 et 3 s'appliquent par analogie à l'étranger qui a perdu la nationalité suisse par annulation du lien de filiation à l'égard du parent de nationalité suisse (art. 8). Il acquiert le droit de cité cantonal et communal qu'il possédait auparavant ». L'art. 29 LN « présuppose que le requérant a vécu, pendant cinq ans au moins, dans la conviction qu'il était suisse. Les enfants mineurs et incapables de discernement se voient créditer l'absence de conviction de leurs parents. L'on se trouve en présence d'un autre cas d'application important de l'art. 29 LN lorsque l'enfant né avant le 1er janvier 2006 du mariage d'une Suissesse avec un étranger a été enregistré par erreur dans les registres suisses en tant que ressortissant suisse. C'était possible lorsque la mère avait acquis la nationalité suisse en raison d'un mariage précédent avec un ressortissant suisse. Jusqu'à fin 2005, de tels enfants acquéraient la nationalité suisse automatiquement à la naissance seulement si, dans le cas contraire, ils étaient devenus apatrides »[208].

Jusqu'au 31 décembre 2005, les enfants apatrides n'avaient pas droit à l'obtention de la nationalité suisse. La Constitution fédérale révisée avait chargé la Confédération d'introduire la naturalisation facilitée[209].

Ainsi, conformément au nouvel article 30 LN, un enfant apatride mineur peut former une demande de naturalisation facilitée, s'il a résidé durant cinq ans en Suisse, dont l'année précédant le dépôt de la requête. S'il est né en Suisse, sa requête peut être introduite, par l'intermédiaire de son représentant légal, dès l'âge de cinq ans. Cette disposition s'applique par analogie aux enfants amenés en Suisse en vue d'adoption, laquelle n'a pas eu lieu, pour autant que l'enfant ait perdu sa nationalité d'origine, selon la législation de cet État[210]. L'intéressé acquiert alors le droit de cité cantonal et communal de son lieu de résidence[211].

Est apatride, au sens du nouvel article 30 LN, un enfant qu'aucun État ne considère comme son ressortissant par application de sa législation. Le terme correspond à la définition figurant dans l'article 1er de la Convention relative au statut des apatrides. Vu que l'apatridie est comprise dans le sens juridique, le simple fait de ne pas posséder de pièces d'identité de son pays d'origine ne suffit pas. Le nouvel article 30 LN se fonde sur l'article 15 de la

208 Voir le *Manuel sur la nationalité*, susmentionné : chap. 2.4.2.2.6 en particulier.
209 Art. 38 al. 3 Cst.
210 FF 2002 1857.
211 Art. 30.

Déclaration universelle des droits de l'homme, selon lequel toute personne a droit à une nationalité. Il correspond également à l'article 24 alinéa 3 du Pacte de l'ONU II, ainsi qu'à l'article 7 de la Convention des droits de l'enfant de 1989, d'après lesquels chaque enfant a le droit d'acquérir une nationalité[212].

Avant l'âge de 22 ans révolus, l'enfant étranger qui n'a pas été inclus dans la naturalisation de l'un de ses parents peut former une demande de naturalisation facilitée, s'il a résidé en Suisse pendant cinq ans en tout, dont l'année qui précède le dépôt de la demande. Il acquiert le droit de cité cantonal et communal de son lieu de résidence.

L'enfant étranger qui n'a pu acquérir la nationalité suisse parce que l'un de ses parents l'avait perdue avant sa naissance peut obtenir la naturalisation facilitée. Il doit entretenir des liens étroits avec la Suisse.

Depuis le 1er janvier 2006, les enfants de parents dont l'un des deux est suisse acquièrent la nationalité suisse à la naissance. Si l'enfant étranger, de mère helvète au moment de sa naissance ou auparavant, est né avant le 1er juillet 1985, il peut demander la naturalisation facilitée s'il a des liens étroits avec la Suisse[213].

Avant le 1er janvier 2006, un enfant étranger de père suisse non marié avec la mère étrangère, et qui était mineur au moment de l'établissement du lien de filiation, pouvait faire une demande de naturalisation facilitée, s'il remplissait les conditions. La demande devait être présentée par le requérant avant ses 22 ans révolus, moyennant le respect de l'une des conditions alternatives posées à l'article 31 alinéa 1 lettres a-d LN :

- Vivre en Suisse depuis une année ;
- Vivre depuis une année en ménage commun avec le père ;
- Prouver des relations personnelles étroites et durables avec le père ;
- Être apatride.

L'article 31 LN a été rendu superflu par la modification de l'article 1, en vertu de laquelle l'acquisition automatique de la nationalité suisse par les enfants nés hors mariage d'un père suisse permet d'établir la pleine égalité de droit entre hommes et femmes en ce qui concerne la transmission du droit de cité aux enfants.

La naturalisation facilitée demeure toutefois pour les enfants nés hors mariage avant le 1er janvier 2006. Cependant, elle revêt un caractère transitoire. Pour cette raison, elle se trouve au chapitre VI « Dispositions finales et transitoires » Sous le titre marginal « Naturalisation facilitée des

---

[212] Cf. Office fédéral des migrations, ibid.
[213] Art. 31b LN.

enfants de père suisse », il est écrit : « l'enfant de père suisse peut former une demande de naturalisation facilitée avant l'âge de 22 ans si les conditions de l'article 1 alinéa 2 sont réunies et s'il est né avant l'entrée en vigueur de la modification du 3 octobre 2003 de la présente loi. Après ses 22 ans révolus, il peut former une demande de naturalisation facilitée s'il a des liens étroits avec la Suisse. Les articles 26 et 32 à 41 LN sont applicables par analogie ».

En résumé, on peut retenir qu'au cours des dernières années, le SEM a interprété de manière relativement large la notion de « liens étroits », notamment lorsque la demande émanait d'enfants dont la mère est Suissesse conformément à l'actuel article 58a LN. La pratique était un peu plus sévère quand la requête était formée par le conjoint étranger d'un ressortissant suisse[214]. Désormais, avec l'entrée en vigueur de la modification de 2003, l'extension du domaine d'application aux diverses dispositions supplémentaires[215] admettant également une naturalisation facilitée ou une réintégration en cas de domicile à l'étranger si la personne concernée a des liens étroits avec la Suisse, va conduire le SEM à appliquer, selon des critères plus uniformes ladite notion de « liens étroits » et à l'interpréter, de manière générale, avec davantage de retenue.

La disposition transitoire est supprimée[216]. Elle est récupérée par la formulation du nouvel article 58a LN. Cette dernière formule est plus large que l'ancienne. En effet, elle ne se limite plus à la naturalisation facilitée d'enfants de Suissesses par filiation, adoption ou naturalisation mais à toutes les mères suisses. On peut y lire : « l'enfant étranger, né avant le 1er juillet 1985 et dont la mère possédait la nationalité suisse au moment de la naissance ou l'avait possédée précédemment, peut former une demande de naturalisation facilitée s'il a des liens étroits avec la Suisse. Il acquiert le droit de cité cantonal et communal que la mère possède ou a possédé en dernier lieu et par là même la nationalité suisse. S'il a lui-même des enfants, ces derniers peuvent également former une demande de naturalisation facilitée s'ils ont des liens étroits avec la Suisse. Les articles 26 et 32 à 41 LN sont applicables par analogie »[217].

De même, le traitement spécial d'anciennes Suissesses par mariage en cas de réintégration est abandonné. L'article 58 LN est adapté en conséquence, et il est écrit: « la femme qui, avant l'entrée en vigueur de la modification du 3 octobre 2003 de la présente loi, a perdu la nationalité suisse par mariage ou

---

[214] Office fédéral des migrations, *Op. Cit.*, p. 6.

[215] Art. 21 al. 2 ; 23 al. 2 ; 31b al. 1 ; 58c al. 2 LN.

[216] Art. 58b LN qui concernait la naturalisation facilitée des enfants de Suissesses par mariage.

[217]Pour plus d'informations, cf. Office fédéral des migrations, p. 18 ss.

par inclusion dans la libération de son mari peut former une demande de réintégration. Les articles 18, 24, 25 et 33 à 41 LN sont applicables par analogie ».

Je signale dans la section suivante l'acquisition de la nationalité suisse par la réintégration.

Section III : L'acquisition de la nationalité suisse par la réintégration

La réintégration dans la nationalité suisse est une décision de l'autorité fédérale, par laquelle un ressortissant ou une ressortissante suisse ayant perdu sa nationalité d'origine peut la reprendre, sans rétroactivité. Ainsi, vu que le requérant a été Suisse par le passé, les conditions de sa réintégration sont facilitées par rapport aux conditions de la naturalisation ordinaire[218].

En vertu de l'article 18 lettres c et d LN, la réintégration dans la nationalité suisse n'est pas accordée, notamment, si le requérant est manifestement indigne d'être ainsi réintégré[219]. Par exemple, si le requérant s'est rendu coupable de délits graves. En principe, ni les courtes peines privatives de liberté, ni les poursuites pendantes, qui restent dans certaines limites, ne constituent un obstacle à la réintégration. En vertu de la modification du 3 octobre 2003, entrée en vigueur le 1er janvier 2006, le critère de l'indignité manifeste est remplacé par celui du « respect de la législation suisse »[220] en conformité avec les articles 14 et 26 LN.

Le « droit de retour » dans la nationalité suisse est une bienveillance pour les personnes l'ayant perdue par mariage, par péremption ou par libération. La Confédération est seule compétente et la procédure est gratuite. Les décisions sont sujettes à recours. En effet, comme en matière de naturalisation, la voie du recours devant le Tribunal administratif fédéral est ouverte, en première instance fédérale, contre les décisions de l'Office fédéral des migrations octroyant ou refusant l'autorisation fédérale de naturalisation ou concernant la réintégration dans la nationalité suisse.

Des ressortissantes suisses ayant perdu leur nationalité en épousant un ressortissant étranger peuvent demander leur réintégration. Le nouvel article 58 LN dispose que « la femme qui, avant la modification du 3 octobre 2003, a perdu la nationalité suisse par mariage ou par inclusion dans la libération

---

[218] C'est l'ODM, section de la nationalité, qui est l'autorité compétente.

[219] Le respect de l'ordre juridique suisse n'est pas une condition à la réintégration.

[220] Art. 51 al. 1 LN en liaison avec les arts. 31 et 33 let. d de la loi du 17 juin 2005 sur le Tribunal administratif fédéral [LTAF ; RS 173.21]). *La procédure est régie par la PA, sauf disposition contraire de la LTAF (art. 37 LTAF). Les cantons et les communes concernés ont aussi qualité pour former recours* (art. 51 al. 2 LN).

de son mari peut former une demande de réintégration. Les articles 18, 24, 25 et 33 à 41 sont applicables par analogie ». Ainsi, les femmes qui ont acquis la nationalité suisse selon l'ancien droit par mariage et l'ont reperdue avant 1992 par mariage avec un étranger parce qu'elles n'ont pas déposé de déclaration de conservation de la nationalité, peuvent depuis le 1er janvier 2006 bénéficier des mêmes conditions de réintégration que celles qui ont acquis antérieurement leur nationalité par filiation, par adoption ou par naturalisation.

Peut aussi bénéficier de la réintégration dans la nationalité suisse, l'enfant né à l'étranger et dont l'un des parents au moins est suisse, et qui a omis d'accomplir, jusqu'à 22 ans, les formalités pour conserver sa nationalité suisse. Le délai pour déposer la demande est de dix ans. Après l'âge de 22 ans, le requérant ne peut être réintégré, selon l'article 21 alinéa 2 LN, que s'il réside en Suisse depuis trois ans. Lorsque le requérant a passé le délai de dix ans, il peut encore demander la réintégration s'il a des liens étroits avec la Suisse.

Quiconque a été libéré de la nationalité suisse peut demander sa réintégration après un an de résidence en Suisse.

Normalement, seules demandent à être libérées de la nationalité suisse les personnes qui doivent y renoncer pour acquérir ou conserver la nationalité d'un autre pays qui n'accepte pas la double nationalité, la RDC par exemple. La Suisse elle-même ne s'y oppose plus depuis l'abolition de l'ancien article 17 LN, en 1992. De nombreux États étrangers connaissent une réglementation analogue. Toutefois, des pays peuvent changer d'attitude à l'égard de la double nationalité[221].

En Italie par exemple, les Suisses qui avaient également la nationalité italienne devaient renoncer à leur nationalité suisse pour exercer leur profession de médecin ou d'enseignant en Italie[222].

Les personnes vivant à l'étranger qui ont renoncé à la nationalité suisse en raison de non-reconnaissance de la double nationalité, devraient pouvoir former une demande de réintégration s'ils ont des liens étroits avec la Suisse[223]. Ainsi, en vertu de la modification du 3 octobre 2003, l'article 23 LN est complété par un alinéa 2. Selon ce nouvel alinéa, quiconque a dû renoncer à la nationalité suisse pour acquérir ou conserver une autre nationalité peut demander à être réintégré dans la nationalité suisse, même

---

[221] Le 5 mai 2004 devant le Conseil national, l'UDC a déposé par l'intermédiaire de Hutter Jasmin une motion (04.3226) pour interdire la double nationalité qui existe en Suisse depuis le 1er janvier 1992.

[222]Cf. Bull. stén. CN 1951, p. 823 ; JAAC 1966-1967 (33) n° 10, p. 30 ss.

[223] Office fédéral des migrations, p. 11.

s'il réside à l'étranger, pour autant qu'il entretienne des liens étroits avec la Suisse[224].

Cette disposition n'est donc applicable qu'aux personnes qui ont été libérées de la nationalité suisse pour acquérir ou maintenir une autre nationalité. Si la libération de la nationalité suisse a eu lieu pour d'autres motifs, le requérant tombe sous le coup de l'article 23 alinéa 1 et peut former une demande de réintégration après un an de résidence en Suisse. Comme pour les articles 21 et 28 LN, il faut toutefois que le requérant à la réintégration ait des liens avec la Suisse, qu'il ne soit pas indigne d'être intégré et qu'il ne compromette pas la sécurité intérieure ou extérieure de la Suisse.

Section quatrième : Les traits caractéristiques de la procédure en droit suisse

Il convient d'évoque ici les procédures de naturalisation ordinaire, le droit de recours contre le refus de l'autorisation pour la naturalisation par le canton ou par la commune, les deux arrêts du Tribunal fédéral du 9 juillet 2003 relatifs à la nationalité, le développement des procédures de naturalisation au niveau du canton et de la commune, la décision de naturalisation par les urnes et voies de recours.

§1 : Les procédures de naturalisation ordinaire

La première démarche consiste d'abord à obtenir l'autorisation fédérale auprès du SEM, Section de la nationalité. Cette autorisation étant une condition de validité de la naturalisation ultérieure dans une commune et un canton, elle ne sera accordée qu'après une enquête très approfondie sur le candidat, effectuée en principe par les autorités cantonales, sur mandat de la Confédération. La commune et le canton concernés sont entendus. L'obligation de l'autorisation fédérale permettrait à la Confédération d'éviter « que des autorités locales mènent une politique de naturalisation susceptible de nuire aux intérêts de l'ensemble du pays ».

Lorsque la Confédération octroie une autorisation fédérale de naturalisation, celle-ci ouvre tout simplement la voie à une demande de naturalisation dans un canton et dans une commune sans toutefois créer un droit à la naturalisation. Il faut ensuite que le candidat trouve une commune, le plus souvent celle du domicile, qui accepte de l'accueillir en son sein pour que la procédure démarre. L'autorisation a une durée de trois ans, renouvelable. Cependant, elle ne vaut que pour un canton déterminé. Il faut, enfin, que le canton donne son accord à l'obtention de l'indigénat cantonal. Les cantons

[224] Art. 18 LN.

sont libres de prévoir des exigences plus rigoureuses que les conditions minimales prévues dans la loi sur la nationalité.

La démarche traditionnelle d'une procédure à trois niveaux alourdit la procédure de naturalisation. Pour la rendre moins compliquée, un certain nombre de cantons ont rationalisé leur législation, de façon à ce que la commune décide la première de l'octroi du droit de cité communal. En effet, après l'octroi du droit de cité communal, la demande est transmise à la Confédération qui, sur la base du dossier établi par la commune, peut rapidement délivrer l'autorisation fédérale. La section de la nationalité de le SEM transmet ensuite le dossier au canton pour l'octroi de l'indigénat cantonal.

Dans la mesure où la commune constitue le principal obstacle à franchir en matière de naturalisation ordinaire, cette procédure rationalisée a l'avantage d'éviter la transmission des demandes de naturalisation refusées à l'Office fédéral compétent. Selon la Confédération, près de 80% des naturalisations ordinaires se déroulent selon la procédure simplifiée[225].

En cas du refus de l'autorisation pour la naturalisation par le canton ou par la commune, on a le droit de recours.

§2 : Le droit de recours contre le refus de l'autorisation pour la naturalisation par le canton ou par la commune

Si le SEM refuse d'accorder l'autorisation, le requérant peut recourir devant le Tribunal administratif fédéral[226]. Le canton ou la commune concernée peut former recours devant le même tribunal, lequel statue définitivement[227]. Cependant, s'il est rare de voir la Confédération refuser d'octroyer l'autorisation à un requérant au bénéfice d'un préavis cantonal favorable, il y a tout de même « un pourcentage insignifiant » de refus[228].

Si l'autorisation fédérale est accordée, la procédure de naturalisation se poursuit au niveau cantonal. C'est ce dernier qui fixe les conditions à remplir ; en règle générale, il n'accorde pas un droit à la naturalisation ordinaire. Toutefois, un étranger dont la requête de naturalisation ordinaire est rejetée n'a qualité pour recourir devant le Tribunal fédéral pour arbitraire et

---

225 Cf. Message du Conseil fédéral du 20 novembre 1996 relatif à une nouvelle constitution fédérale, FF 1996 I 226.
226 Art. 31 LTAF et art. 51 LN.
227 *Ibid.*
228 Fasel D., *Op. Cit.,* p. 225.

violation de l'égalité devant la loi que si la législation cantonale lui donne un droit subjectif à la naturalisation[229].

Concernant le refus par le canton et/ou la commune, le Tribunal fédéral a toutefois admis, le 9 juillet 2003, un recours de droit public dirigé contre un refus de naturalisation pour violation de l'interdiction de discrimination de l'article 8 alinéa 2 Cst [230]. Pour la Haute Cour, le recours est recevable en cas de refus d'une naturalisation, même s'il n'existe pas de droit à l'acte demandé. Les décisions de refus attaquées, issues d'un vote populaire, violeraient également le droit à une décision motivée en vertu de l'article 29 alinéa 2 Cst. En relation avec l'article 8 alinéa 2 Cst., dans la mesure où le corps électoral n'est pas à même de motiver une décision qui devrait l'être. En revanche – nous allons également le voir -, le Tribunal fédéral n'a pas condamné le système en vigueur dans les cantons de Schwyz et d'Argovie, où les décisions de naturalisation sont prises par l'assemblée communale par un vote à main levée[231].

Concernant la naturalisation à l'intersection entre les principes constitutionnels et l'autonomie communale dans l'arrêt 1 D_2/2012 du 13 mai 2013[232], l'idée que les décisions de naturalisation ne nécessitaient pas de justification prévalait, tant dans la doctrine que dans la pratique. En effet, le candidat ne pouvait faire valoir de droit à la naturalisation, et les autorités disposaient d'une large marge d'appréciation lors de l'examen des demandes.

Cette interprétation coïncidait avec l'idée d'une grande autonomie communale. A l'opposé, dans la doctrine juridique plus récente, la décision de naturalisation est considérée comme partie intégrante d'une procédure relevant des principes de l'État de droit. Dans cette optique, les décisions par les urnes ne sont, selon les points de vue, pas compatibles avec cette pratique ou ne le sont qu'à certaines conditions, et ce pour des raisons propres au système. Ces divergences de vue résultent de la différence d'appréciation de l'acte de naturalisation. La naturalisation peut être perçue comme un acte politique n'exigeant pas de motivation, puisqu'il relève d'un organe politique souverain. En ce sens, le législatif a été déclaré compétent pour prononcer les décisions définitives en matière de naturalisation au niveau communal.

---

[229] ATF 112 Ia 172, consid. 3c.

[230] ATF 129 I 217 A. SJ 2004 I 181, ATF 129 I 232, SJ 2003 I 513.

[231] ATF 131 I 18 X. A., 130 I 140 A.

[232] Cf. Achermann et al., in *Annuaire du droit de la migration,* éd. Stämpfli, Berne, 2012/2013, pp. 253, 254.

Selon une autre interprétation, la naturalisation est considérée comme une procédure de décision visant à réglementer le statut juridique des individus. La procédure prend fin lors de l'octroi du droit de cité ou du rejet de la demande, c'est-à-dire selon une mesure individuelle et concrète présentant toutes les caractéristiques d'une décision. Sur le plan matériel, il s'agit dès lors d'un acte d'application du droit, qui doit tenir compte des principes d'un État de droit, notamment la primauté du droit constitutionnel[233].

J'évoque au point suivant les deux arrêts du Tribunal du 9 juillet 2003 relatifs à la nationalité suisse.

§3 : Les deux arrêts du Tribunal fédéral du 9 juillet 2003 relatifs à la nationalité

En 2003, le Tribunal fédéral a pris position sur ces questions dans deux arrêts déterminants. Que disent ces derniers ?

Dans le premier arrêt[234], le Tribunal fédéral a retenu que le refus du droit de cité, opposé à tous les candidats venant de l'ex-Yougoslavie en mars 2000, contrevenait à l'interdiction de discrimination inscrit dans la Constitution (art. 8, al. 2 Cst). Il fallait, en l'occurrence, statuer sur 23 demandes. Les huit requérants originaires d'Italie ont obtenu le droit de cité, qui a été refusé en bloc à tous les autres, en grande majorité originaires de l'ex-Yougoslavie. Le Tribunal fédéral a invité le Grand Conseil du canton de Lucerne à garantir une procédure de naturalisation conforme à la Constitution. Dans le second arrêt[235], le Tribunal fédéral a confirmé la déclaration de nullité prononcée par le conseil municipal et cantonal de Zurich à l'encontre de l'initiative populaire « pour des naturalisations démocratiques ». Déposée le 5 octobre 1999 par l'UDC de la ville de Zurich, cette initiative demandait que les électeurs décident des naturalisations aux urnes, et non la commission compétente en la matière du conseil municipal. Le Tribunal fédéral a motivé ici aussi son jugement, en arguant que chaque requérant avait un droit à une motivation de la décision négative de naturalisation, en vertu du droit d'être entendu en relation avec l'art. 8 al. 2 Cst. Si l'État lie une décision à l'origine, à la race, au sexe ou à la langue, cette différenciation doit être particulièrement convaincante et objectivement fondée. Dans le cadre des scrutins populaires, cette motivation ne peut être fournie.

---

[233] « La garantie des droits politiques protège la libre formation de l'opinion des citoyens et des citoyennes et l'expression fidèle et sûre de leur volonté » ; art. 34 al. 2 Cst.

[234] Arrêt du Tribunal fédéral du 9 juillet 2003 (ATF 129 I 217) Commune d'Emmen.

[235] Arrêt du Tribunal fédéral du 9 juillet 2003 (ATF 129 I 232) *L'initiative populaire « pour des naturalisations démocratiques »*.

En regard des différentes procédures de naturalisation appliquées dans les cantons et les communes, le Tribunal fédéral a rejeté, dans ces deux arrêts, la notion de naturalisation en tant qu'acte politique ne nécessitant aucune motivation et ne pouvant faire l'objet d'un contrôle. Il a expressément qualifié la procédure de naturalisation d'acte administratif – soit une application du droit – et a en outre exposé les exigences relevant des principes d'un État de droit qui y sont liées[236].

Selon le Tribunal fédéral, les parties impliquées dans une procédure de naturalisation doivent bénéficier de toutes les garanties conférées par une procédure administrative ou judiciaire[237]. Ce principe vaut également lorsque la décision est prise par un organe politique. En effet, lors d'une votation populaire, les citoyens qui votent sur les demandes de naturalisation agissent en tant qu'organe de la commune et assument, dans cette fonction, des tâches administratives de l'État. Selon le Tribunal fédéral, le droit de vote et d'éligibilité ne confère en aucun cas le droit à la validation d'un résultat d'une votation qui, matériellement, est illicite parce qu'elle constitue une atteinte aux droits fondamentaux individuels ou, pour quelle qu'autre raison, enfreint l'ordre juridique. Cette règle est applicable même lorsque le candidat ne peut se prévaloir d'un quelconque droit à la naturalisation[238].

Selon le Tribunal fédéral, le candidat a le droit d'être entendu. C'est ce qui découle de l'article 29 alinéa 2 Cst. De plus, il résulte de cette disposition en relation avec l'article 8 alinéa 2 Cst. , que les autorités ont l'obligation de motiver leurs décisions.

Par ailleurs, lors de la naturalisation par les urnes, les votants sont tenus d'observer les droits fondamentaux (article 35 alinéa 2 Cst.) Et de respecter le principe de l'interdiction de toute discrimination. Toute inégalité de traitement doit absolument faire l'objet d'une motivation circonstanciée. Par conséquent, une naturalisation accordée par décision populaire soulève un autre problème. D'une part, l'article 34 alinéa 2 Cst[239]. Garantit la protection de la libre formation de l'opinion et l'expression fidèle de la volonté des citoyens, ce qui entraîne une obligation des autorités d'informer le peuple

---

[236] *Sous le titre «* garanties générales de procédure », l'art. 29 de la Cst., l'al. 2 *précise que* « les parties ont le droit d'être entendues ».

[237] « Quiconque assume une tâche de l'Etat est tenu de respecter les droits fondamentaux et de contribuer à leur réalisation », art. 35 al. 2 Cst.

[238] ATF 129 I 239.

[239] Dans la Constitution, l'al. 2 de l'article sur l'égalité (art. 8) dispose : « Nul ne doit subir de discrimination du fait notamment de son origine, de sa race, de son sexe, de son âge, de sa langue, de sa situation sociale, de son mode de vie, de ses convictions religieuses, philosophiques ou politiques ni du fait d'une déficience corporelle, mentale ou psychique ».

lors de naturalisations. D'autre part, l'article 13 Cst. Garantit le droit à une sphère privée et à la confidentialité des données personnelles. Le Tribunal fédéral observe que le dépôt d'une demande de naturalisation suppose certes que le candidat autorise les membres de l'autorité compétente à accéder à ses données personnelles. Cependant, dans le cas concret de la ville de Zurich, le Tribunal fédéral a qualifié de disproportionnée la duplication de données sensibles en vue d'une distribution aux électeurs.

C'est en premier lieu l'exigence de fournir une motivation suffisante : Exigence inhérente à toute procédure basée sur les principes d'un État de droit qui a conduit à réfuter l'admissibilité des décisions de naturalisation par les urnes.

Dans ses arrêts ultérieurs, le Tribunal a confirmé ces deux arrêts de juillet 2003[240], mais il a toutefois donné quelques précisions. Il a ainsi établi, dans son arrêt du 12 mai 2004, qu'une ordonnance cantonale qui maintient la compétence de l'assemblée communale pour les naturalisations n'empêche pas forcément la commune de rendre des décisions en la matière qui soient conformes à la Constitution[241].

Il y a un développement des procédures de naturalisation au niveau du cantonal et communal qu'il me faut signaler au point suivant.

§4 : Le développement des procédures de naturalisation au niveau du canton et de la commune

Suite aux arrêts rendus par le Tribunal fédéral, différents cantons ont institué de nouveaux organes de décision pour les questions de droit de cité, et ont revu les procédures conformément aux arrêts du Tribunal fédéral. Concrètement, la situation se présente comme suit : neuf cantons [242]ont adapté leurs bases légales. Dans une seule commune du canton de Bâle-Ville, le vote par les urnes est encore admis pour les demandes non fondées sur un droit, pour autant que l'assemblée communale en décide ainsi. Ce cas de figure ne s'est cependant encore jamais produit. Dans les Grisons, où seulement deux communes pratiquaient le vote par les urnes, un moratoire a été mis en place.

---

[240] « Toute personne a le droit d'être protégée contre l'emploi abusif des données qui la concernent », art. 13 al. 2 Cst.

[241] En l'espèce, l'assemblée communale de la commune d'Oberrohrdorf - Staretschwil avait approuvé le rejet prononcé par le Conseil communal. Le Tribunal fédéral a conclu que la motivation énoncée dans la proposition du Conseil communal constituait également la motivation de la décision de l'assemblée communale.

[242] AG, AR, GL, GR, OW, SZ, SG, UR, ZG.

Les cantons suivants avaient attribué la compétence à l'assemblée communale ou au parlement communal avant que le Tribunal fédéral ne prononce son arrêt : BE [243], BS[244] , FR[245] , GL[246] , GR[247] , JU, LU, NW, SH, SO[248] , SG[249], TG, TI , UR, VD, VS, ZG[250] et ZH[251] .

Depuis 2003, d'autres cantons et communes sont passés au système de l'assemblée communale ou du parlement communal comme organe de décision : OW, SZ, SG, GL [252], LU et UR[253] . Durant la même période, la compétence de décision en matière de naturalisation a été partiellement déléguée à l'autorité exécutive. Dans les cantons d'AR , BS[254] , FR [255], GE, GL[256] , GR[257] , NE, NW[258] , SO[259] , TI [260], ZG [261] et ZH[262] , l'autorité exécutive était déjà compétente avant 2003. Certaines communes du canton de ZH [263] ont également suivi le mouvement. Le 15 juin 2005, le Grand Conseil du canton de Berne a adopté une réforme du droit de la naturalisation selon laquelle la compétence en matière de naturalisation ne relève plus des assemblées communales[264], mais de l'exécutif (conseils communaux). Cette modification a été approuvée par le souverain lors de la votation populaire du 25 septembre 2005. Avec la nouvelle Constitution du canton de Zurich entrée en vigueur le 1er janvier 2006, une possibilité supplémentaire s'est offerte aux communes. A partir de cette date, les communes peuvent déléguer la compétence en matière de naturalisation à une commission indépendante.

---

243 Environ 2/3 des communes.
244 Pour les demandes non fondées sur un droit.
245En partie.
246 Pour les demandes non fondées sur un droit.
247 Environ la moitié.
248 La grande majorité.
249Pour les demandes non fondées sur un droit.
250 Pour les demandes non fondées sur un droit.
251 Pour les demandes non fondées sur un droit.
252 Presque toutes les communes.
253 Désormais toutes les communes.
254 Pour les demandes fondées sur un droit.
255 Pour environ 50 % des cas.
256 J Étrangers de la deuxième génération.
257 Jeunes étrangers de la deuxième génération
258 Pour les enfants et les jeunes.
259 Pour environ 4 % des cas.
260 Jeunes étrangers de la deuxième génération.
261Étrangers de la deuxième génération.
262 Jeunes étrangers de la deuxième génération.
263 Dans 15 parmi les 171 communes zurichoises, la compétence en matière de naturalisation a été entièrement déléguée à l'exécutif.
264 Ou du parlement communal dans les communes plus importantes.

Dans l'ensemble, on constate, à la suite des arrêts du Tribunal fédéral sur la question de l'organe compétent pour les naturalisations, une tendance à transférer les compétences en la matière du peuple aux structures spécialisées ou aux exécutifs. De fait, la votation par les urnes n'est plus appliquée dans aucun canton. En revanche, le système de l'assemblée communale comme organe de décision en matière de naturalisation est très répandu.

Il convient de signaler la problématique des décisions de naturalisation prises par des urnes et voies de recours.

§5 : La problématique des décisions de naturalisation prises par des urnes et voies de recours

Lors de votations par les urnes notamment, l'obligation de motiver incombant aux autorités est fortement remise en question. Dans le cas concret de la ville de Zurich, le Tribunal fédéral a conclu qu'il n'était pas possible, pour des raisons inhérentes au système adopté, de motiver une décision prise par la voie des urnes. De plus, le Tribunal fédéral précise que même une motivation ultérieure émanant d'une autorité communale ne permettrait pas de combler cette lacune quant au respect des principes relevant d'un Etat de droit. Toutefois, la question de savoir si et dans quelle mesure les décisions de naturalisation prises lors d'une assemblée communale ou bourgeoisiale peuvent satisfaire à l'obligation de motiver conformément à la Constitution reste ouverte. Le Tribunal fédéral considère également contraire à la Constitution le droit des électeurs à une information complète sur l'objet des votations[265]. Cependant, la question de la recevabilité des votations par les urnes dans de petites communes, et celle des éventuelles conditions requises pour garantir une motivation suffisante au sens de la loi, sont restées sans réponse.

La question du droit de recours contre les décisions de naturalisation demeure également ouverte. S'agissant de la révision de la loi sur la nationalité, le projet du Conseil fédéral et la version initialement retenue par le Conseil national [266] réglaient le droit de recours contre les décisions de naturalisation[267]. En prévision du Message du Conseil fédéral, le Conseil national avait d'ailleurs préparé une initiative parlementaire visant à

[265] Concrètement, le Tribunal fédéral a estimé que, dans la situation prévalant dans la ville de Zurich, aucune conciliation ne paraissait possible entre ces droits fondamentaux opposés. Cf. ATF 129 I 246, ch. 4.4.
[266] Cf. 01.076 Message concernant le droit de la nationalité des jeunes étrangers et révision de la loi sur la nationalité, FF 2002 1815.
[267] Art. 51 al. 3, art. 51a, art. 58d et ch. II.

introduire un droit de recours[268], identique en tous points au projet du Conseil fédéral, et l'avait approuvée à la session de printemps 2002.

Lors de la session d'été 2003, en revanche, une majorité du Conseil des États a décidé d'exclure le droit de recours de la révision de la loi[269]. Après que le Tribunal fédéral eut rendu les arrêts précités, le Conseil national a également décidé, dans sa session d'automne 2003, de biffer le droit de recours[270]. Contrairement au Conseil des États, il ne souhaitait pas l'exclure totalement, mais estimait qu'une réglementation légale était inutile en présence de la jurisprudence du Tribunal fédéral[271]. Enfin, l'initiative parlementaire Pfisterer a été déposée, permettant au législateur de manifester son intention de clarifier la situation juridique[272].

L'Assemblée fédérale a adopté, le 17 juin 2005, la loi fédérale sur le Tribunal fédéral (LTF) et la loi sur le Tribunal administratif fédéral (LTAF). Aux termes de l'article 82, lettre a, de la LTF, le Tribunal fédéral connaît des recours contre les décisions rendues dans des causes de droit public. Les recours contre les décisions de naturalisation ordinaire constituent toutefois une exception en vertu de l'article 83, lettre b, LTF. En application de l'article 113 LTF, le Tribunal fédéral connaît en revanche des recours constitutionnels subsidiaires contre les décisions des autorités cantonales de dernière instance, ce qui signifie, en d'autres termes, qu'un recours est recevable en cas de violation des droits constitutionnels. Le recours constitutionnel suppose l'existence d'un intérêt juridique à l'annulation de la décision[273].

Selon la jurisprudence actuelle, un tel intérêt est reconnu, en particulier lorsque le recourant peut invoquer un droit à la naturalisation en vertu du droit cantonal. Par conséquent, des recours dans le domaine de la naturalisation peuvent, au motif de la violation de l'interdiction de discrimination, être déposés auprès du Tribunal fédéral ; le grief de la violation de l'interdiction de l'arbitraire suppose quant à lui l'existence d'un droit au titre de la législation cantonale. L'exclusion du recours au Tribunal fédéral est en revanche absolue pour les décisions rendues sur l'autorisation

---

[268] 01.45 CIP-CN. Droit de recours contre les décisions de naturalisation discriminatoires.
[269] FF 2005 6495.
[270] FF 2005 6496.
[271] FF 2005 6498.
[272] FF 2005 6500-6501.
[273] Art. 115 let. b LTF.

fédérale de naturalisation ordinaire ; ces décisions ne peuvent faire l'objet d'un recours que devant le Tribunal administratif fédéral[274].

En outre, l'article 86 alinéa 2 LTF, en relation avec l'article 114 LTF, exige des cantons qu'ils instituent des tribunaux supérieurs qui statuent comme autorités précédant immédiatement le Tribunal fédéral. Ce principe concorde avec la disposition constitutionnelle introduite dans le cadre de la réforme de la justice. En vertu de l'article 110 LTF, les cantons font en sorte que ces tribunaux supérieurs ou une autre autorité judiciaire, statuant en instance précédente, examinent librement les faits et appliquent d'office le droit déterminant. L'article 86 alinéa 3 LTF prévoit toutefois que, pour les décisions revêtant un caractère politique prépondérant, les cantons peuvent instituer une autorité autre qu'un tribunal en vue de statuer en instance précédente. En fin de compte, il appartiendra à la jurisprudence du Tribunal fédéral de fixer si les décisions prises dans le cadre de la procédure de naturalisation ordinaire ont un caractère politique prépondérant au sens de la LTF.

Section cinquième : Les nouveaux critères pour la naturalisation suisse

Le 1er janvier 2018, la nouvelle Loi sur la nationalité (LN) est entrée en vigueur. Elle a modifié les critères en vue de la naturalisation. Les conditions pour l'obtention du passeport suisse sont plus restrictives par rapport à l'ancienne loi.

Qu'est-ce qui a changé ? Voici quelques éléments synthétiques (non exhaustifs) concernant les nouveaux critères en vue de la naturalisation.

Je parle du titre de séjour préalable et la durée du séjours en suisse et les autres conditions.

§1 : Titre de séjour préalable et durée du séjour en Suisse

En ce qui concerne la naturalisation ordinaire, un premier changement essentiel est l'exigence désormais d'être titulaire d'une autorisation d'établissement (permis C) pour pouvoir déposer une demande de naturalisation[275]. C'est une restriction très importante puisque l'ancienne loi prévoyait que la naturalisation était ouverte pour les personnes au bénéfice d'un permis B, L ou F.

---

[274] Ces deux lois sont entrées en vigueur le 1er janvier 2007. LTF (RS 173.110) ; LTAF (RS 173. 32).

[275] Art. 9 al. 1 let. a LN

Cumulativement à cette première condition formelle de permis de séjour, la personne candidate à la naturalisation doit prouver qu'elle totalise un séjour de dix ans en Suisse, dont trois années ininterrompues dans les cinq ans qui précèdent le dépôt de la demande[276]. Cette condition constitue une amélioration par rapport à l'ancienne loi qui exigeait un séjour de douze ans.

Toutefois, plusieurs restrictions ont été introduites en ce qui concerne le calcul de la durée du séjour. En effet, seules les périodes effectuées au titre d'un permis B, C ou d'une carte de légitimation du Département fédéral des affaires étrangères (DFAE) comptent entièrement ; celles effectuées au titre d'un permis F comptent pour moitié, et celles avec un permis N ou un permis L ne comptent pas[277].

Il convient de relever deux cas particuliers en ce qui concerne l'exigence de durée du séjour :

- Les années passées en Suisse entre l'âge de 8 et 18 ans comptent double (dans l'ancienne loi, il s'agissait des années entre 10 et 20 ans), mais la nouvelle loi impose une durée de séjour effectif de six ans au moins[278].
- Le/la partenaire enregistrée [279] d'une ressortissante suisse doit comptabiliser un séjour de cinq ans, dont l'année qui précède la requête (et pour autant qu'elle ait vécu trois ans en partenariat avec cette personne)[280].

Dans le cas du dépôt de la demande à Genève, le candidat doit comptabiliser 2 ans de résidence effective dans le canton, dont les 12 derniers mois précédant la demande.

Quelles sont les autres conditions pour l'acquisition de la nationalité suisse ?

---

[276] Art. 9 al. 1 let. b LN

[277] Art. 33 LN

[278] Art. 9 al. 2 LN. Ceci concerne les demandes autonomes. Sinon, l'enfant mineur est inclus dans la demande du ou des parents, pour autant qu'il y ait vie commune. Lorsque l'enfant atteint l'âge de 12 ans, les conditions d'ingration sont examinées séparément en fonction de son âge (art. 30 LN). A noter que les enfants en bas âge jusqu'à 2 ans sont compris sans aucun autre examen. Au-delà de cet âge, ils sont inclus à la condition qu'ils vivent en Suisse depuis au moins deux ans (https://www.sem.admin.ch/dam/data/sem/rechtsgrundlagen/weisungen/buergerrecht /hb-bueg18-kap3-f.pdf).

[279] Le partenariat enregistré concerne les couples de même sexe, il est régi au niveau fédéral par la Loi sur le partenariat enregistré (LPart).

[280] Art. 10 al. 1 LN.

§2 : Les autres conditions

Outre la durée de séjour et le type de permis, plusieurs conditions doivent être également remplies, l'intégration doit être réussie, la personne candidate doit s'être familiarisée avec les conditions de vie en Suisse et, finalement elle ne doit pas mettre en danger la sûreté intérieure ou extérieure de la Suisse[281].

a) Une intégration réussie

Les critères pour déterminer l'intégration ont été étendus et durcis. En particulier, la loi exige désormais une aptitude à communiquer au quotidien dans une langue nationale à l'oral et à l'écrit[282], ce qui n'était pas précisé auparavant. Les connaissances orales doivent être au moins du niveau B1 du cadre européen commun de référence pour les langues et les compétences écrites du niveau A2 au minimum[283]. L'ancienne loi ne fixait pas de niveaux linguistiques aux cantons. A Genève, le niveau A2 à l'oral était exigé.

La nouvelle loi introduit au surplus l'obligation d'encouragement et de soutien à l'intégration de la conjointe, du partenaire enregistré ou des enfants mineurs sur lesquels est exercée l'autorité parentale[284]. Cette exigence est réalisée notamment lorsque la personne requérante aide des membres de sa famille à acquérir des compétences linguistiques dans une langue nationale, à participer à la vie économique ou à acquérir une formation, à participer à la vie sociale et culturelle de la population suisse, ou à exercer d'autres activités susceptibles de contribuer à leur intégration en Suisse[285].

Les autres critères pour mesurer l'intégration sont notamment le respect de la sécurité et de l'ordre publics, le respect des valeurs de la Constitution, ainsi que la participation à la vie économique ou l'acquisition d'une formation[286].

A propos du respect de la sécurité et de l'ordre public[287], « outre le non-respect de l'ordre juridique suisse, le non-respect de décisions d'autorités tout comme le non-accomplissement volontaire d'obligations de droit public ou privé constituent désormais expressément un obstacle à la naturalisation. Il en va ainsi, par exemple, en cas d'arriérés d'impôts, de loyers, de primes d'assurance-maladie ou d'amendes, de non-paiement d'obligations d'entretien ou de dettes alimentaires fondées sur le droit de la famille ou, en

[281] Art. 11 let. a, b et c LN).
[282] Art. 12 al. 1 let. c LN.
[283] Art. 6 al. 1 de l'Ordonnance sur la nationalité, OLN.
[284] Art. 12 al. 1 let. e LN.
[285] Art. 8 let. a à d OLN.
[286] Art. 12 al. 1 let a, b et d.
[287] Art. 4 OLN.

général, d'accumulation de dettes »[288]. De plus, un autre changement important est la référence désormais au casier judiciaire informatisé (VOSTRA) consultable par le SEM.

En ce qui concerne la participation à la vie économique, cette condition est remplie lorsque le revenu, la fortune ou des prestations de tiers auxquelles la personne a droit assurent, au moment de la demande, la couverture du coût de la vie et le respect de l'obligation d'entretien[289]. Cette condition (tout comme celle de l'acquisition d'une formation) n'est pas remplie si la personne perçoit une aide sociale dans les trois années précédant le dépôt de sa demande ou pendant sa procédure de naturalisation, sauf si l'aide sociale est intégralement remboursée[290].

A noter que les cantons peuvent prévoir d'autres critères d'intégration[291], et que l'autorité cantonale doit prendre en compte de manière appropriée la situation particulière des personnes qui ne remplissent pas ou difficilement les critères économiques ou linguistiques du fait notamment d'un handicap ou d'une maladie[292].

La nouvelle loi étend également les exigences d'intégration dans le cadre de la naturalisation facilitée, car les personnes concernées par la naturalisation facilitée doivent remplir les mêmes critères d'intégration susmentionnés[293]. Rappelons que la naturalisation facilitée concerne notamment les conjointes des citoyennes suisses, enfants d'une personne naturalisée, étrangères de troisième génération, mais qu'elle ne concerne toujours pas les partenaires enregistrés. Les conditions spécifiques de la naturalisation facilitée doivent bien sûr également être également remplies[294]. Attention : désormais, lorsque le conjoint a obtenu la nationalité suisse par le biais d'une naturalisation ordinaire après le mariage, la naturalisation facilitée pour l'autre conjoint n'est pas possible[295].

---

[288] DFJP. « Rapport explicatif. Projet d'ordonnance relative à la loi sur la nationalité », https://www.sem.admin.ch/dam/data/sem/aktuell/gesetzgebung/buev/entw-ber-f.pdf, commentaire de l'art. 4 al. 1 let a et b OLN, p. 11.

[289] Art. 7 al. 1 OLN.

[290] Art. 7 al. 3 OLN.

[291] Art. 12 al. 3 LN.

[292] Art. 12 al. 2 LN.

[293] Art. 20 al. 1 LN.

[294] Art. 21 ss LN.

[295] Art. 21 al. 3 LN.

b) Familiarisation avec les conditions de vie en Suisse

Comme exposé ci-dessus, la deuxième condition matérielle est que les personnes candidates à la naturalisation se soient familiarisées avec les conditions de vie en Suisse[296].

Cela implique premièrement qu'elles possèdent une connaissance élémentaire des particularités géographiques, historiques, politiques et sociales de la Suisse[297]. Ces connaissances peuvent faire l'objet d'un test auquel les candidates pourront se préparer notamment à l'aide de cours et qui nécessitera des compétences linguistiques orales et écrites requises pour obtenir la naturalisation[298].

Les requérantes doivent au surplus prendre part à la vie sociale et culturelle de la population suisse et entretenir des contacts avec des Suisses[299]. Ces conditions impliquent un examen qui touche à la sphère privée [300] ; le rapport explicatif du Conseil fédéral note entre autres que des contacts avec des Suisses doivent être réguliers, « les étrangers qui restent exclusivement entre eux » devant « être exclus de la naturalisation », et mentionne comme critères d'intégration sociale et culturelle la participation aux manifestations et aux fêtes publiques, le fait d'être membre d'une association ou l'exercice d'une activité bénévole[301].

c) Pas de mise en danger de la sûreté intérieure ou extérieure de la Suisse

La troisième condition matérielle impose l'absence de mise en danger de la sûreté intérieure ou extérieure de la Suisse[302]. Le requérant met en danger la sûreté intérieure ou extérieure de la Suisse lorsque des éléments concrets laissent supposer qu'il participe, soutient, encourage ou joue un rôle dans des activités de terrorisme, extrémisme violent, crime organisé, ou service de renseignement prohibé[303].

L'augmentation des mariages binationaux et les conséquences de l'égalité entre hommes et femmes

L'augmentation du nombre de binationaux en Suisse et l'évolution du traitement de la double nationalité sont le résultat notamment du

[296] Art. 11 let. b LN.
[297] Art. 2 al. 1 let. a OLN.
[298] Art. 2 al. 2 let a et b OLN.
[299] Art. 2 al. 1 let b et c OLN.
[300] Art. 7 al. 3 OLN.
[301] Art. 12 al. 3 LN.
[302] Art. 12 al. 2 LN.
[303] Art. 20 al. 1 LN.

développement de l'égalité entre hommes et femmes en général et en particulier dans le droit sur la nationalité.

Le rapport patriarcal qui dominait la relation hommes-femmes au 19e siècle se reflétait non seulement dans le droit matrimonial, mais également dans la législation relative à la nationalité qui régissait les mariages entre ressortissants. En effet, le principe selon lequel « la femme acquiert par le mariage le droit de cité et de bourgeoisie de son mari » (art. 54, al. 4 de la Constitution fédérale de 1874) concernait en premier lieu le droit de cité communal ; mais il fut aussi appliqué pour les mariages binationaux.

En règle générale, lorsqu'une Suissesse se mariait à un étranger, elle perdait sa nationalité suisse ; les enfants issus d'un tel mariage n'obtenaient pas la nationalité suisse. À l'inverse, l'épouse étrangère d'un Suisse et les enfants communs acquéraient automatiquement la nationalité suisse. Cette conception patriarcale du mariage marqua la législation relative à la nationalité en Suisse jusque dans les années 1980, lorsqu'un article sur l'égalité entre hommes et femmes fut inscrit dans la Constitution. Il y avait eu auparavant une série de petites modifications, qui non seulement avaient tracé la voie vers l'égalité entre hommes et femmes, mais également vers la reconnaissance de la double nationalité.

Tolérance juridique et acceptation de la double nationalité

L'accroissement de la migration et la progression du nombre de Suisses de l'étranger et d'étrangers en Suisse qui en découle, tout comme l'augmentation du nombre de mariages binationaux, créent un contexte qui explique la montée en puissance de la double nationalité. L'égalité juridique entre hommes et femmes évoquée ci-dessus, ainsi que l'égalité croissante des droits des individus par rapport aux droits des États souverains énoncée ci-dessous, constituent d'autres facteurs importants. Nous commençons par les évolutions dans le droit international, nous citons ensuite les principales réglementations et leurs réformes en Suisse et nous terminons par une comparaison du développement dans d'autres États-nations. Dans tous les domaines nous identifions une tendance croissante à la reconnaissance de la double nationalité. Pourtant, cette reconnaissance a toujours été controversée sur le plan politique et elle le reste jusqu'à ce jour dans de nombreux pays.

L'évolution de la double nationalité dans le droit international

La philosophie des Lumières et le développement des droits démocratiques à la fin du 18e siècle apportèrent une nouvelle conception du rapport entre les sujets soumis au pouvoir et leurs dirigeants. La marche triomphale de l'idée de l'autodétermination politique conduisit à un changement : le sujet soumis au pouvoir n'était plus considéré comme un fidèle vassal, mais comme un citoyen souverain, dont le maître est autorisé à exercer un pouvoir limité d'un point de vue temporel et légal, et doit rendre des comptes. En outre, s'affirme le principe selon lequel les individus ne sont pas liés indéfiniment à un État-nation donné, mais peuvent en changer. Ces deux acquis ont été remportés de haute lutte et, jusqu'à présent, sont loin d'avoir été transposés partout dans la réalité. Dans la deuxième moitié du 19e siècle, les États-Unis obtinrent par les Bancroft Treaties que les pays européens acceptent la naturalisation de leurs émigrés aux États-Unis et les dispensent de l'obligation du service militaire dans leurs pays d'origine. Le début du 20e siècle ne fut pas seulement marqué par l'extension massive des droits civiques au sein de l'État-nation (Marshall 1950), mais aussi par la Première Guerre mondiale et, pour la première fois, par la mobilisation générale de la population (masculine) dans le cadre du conflit international.

Dans ce contexte, la « Convention concernant certaines questions relatives aux conflits de lois sur la nationalité » signée à La Haye par la Société des Nations formulait le principe selon lequel il était dans l'intérêt de la communauté internationale que ses membres assurent que chaque personne possède une nationalité – mais une seule. C'est la même conception étatique qui marque la « Convention sur la réduction des cas de pluralité de nationalités et sur les obligations militaires en cas de pluralité de nationalités » adoptée par le Conseil de l'Europe en 1963. Il y eut dans le courant des années 1990 une nette réorientation en lien avec la reconnaissance et la pondération croissantes des droits humains dans le droit international (Faist 2007 : 174). En 1993, le Conseil de l'Europe adopta un Protocole additionnel à la Convention de 1963, qui a considérablement atténué l'attitude négative à l'égard de la double nationalité. Cependant, ce changement se reflète surtout dans la « Convention européenne sur la nationalité » adoptée en 1997 par le Conseil de l'Europe, qui entra en vigueur en l'an 2000.

On se détourna alors résolument des accords précédents, dans la mesure où l'on considéra que ce ne sont pas uniquement les intérêts des États membres qui devaient être protégés, mais aussi ceux des individus. En conséquence, la Convention européenne sur la citoyenneté ne rejette plus globalement la double nationalité. Il appartient désormais aux pays membres de décider dans quelles circonstances ils souhaitent admettre la pluralité de nationalités. Cependant, la Convention restreint cette liberté dans la mesure où les États membres sont obligés d'accepter la double nationalité dans les trois cas suivants : – lorsque la nationalité est acquise par la naissance en vertu de l'égalité des sexes ;– quand elle survient en raison de l'éventuelle acquisition légale de la nationalité à l'occasion du mariage ;– lorsque pour les candidats à la naturalisation, le renoncement à la nationalité du deuxième pays est impossible ou inacceptable. Tandis que ces directives mènent à l'accroissement du nombre de plurinationaux et vont de pair avec une acceptation renforcée de la nationalité multiple, il y a aussi des directives qui impliquent une restriction de la double nationalité, mais visent en premier lieu l'ancrage de la liberté de choix des individus. Ainsi, les États doivent-ils permettre à leurs ressortissants d'abandonner leur nationalité sans créer d'obstacles pour ce faire. En outre, les règles en matière de conflits des lois – entre autres pour la gestion des obligations militaires et la protection diplomatique des ressortissants à nationalité multiple – ont été reprises de la Convention de 1963, puisqu'elles avaient fait leurs preuves.

La Suisse n'a pas adhéré à la Convention de 1963 ni à la Convention européenne sur la nationalité de 1997, malgré le fait qu'elle ait largement participé à l'élaboration de ces conventions du Conseil de l'Europe et ait devancé l'évolution internationale avec son propre développement des normes.

Conclusion : L'évolution de la double nationalité dans le droit suisse

La Suisse débuta par un traitement extrêmement différencié des émigrants et des immigrants en matière de réglementation juridique de la double nationalité, et les évolutions ultérieures furent également très différentes pour ces deux groupes. La Constitution fédérale de 1848 énonçait à l'art. 43, al. 1 : « Aucun Canton ne peut priver un de ses ressortissants du droit d'origine ou de cité. » Cela signifiait que les émigrants ne pouvaient être libérés de la nationalité suisse, même après avoir acquis une autre nationalité. Ce qui entraîna souvent de fait la double nationalité pour les émigrants suisses. À partir de ce moment-là, il n'y eut plus de restriction importante à la double nationalité pour les Suisses de l'étranger. En revanche, la disposition suivante était ancrée dans l'alinéa 2 de ce même article 43 de la Constitution de 1848 et visait en premier lieu les immigrants : « Les étrangers ne peuvent être naturalisés dans un canton qu'autant qu'ils sont affranchis de tout lien envers l'État auquel ils appartenaient ». Cela évitait la double nationalité chez les immigrants, mais empêchait pour beaucoup la naturalisation en Suisse, car à cette époque de nombreux pays suivaient le principe de la permanence, respectivement de l'intangibilité de la nationalité (« perpetual allegiance »).

Dans la loi sur la nationalité de 1878, le renoncement à l'ancienne nationalité ne constituait plus une condition indispensable à la naturalisation ; cela ne changea pas avec la révision de 1903. Pendant la Seconde Guerre mondiale, la loi devint plus restrictive et la loi sur la nationalité de 1952, art. 17, stipulait que quiconque souhaitant se faire naturaliser devait renoncer à toute démarche pour conserver son ancienne nationalité. Pour autant que cela fût admissible au vu des réglementations des pays d'origine, il fallait renoncer à l'ancienne nationalité. Pendant cette période, de ses propres dires, l'office fédéral chargé de la surveillance de cette réglementation constata que de nombreux binationaux renoncèrent certes à leur nationalité d'origine, mais demandèrent peu de temps après à être réintégrés dans leur pays d'origine.

Un nouveau revirement intervint dans le cadre de la révision de la loi sur la nationalité de 1990, qui visait en priorité l'égalité des sexes, et l'art. 17 de la loi sur la nationalité fut abrogé avec l'entrée en vigueur de la révision de 1992. Lors des premières lectures, le conseiller national Paul Rechsteiner avait fait remarquer en vain que « quelqu'un peut parfaitement posséder une double identité », mais ne put convaincre la majorité du Parlement avec l'argument selon lequel « cette double identité est quelque chose de naturel, et elle est enrichissante ». Le Conseil fédéral révisa son attitude face à ce sujet, probablement en raison d'interventions concertées de l'association faîtière de l'économie et de l'Union syndicale suisse. À l'appui de toute une série d'arguments, le Conseiller fédéral Arnold Koller réussit à convaincre les parlementaires d'abroger le très restrictif art. 17. Dans le contexte des changements intervenus dans les conditions cadres internationales (EEE, effondrement des systèmes communistes en Europe de l'Est) et en se référant à une étude du Programme national de recherche, il expliqua que les naturalisations étaient en baisse et que le fait d'exiger la renonciation à l'ancienne nationalité était un obstacle à la naturalisation des jeunes étrangers. Il déclara en outre : « nous avons appris depuis longtemps à vivre avec la double nationalité » et que jusqu'à présent, il n'y avait pas eu de problèmes notoires. Les différentes tentatives de partis nationaux conservateurs pour réintroduire les anciennes réglementations restrictives concernant la double nationalité ont toujours échoué jusqu'à présent. Cependant, dans différents cantons, les rapports avec le pays d'origine pouvaient être pris en considération comme critère d'évaluation afin de décider de la recevabilité d'une demande de naturalisation, au moins jusque dans les années 1990.

Il est surprenant de voir que lors de la dernière révision très controversée de la loi sur la nationalité suisse, qui est entrée en vigueur en janvier 2018, la double nationalité n'a joué qu'un rôle mineur, si bien qu'il n'y a pas eu en Suisse de modifications des conditions cadres juridiques – contrairement à d'autres pays. Cela signifie que la législation sur la nationalité suisse ne contient pratiquement pas de dispositions visant à éviter ou à limiter la nationalité multiple – bien qu'en comparaison internationale elle soit très restrictive, et que l'accès à la nationalité suisse ait récemment été rendu plus difficile pour les étrangers. Indépendamment de la tolérance ou de la non-tolérance des doubles nationalités, la loi révisée sur la nationalité a encore durci les dispositions relatives à la naturalisation facilitée. Pour un enfant étranger issu du mariage d'une personne d'ascendance suisse avec un étranger, il n'est possible de recevoir la nationalité suisse que par son parent, il n'est plus possible d'invoquer la nationalité suisse de ses grands-parents ou même de ses arrière-grands-parents.

En matière d'accès des doubles nationaux au service de l'État, les réglementations suisses sont libérales. Il n'y a aucune restriction juridique concernant les fonctions politiques, comme c'est le cas de la RDC. En effet, en dehors de la nationalité suisse, les membres du pouvoir législatif (parlements) et exécutif (gouvernements) locaux, cantonaux et fédéraux peuvent avoir une autre nationalité et ne sont pas tenus de la déclarer. Comme cela a déjà été régulièrement le cas au cours du 19e siècle,7 on suppose aujourd'hui qu'un grand nombre de politiques élus, faisant partie des parlements ou des gouvernements des communes, des cantons et de la Confédération possèdent d'autres nationalités en dehors du passeport suisse. Il n'y a pas de chiffres exacts à ce sujet. En septembre 2009, le Conseil national refusa une motion de Kathy Riklin (PDC), qui exigeait des membres du Parlement qu'ils révèlent leurs nationalités non suisses.

Il appartient au gouvernement de limiter l'accès des binationaux au service dans l'administration suisse. Selon l'art. 8 al. 3 de la loi sur le personnel de la Confédération, le Conseil fédéral détermine par ordonnance quels sont les rapports de travail ouverts uniquement aux personnes possédant la nationalité suisse et ceux qui sont ouverts aux personnes possédant exclusivement la nationalité suisse. L'art. 23 de l'ordonnance sur le personnel de la Confédération présente une liste de limitations d'accès, notamment l'accès aux autorités de poursuites pénales et aux services secrets. Globalement, on voit cependant une nette tendance à la réduction des domaines dans lesquels les binationaux ne sont pas admis. Ainsi, les doubles nationaux sont acceptés dans le Corps des gardes-frontière, pour autant qu'ils n'aient pas effectué de service militaire à l'étranger, ce qui mène à ce que 5 pourcent des employés du Corps des gardes-frontière sont des binationaux. Récemment, les restrictions d'accès au service diplomatique ont également été levées pour les binationaux.

Jusqu'en 2016, on appliquait le principe selon lequel les diplomates suisses n'avaient pas le droit de posséder plusieurs nationalités ; ils n'étaient autorisés à avoir une autre nationalité que s'ils ne pouvaient y renoncer en raison de la législation dans l'autre pays. En 2014, le Département fédéral des affaires étrangères (DFAE) proposa d'abandonner ce principe. Cette décision incita le Conseiller national Peter Keller (UDC) à présenter une motion pour s'y opposer. Cependant, cette motion n'obtint pas la majorité au Conseil national, si bien que l'interdiction de double nationalité dans l'ordonnance sur le personnel de la Confédération fut abrogée au 1er janvier 2017 (services du Parlement 2016 : 14.3734). Une motion du Conseiller national Lorenzo Quadri, Lega, Tessin, qui souhaitait supprimer la double nationalité pour les membres du Conseil fédéral et pour les employés de la

Confédération qui avaient des relations avec l'étranger, fut nettement rejetée par le Conseil national en décembre 2017 (NZZ 13.12.2017).

En matière de droit suisse privé et de procédure civile, le principe de territorialité s'applique généralement en termes de contenu – ce n'est pas la nationalité qui est décisive, mais la résidence. Il y a des exceptions dans le droit des personnes, des familles et dans le droit successoral. Jusqu'au début du 21e siècle, l'Office fédéral des migrations de l'époque ne signala pas de difficultés ni de besoin de réglementation concernant les binationaux.

Comme je l'ai vu, la récente révision de la loi sur la nationalité, entrée en vigueur en janvier 2018, prévoit certes une légère réduction du délai de résidence de douze à dix ans avant que les étrangers ne puissent déposer une demande de naturalisation. Mais le Conseil national s'est imposé contre le Conseil fédéral et le Conseil des États, qui exigeaient une réduction à huit ans. Le délai de dix ans est toujours nettement supérieur à la moyenne européenne et bien supérieur aux cinq ans considérés comme appropriés du point de vue de la théorie de la démocratie. En outre, la révision est surtout marquée par différents durcissements concernant les conditions à remplir pour la naturalisation.

Conclusion de la première partie

Concernant l'évolution juridique dans d'autres États-nations, les pays occidentaux en particulier, les développements juridiques correspondent aux tendances évoquées dans le droit international et le droit suisse. Tandis que la première moitié du 20e siècle vit presque partout l'introduction de réglementations visant à proscrire la double nationalité, au cours de la seconde moitié du 20e siècle, l'attitude politique et les règles juridiques changèrent dans de nombreux pays du monde. Dans une évaluation de l'évolution de la reconnaissance juridique de la double nationalité menée dans 115 pays, Tanja Brondsted Sejersen consultée sur : https://www.swissinfo.ch/resource/blob/44626432/a602078484c1984f3b610b1166a9eca5/l-%C3%A9tude-en-fran%C3%A7ais-data.pdf?force-download, met en évidence les tendances suivantes : tandis qu'en 1959, seuls cinq pays acceptaient la double nationalité, en 1989 il y en avait vingt.

En 1999, ils étaient trente, puis cinquante en 2005 sur les 115 pays pris en considération. Ce sont surtout les démocraties en Europe, ainsi qu'en Amérique du Nord et du Sud qui, pendant cette période, passèrent d'un refus général à une acceptation au moins partielle de la double nationalité. Cependant, de nombreux pays n'acceptent la double nationalité que pour des groupes précis (par exemple pour leurs ressortissants vivant à l'étranger, mais non pour les candidats à la naturalisation ou pour les citoyens de pays avec lesquels ils ont des relations tendues). En conséquence, les comparaisons internationales concernant l'élargissement de l'acceptation juridique de la nationalité multiple aboutissent à des résultats différents.

Dans un synopsis, Blatter et al. (consulté sur le même site) concluaient qu'au début du 21e siècle, sur un total de 189 pays analysés, 87 étaient majoritairement tolérants à la double nationalité, tandis que 77 pays cherchaient à empêcher la nationalité multiple par des réglementations juridiques ; pour 25 autres pays, les différentes études ont abouti à des catégorisations différentes.

Récemment comme l'indique le même site, la tendance à l'acceptation de la double nationalité s'est poursuivie à l'échelle mondiale. En 2015 selon la « Global Dual Citizenship Database », désormais presque tous les États d'Amérique du Nord et du Sud tolèrent la nationalité multiple dans le cas de l'acceptation de la nationalité d'un autre État (cf. fig. 10). En Europe, mais également dans le monde entier, seul un État sur quatre exige que les citoyens qui prennent une autre nationalité abandonnent celle de l'État régulateur. Pour 75 pourcent de tous les États, l'adoption d'une autre nationalité ne constitue plus une raison de libérer ces personnes de leur nationalité. Cette évolution univoque vers la tolérance, respectivement l'acceptation de la double nationalité dans les lois relatives à la nationalité des États-nations démocratiques, ne doit pas faire oublier que ce cheminement a été politiquement très controversé dans de nombreux pays et l'est encore parfois aujourd'hui, cf. le même site qui conclue qu'on constate globalement que le taux de binationaux parmi les ressortissants suisses est très élevé en comparaison internationale, ce qui s'explique par le fait que la Suisse présente une émigration importante, mais aussi une immigration élevée.

La question de droit de nationalité se pose dans tous les Etats du monde. Ma seconde partie a pour pierre de touche aux origines des lois africaines sur la nationalité.

Deuxième partie
Aux origines des lois africaines sur la nationalité

Cette seconde partie a pour matrice aux origines des lois africaines sur la nationalité.

« En droit, dit-on, pour bien comprendre ce qui est, il faut assurément connaître ce qui a été53 ». Rapportée à la notion de nationalité, cette vérité commande de revisiter ses origines, suivre son évolution depuis la date de son apparition en tant que notion juridique vers la fin du 18e siècle, pour saisir sa signification réelle en Afrique et surtout mieux appréhender le contenu des législations nationales africaines en la matière.

Par sa racine étymologique, le terme « nationalité » dérive du mot « nation » et suggère que la nationalité est, avant tout, une notion politique traduisant l'appartenance d'une personne à une nation. Mais la nature ou le sens de ce lien de rattachement à l'État a évolué au cours de l'histoire et permis un élargissement du contenu de la notion qui signifie aussi un lien juridique de rattachement de la personne à la population d'un État qui intègre aussi une « dimension idéologique (solidarité effective d'intérêts, réciprocité de droits et de devoirs), affective (solidarité effective de sentiments) et culturelle (fait social de rattachement)[304] ».

La nationalité est aussi confondue avec la notion de citoyenneté mais force est de reconnaître des nuances importantes dans la signification des termes en français, en anglais et dans les autres langues officielles du continent. Le terme « citoyenneté », notamment, a des connotations de participation et d'exercice des droits civils et politiques qui ne sont pas portées par le mot « nationalité[305] ». Toutefois, le droit international contemporain a recours aux deux expressions de manière interchangeable pour désigner le lien juridique entre un individu et un État.

---

[304] Voir Jean SALMON, *Dictionnaire de droit international,* Éditions Bruylant, Bruxelles, 2001 page 175 ou le terme citoyenneté est « synonyme de nationalité ».
[305] Voir Pierre François GONIDEC « La nationalité dans les États de la Communauté et dans les États marginaux », in *Annuaire Français de Droit International (AFDI),* Volume 7, 1961, pages 814-835.

À vrai dire, l'absence de travaux sur la problématique de la nationalité dans l'Afrique précoloniale est un véritable handicap dans la compréhension de la relation que les Africains avaient les structures étatiques d'alors. Cependant, les auteurs qui ont étudié les différentes formes d'États (le Clan ou Lignage, Royaume et Empire[306]) qui ont existé à l'époque sur le continent et les types de solidarités que les communautés ont pu nouer entre elles[307]ont laissé entendre que la citoyenneté était vécue d'une manière totalement différente.

Selon le Professeur Joseph KI-ZERBO, expert reconnu en la matière et l'un des auteurs de l'Histoire générale de l'Afrique de l'Unesco, les Africains, en l'absence d'un pouvoir étatique fortement centralisé, se réclamaient, à cette époque, de plusieurs types de citoyennetés ayant chacune « son cadre, son terroir, ses groupes de gestion et d'autogestion[308] ». L'exemple du Mandé est à son avis très illustratif de la spécificité de la citoyenneté sur le continent en ce sens que « tous ceux qui appartenaient au royaume du Mali, avaient une sorte de citoyenneté malienne. Quand les gens se déplaçaient, on les regardait comme des ressortissants du Mali, A partir du dernier village. Le droit à la nationalité en Afrique appartenant au Mali, on regardait ceux qui venaient d'ailleurs comme appartenant à d'autres entités. Les ressortissants du Mali étaient des Mandinka. Ce terme désignait à la fois celui qui venait du pays mandingue et le ressortissant de l'empire du Mali. Partout en Afrique, la référence à la grande famille, au village, au quartier, au canton compte (ait) beaucoup[309]. »

Il semble, en outre, que les peuples, malgré les frictions qui pouvaient exister entre eux, étaient le plus souvent « en état d'osmose, et d'échanges symbiotiques, aux niveaux des usages sociaux, des langues, des danses, des idéologies, des religions ». Cette solidarité inter-ethnique, dont la « parenté à plaisanterie » était l'une des formes les plus achevées, explique pourquoi l'étranger faisait toujours l'objet d'une protection particulière dans nombre d'États précoloniaux[310].

---

[306]Voir sur cette question, Djibril TAMSIR NIANE, « Introduction » dans *Histoire générale de l'Afrique*, IV L'Afrique du XIIe au XVIe siècle, UNESCO/NEA, 1985, page 33.

[307] Voir sur cette question, Joseph KIZERBO, « La solidarité au sein du monde noir » in *Regards sur la société africaine, Panafrika,* Silex/Nouvelles du Sud, 2008, pages 153-168.

[308] Sur cette question, voir Joseph KIZERBO, *À quand l'Afrique : entretien avec René Holenstein*, Éditions de l'Aube, 2003, page 79.

[309] Joseph KIZERBO, *Op Cit.* C'est nous qui soulignons.

[310] Sur la protection de l'étranger, voir l'Énoncé 24 de la Charte de Kurukan Fuga selon lequel « au Mandé ne faites jamais du tort aux étrangers. » in Celhto, La Charte de Kurukan Fuga, Aux sources d'une pensée politique en Afrique, L'Harmattan, 2008, page 51.

La colonisation va, avec ses lois et ses pratiques, changer la donne et imposer une nouvelle philosophie de la nationalité dont les racines sont fondamentalement occidentales.

Dans les pays de Common Law, la nationalité, en tant que concept juridique s'est développé à partir de la notion d'allégeance, dont l'origine peut être tracée en Angleterre durant la période féodale[311]. Il s'agit d'une obligation de fidélité et d'obéissance qu'un vassal a envers son suzerain en contrepartie de la protection que celui-ci lui apporte. Le Roi étant devenu le Seigneur féodal, l'ensemble de la population se trouvant dans le royaume, y compris les étrangers, se plaça donc placée sous sa protection et devint « sujet » de la Couronne (British Subjects). Personne ne pouvait échapper à cette allégeance qui était unique[312].

Mais pour que le système d'allégeance fonctionnât à perfection, il fallait qu'il soit réel, c'est-à-dire s'exerçât dans les limites du territoire du Royaume, personnel65, en ce sens que l'allégeance était due à la personne du Roi et non à la Couronne, et perpétuel, parce que le lien ne pouvait être rompu ou suspendu.

C'est cette doctrine qui s'est, par la suite, répandue dans les territoires acquis à la faveur des conquêtes coloniales. Les individus nés dans ces territoires, appelés colonies de la Couronne britannique (« crown colonies »)[313] devenaient des sujets britanniques quel que soit le statut de leurs parents parce qu'il y'a une allégeance « naturelle » des sujets envers Sa Majesté en contrepartie de la protection qu'elle leur accorde. Cette règle fut maintenue pour les « colonies » qui sont devenues des « dominions » autonomes[314].

Cependant, la plupart des autres territoires britanniques d'Afrique, étaient des « protectorats », c'est-à-dire des territoires étrangers sous la protection de la Couronne Britannique. Il s'y appliquait le système dit de l' « indirect rule », on avait le statut de personne protégée par la Couronne britannique (« British protected person ») qui procurait à son titulaire des droits en Grande Bretagne mais qui étaient en deçà de ceux des Sujets britanniques.

---

[311] Voir Clive PARRY, *British Nationality*, London, Stevens and Sons, 1951, page 7 cité par Michel Verwilghen, Conflits de nationalités, pluralité et apatridie, *Op Cit.* Page 50 : « For at Common Law, the basis of nationality was permanent allegiance to the Crown.»

[312] Fransman's British Nationality Law, Third Edition, Bloomsbury Professional, 2011.

[313] Ce principe souffrait de quelques exceptions qui concernaient les princes royaux nés en pays étrangers, les enfants nés à l'étranger de père

[314] Qui comprenaient la plus grande partie du Kenya et de la Rhodésie du Sud, ainsi que la Gambie, Lagos, la Côte-de-l'Or et Freetown.

Pendant cette période initiale, il y avait deux procédures par lesquelles un étranger, par naissance, pouvait devenir un Sujet britannique :

- La naturalisation, qui nécessitait une décision du Parlement et permettait à son titulaire de jouir de tous les droits sauf les droits politiques ;
- La « denization », accordée par la Couronne, permettait de jouir de tous les droits des sujets britanniques, excepté les droits politiques.

Militaires au service du Roi, les enfants nés dans les bateaux battants pavillons britanniques et les enfants nés de sujets anglais ayant fui le pays durant une épidémie.

En 1870, une législation introduisit le concept de renonciation à la nationalité britannique et prévoyait, pour la première fois, la possibilité pour une britannique mariée à un étranger de perdre sa nationalité. Cependant, toutes les règles relatives à la nationalité relevaient plus de la Common Law et des principes de la Jurisprudence que d'une quelconque forme de législation.

En 1914, la British Nationality and Status of Aliens Act de 1914 confirme le principe de l'acquisition de la nationalité par :

- la naissance[315];
- la naturalisation;
- le mariage à un britannique.

La nationalité était symétriquement perdue, en cas de renonciation, d'acquisition d'une autre nationalité, de mariage, pour les femmes, à un étranger, ou de perte de la nationalité par l'un de ses parents.

En 1948, la première législation complète fut adoptée à la suite de la décision d'un des territoires, à savoir le Canada, d'avoir sa propre loi sur la nationalité. Désormais, le statut de « citoyen du Royaume-Uni et des colonies » remplaça le statut de Sujet britannique, et le droit de la nationalité fut, par la même occasion codifiée d'une manière complète pour la première fois. Ainsi, on obtenait la nationalité britannique :

- à la naissance sur le territoire du Royaume-Uni ou d'un des colonies;
- par naturalisation;
- si on est né, à l'étranger, d'un père lui-même citoyen britannique;
- par le mariage.

---

[315]Voir British Nationality and Status of Aliens Acts, 1914 to 1933, 4 and 5 Geo 5, c .17. Part I(1) (a).

L'une des conséquences de la Loi britannique sur la nationalité de 194869 est la création d'une sorte de citoyenneté commune, à savoir la citoyenneté du Commonwealth qui peut être considérée comme la somme de la citoyenneté britannique et de celles des anciennes colonies[316] de la Couronne dont « la principale utilité est de placer les nationaux des États membres résidant dans un pays quelconque du Commonwealth, dans une situation différente de celle des étrangers[317] ».

Dans les pays de droit civil, notamment en France, la nationalité a aussi servi, sous la Monarchie absolue, à définir le rapport à la royauté et au Roi. Le Français devait, à cette époque, être régnicole, c'est-à-dire « être né et demeurer dans le royaume et reconnaître la souveraineté du Roi en se reconnaissant son sujet[318] ».

À partir du XVIIe siècle, le lien de filiation permet l'attribution de façon autonome de la nationalité française à un individu, mais la naissance sur le sol de France reste le critère dominant d'attribution de la nationalité. Contrairement à l'enfant né sur le territoire du royaume de parents étrangers, un enfant de parents français né à l'étranger doit demander au Roi une lettre de naturalité pour confirmer sa nationalité lorsqu'il revient sur le territoire du Royaume. La Révolution française de 1789 unifie les critères d'attribution de la nationalité, l'ouvre aux étrangers (juifs et gens de couleur) et aux esclaves et crée le concept du « citoyen ». Celui-ci va introduire une nouvelle conception de la nationalité en considérant comme citoyen, et donc national, toute personne qui accepte de se plier aux règles édictées par les lois du pays, la Constitution en tête. Sous ce registre, nationalité et citoyenneté se confondent.

de 1865 jusqu'à 1946, les colonisés, à l'exception notable des Sénégalais des Quatre communes, seront traités comme des « sujets » privés de droits et libertés démocratiques élémentaires et soumis à des dispositions discriminatoires et répressives.

Les « indigènes » ont la nationalité mais n'ont pas la citoyenneté française, à moins de l'acquérir dans des conditions tout à fait exceptionnelles. Ils ne

---

[316] Notamment son article 1er qui disposait que « toute personne qui, en vertu de la législation actuellement en vigueur dans un des pays énumérés dans l'alinéa suivant, est un citoyen de pays, sera, du fait de même de cette citoyenneté, sujet britannique».

[317] Ces derniers restent libres de déterminer dans quelle mesure les citoyens du Commonwealth jouiront des droits et privilèges reconnus à leurs propres ressortissants.

[318] Voir Pierre François GONIDEC, « Note sur la nationalité et les citoyennetés dans la Communauté » in *Annuaire Français de Droit International*, Volume 5, 1959, page 756.

sont pas soumis au Code civil français mais au droit local (musulman ou coutumier). Ils n'ont pas de droits politiques mais peuvent être astreints à différentes obligations notamment l'obligation militaire[319].

La loi française du 26 juin 1889 introduit des innovations importantes :

- elle consacre la naissance sur le territoire français comme critère fondamental d'attribution de la nationalité française;
- l'individu né en France d'un étranger qui lui-même y est né est français de naissance;
- l'individu né en France d'un parent étranger né hors de France, devient français, à la condition d'être domicilié en France à sa majorité[320].

À la fin de la Deuxième Guerre mondiale, alors que tout donne à penser que le pays s'achemine vers la concrétisation de l'égalité des droits entre « indigènes » et « citoyens », la France persiste dans son particularisme juridique qui veut qu'elle soit « assimilatrice et tendue vers l'unité[321] » à cause notamment de la distinction entre Départements et Territoires d'outre-mer. Pendant que la Constitution de 1946 dispose que « tous les ressortissants des territoires d'outre-mer ont la qualité de citoyens français[322]», le Code de la nationalité du 19 octobre 1945 est déclaré applicable aux seuls ressortissants des Départements d'outre-mer. Il a fallu un Décret du 24 février 1953 pour mettre un terme à cette anomalie et « faire du Code de 1945 la Charte de la nationalité française dans les Territoires d'outre-mer[323]».

La Constitution française du 4 octobre 1958 va finalement regrouper les Départements et les Territoires d'outre-mer[324] tels que définis par la Loi-

[319] Voir Christian BRUSCHI, « La nationalité dans le droit colonial », *Cahiers d'analyse politique et juridique*, No. 18, 1987, page 29 et suivantes.
[320] Voir Christian BRUSCHI, « La citoyenneté et la nationalité dans l'histoire », *Écarts d'Identité*, No. 75, page 2 et suivantes.
[321] Voir Pierre François GONIDEC, « L'évolution de la notion de citoyenneté dans la Communauté des nations britanniques » in *La Revue juridique et politique de l'Union française*, Tome 1, 1947, LGDJ, page 391.
[322] Article 80 de la Constitution de 1946. Les territoires d'outre-mer incluaient les territoires d'Afrique occidentale, d'Afrique équatoriale et de
Madagascar, le Territoire de la Cote française des Somalis et des Comores.
[323] Voir Pierre François GONIDEC, « Note sur la nationalité et les citoyens de la Communauté » in *Annuaire Français de Droit International,* Volume 5, page 748.
[324] À l'exception notable de du territoire de la Guinée devenu indépendant à l'issue du Référendum du 28 septembre 1958 sur la Constitution française de 1958.

cadre du 23 juin 1956 et ses textes d'application dans une « Communauté[325] » où ils bénéficient d'une autonomie qui leur permet de s'administrer eux-mêmes et de gérer démocratiquement et librement leurs propres affaires. L'article 77 de la Constitution prend soin de préciser qu'« il n'existe qu'une citoyenneté de la Communauté » qui n'est rien d'autre que la citoyenneté française et que « tous les citoyens sont égaux en droit, quelles que soient leur origine, leur race et leur religion ».

Mais cette citoyenneté de la Communauté sera vite abandonnée avec la décision des autorités françaises d'autoriser les territoires sous tutelle, placés sous leur juridiction par la Société des Nations et ensuite par les Nations Unies, à légiférer en matière de nationalité[326] avant leur accession à la souveraineté internationale et la volonté des autres États membres de devenir des États souverains et donc capables de déterminer les conditions d'accession à leur nationalité.

Cet éclairage historique sur la notion de nationalité permet cerner les problèmes juridiques qui se poseront lorsque les États africains succèderont aux autorités coloniales dans la détermination du contenu des lois nationales sur la question.

Cette partie est organisée en deux chapitres. D'une part j'évoque la nationalité et les pratiques des Etats africains et d'autre part le droit congolais de la nationalité.

---

[325] Voir le Titre 12 de la Constitution de 1958 « De la Communauté ».

[326] Ce fut le cas avec le Togo par l'Ordonnance du 30 décembre 1958 et le Cameroun par l'Ordonnance du 29 novembre 1959.

Chapitre premier
La nationalité et les pratiques des états africains

Le premier chapitre a pour matrice la nationalité et les pratiques des Etats africains. Il est organisé en cinq sections. La première section parle de la transition vers l'indépendance. La seconde évoque les autres conditions d'acquisition de la nationalité par naturalisation. Les règles de procédure en matière de nationalité sont développées dans la troisième section. Je parle de la nationalité en cas de succession d'états dans la quatrième section. La dernière porte sur la citoyenneté régionale.

Section première : La transition vers l'indépendance

Tous les États parties à la Charte africaine ont été créés à partir d'anciens territoires coloniaux ou ont vu fixer leurs frontières par les autorités coloniales riveraines et ont donc fait face à des difficultés pour l'identification de son patrimoine humain national. Pour ces pays, qui venaient d'accéder à souveraineté internationale, la nationalité au moment de l'indépendance était compliquée par la nationalité coloniale commune partagée par les résidents de pays devenus désormais des États distincts et par « l'absence d'une nationalité propre préalable à l'annexion coloniale[327] ».

Chaque État a été obligé, à son accession à la souveraineté internationale, de promulguer des lois nationales lui permettant de clarifier et de déterminer les règles en la matière. Ces règles étaient vitales en raison de la migration à grande échelle qui avait eu lieu au cours de la période coloniale. En effet, la population des anciennes colonies, et notamment les anciens centres administratifs ou économiques régionaux, était désormais très mixte, comprenant des « autochtones » de la place et des migrants venus de pays devenus des États distincts, ainsi que des ressortissants de la métropole et des personnes qui, bien que rattachées au territoire, possédaient une nationalité distincte de celle du colonisateur. En pratique, les règles de la

[327] Voir Jean de BURLET, *La nationalité des personnes physiques et la colonisation : essai de contribution à la théorie de la succession d'États*, Bruxelles, Éditions Émile Bruylant, 1975, page 168.

transition à l'indépendance accordaient, de plein droit, la nationalité à certaines personnes et un droit d'option à d'autres, tout en omettant complètement d'établir le droit à la nationalité pour certaines catégories de personnes.

Alors que le Royaume-Uni et ses anciennes colonies s'étaient entendus sur des règles plus ou moins uniformes dans les Constitutions négociées à « Lancaster House », la France, la Belgique et, dans une moindre mesure, le Portugal, avaient pris le parti de ne pas signer aucun traité bilatéral en matière de nationalité avec les dirigeants de leurs anciennes possessions coloniales, et donc, d'ignorer complètement les problèmes créés par les contradictions des lois sur la nationalité qui naitraient de ces successions d'États.

Dans les anciens protectorats britanniques et dans les colonies non encore autonomes (Afrique du Sud, Rhodésie), les dispositions typiques des constitutions de l'indépendance prévoient que tous ceux nés sur le territoire dont au moins un des parents y est également né obtiennent automatiquement la nationalité du nouvel État, de plein droit. Les personnes nées en dehors du territoire dont le père a obtenu la nationalité au titre de cette règle se voient également accorder la nationalité. Enfin, les personnes nées sur le territoire sans qu'aucun de leurs parents y soient né mais qui y ont leur résidence habituelle peuvent obtenir la nationalité par voie d'une procédure non-discrétionnaire : l'enregistrement.

Toutefois, dans les pays francophones, il y avait un temps de latence (parfois important) entre la fin de la souveraineté française (et de la nationalité française des résidents de ces territoires) et l'adoption de nouveaux codes sur la nationalité[328]. Cette lacune a même rendu difficile l'exercice d'élaboration des nouvelles nationalités et explique pourquoi nombre d'États ont mis du temps pour mettre en place leurs premières législations[329] sur la nationalité.

---

[328] Voir Stanislas MELONE, « La nationalité des personnes physiques » in *Encyclopédie juridique africaine*, Tome VI Droits des personnes et de la famille, Chapitre VI, Nouvelles Éditions Africaines, 1982, page 86.

[329] Par exemple, le Burundi qui est devenu un État indépendant en 1962, a édicté sa première loi sur la nationalité le 10 aout 1971 (Décret-Loi No. 1-93 du 10 aout 1971); le Dahomey (qui deviendra le Benin) a accédé à la souveraineté internationale en 1960 mais a attendu le 23 juin 1965 pour adopter la Loi No. 65-17 sur la nationalité et la Guinée, qui est devenue indépendante le 2 octobre 1958, n'a eu son Code de la nationalité que le 1er mars 1960 (Ordonnance du 1er mars 1960). Voir sur ces questions, Alexandre ZATZEPINE, *Le droit de la nationalité des Républiques francophones d'Afrique et de Madagascar*, Paris, LGDJ, 1963 et Roger DECOTTIGNIES et Marc de BIEVILLE, *Les nationalités africaines*, Paris, Éditions A. Pedone, 1963.

S'ils étaient fondés sur des concepts juridiques courants empruntés aux anciennes puissances colonisatrices, les critères pour l'obtention de la nationalité des pays francophones au moment de l'indépendance pouvaient ainsi varier d'un pays à l'autre comme le montrent les deux exemples suivants :

- La loi sénégalaise du 21 février 1961 attribue la nationalité sénégalaise à titre originaire à « tout individu né au Sénégal d'un ascendant au premier degré (père ou mère) qui y est lui-même né », que cette naissance ait eu lieu avant ou après l'indépendance[330]. Et, en raison de l'insuffisance ou de l'absence de l'état-civil, l'individu qui a sa résidence habituelle au Sénégal et qui s'est, de tout temps, comporté comme un sénégalais (possession d'état de sénégalais) est censé remplir les deux conditions posées à l'article 1er de la loi. Par ailleurs, le code prévoit un droit provisoire d'opter pour la nationalité sénégalaise pour les originaires de l'un des États issus des anciens groupes de l'Afrique Occidentale Française (AOF) ou de l'Afrique Equatoriale Française (AEF), du Togo, du Cameroun et de Madagascar ainsi qu'aux originaires d'un territoire limitrophe du Sénégal.
- Au Tchad, la nationalité d'origine est attribuée aux individus des deux sexes, à leurs conjoints et leurs enfants légitimes, naturels et adoptifs qui sont nés avant le 11 août 1960 d'un parent de souche tchadienne ayant renoncé à toute autre nationalité ou avoir été assimilé à une communauté vivant habituellement au Tchad. Les élus d'origine africaine investis de leur mandat au titre de la République du Tchad et les personnes pouvant justifier de la possession d'état de national tchadien bénéficient aussi de la nationalité d'origine du pays[331].

Dans les anciennes colonies belges, portugais ou espagnols, et dans les territoires d'Afrique du Nord ayant appartenu à l'Empire ottoman, il y avait des règles différentes, mais les complications étaient souvent comparables.

Il s'agit ici de la détermination de la nationalité des personnes nées après l'indépendance, de la reconnaissance du droit à la nationalité, des lois spécifiques aux enfants et la loi sur la nationalité.

---

[330] Voir article 1er de la Loi No. 61-10 du 7 mars 1961 déterminant la nationalité sénégalaise.

[331] Voir article 4 de la Loi No. 31-60 du 27 février 1960 portant Code de la nationalité tchadienne.

§1 : La détermination de la nationalité des personnes nées après l'indépendance

Les sources des normes nationales actuelles sur la nationalité sont nombreuses. Suivant les traditions juridiques des États, elles sont contenues dans les constitutions, des lois spéciales sur la nationalité, celles relatives à l'état civil et aux droits de l'enfant. Cette multiplicité des sources est une indication de la sensibilité de la problématique de la nationalité et explique les contradictions souvent observées dans les textes relatifs à la nationalité ou l'application sélective des normes notée dans certains États.

Les législations nationales combinent, en général, les grands principes juridiques dégagés par les législations coloniales sur la nationalité[332] avec les nouvelles règles que les États ont édictées pour prendre en compte les réalités qui étaient les leurs au lendemain de leur accession à la souveraineté internationale. Elles reprennent, pour l'essentiel, quatre principaux critères utilisés traditionnellement en droit pour attribuer la nationalité, à savoir :

1. Le lieu de naissance : c'est-à-dire le fait d'être né sur le territoire sur lequel s'exerce la souveraineté de l'État. Cette nationalité est aussi appelée Jus soli; le droit du sol;
2. Le lien de filiation : à savoir le fait d'obtenir la nationalité d'un de ses parents. Cette nationalité est appelée Jus sanguinis, le droit du sang;
3. La situation matrimoniale : c'est-à-dire le fait d'avoir la nationalité d'un pays après s'y être marié(e) à un(e) ressortissant(e) de la nationalité de l'État concerné;
4. La résidence : c'est-à-dire lorsque la nationalité est obtenue sur la base d'un séjour plus ou moins long sur le territoire de l'État.

En matière d'acquisition de la nationalité, il y a une distinction à faire entre la nationalité acquise à la naissance de droit, que ce soit en fonction du lieu de naissance ou sur la base de la nationalité des parents, couramment appelée la nationalité d'origine, et la nationalité acquise en tant qu'adulte, de façon volontaire, par exemple suite à un mariage, ou par le biais d'une procédure discrétionnaire, désignée par le terme de naturalisation. La distinction entre ces deux formes de nationalité est très importante sur le continent parce qu'elle implique un régime juridique différent entre citoyens d'un même pays dans l'exercice de leurs droits. Comme on le verra, nombre d'État prévoient des restrictions dans l'exercice des droits politiques par les personnes naturalisées dont la nationalité peut être plus facilement retirée.

---

[332] Voir Paul LAGARDE, « Nationalité », in le *Dictionnaire de la culture juridique*, sous la direction de Denis Laand et Stéphane Rials, PUF, 2003 page 1055.

Que dire sur la reconnaissance du droit de nationalité ?

§2 : La reconnaissance du droit à la nationalité[333]

Seules les constitutions angolaise[334], sud-africaine[335], éthiopienne[336], rwandaise[337], malawite[338]et bissau-guinéenne[339] prévoient expressément le droit à la nationalité soit pour « tous », soit pour tous les enfants. Toutefois, ce droit n'est pas toujours pris en compte dans les codes de la nationalité. Par exemple, la législation éthiopienne sur la nationalité est silencieuse sur les modalités d'acquisition de la nationalité éthiopienne par un enfant apatride et n'accorde aucun droit sur la base de la naissance sur le territoire.

Quelles sont les lois spécifiques aux enfants ?

§3. Les lois spécifiques aux enfants

Dans certains pays, d'autres lois prévoient le droit à la nationalité de l'enfant. Parmi celles-ci, on peut citer, entre autres :

- la Loi kenyane (Kenyan Children's Act) est explicite sur le droit de l'enfant « à un nom et à une nationalité[340] »;
- le Code tunisien de la protection de l'enfant évoque le droit de l'enfant « à une identité dès sa naissance (qui est constituée par...) la nationalité[341] »;
- la Loi sierra léonaise qui dispose que « nul ne privera l'enfant du droit [...] d'acquérir une nationalité ou, dans la mesure du possible, du droit de connaitre ses parents naturels et sa famille étendue »;
- le Tanzania Law of the Child Act (2009) dispose que l'enfant a droit à un nom et une nationalité et « qu'une personne ne doit pas priver un enfant du droit à un nom et une nationalité [342] »;

---

[333] La plupart des informations utilisées dans les sections suivantes sont tirées de l'étude de Bronwen Manby, Les lois sur la nationalité en Afrique, Open Society Foundations, 2e édition, 2010.
[334] La Constitution angolaise de 2010, Article 32.
[335] Paragraphe 1(a) de l'article 28 de la Constitution sud-africaine de 1996.
[336] Article 36 de la Constitution de République fédérale démocratique d'Éthiopie.
[337] Article 7 de la Constitution de la République du Rwanda.
[338] Paragraphe 2 de l'article 23 de la Constitution du Malawi.
[339] Article 44 de la Constitution de Guinée Bissau 1984, suite à la révision de 1996.
[340]Article 11 de la Loi kenyane No. 8 de 2001 sur l'enfance.
[341] Article 5 de la Loi No. 95-92 du 9 novembre 1995 relative à la publication du Code de protection de l'enfant.

- la Botswana Children's Act (2009) qui dispose qu' « un enfant a droit à la nationalité à sa naissance[343] ».

Je parle enfin des lois sur la nationalité.

§4. Lois sur la nationalité

Nombre de lois sur la nationalité appliquent le principe de la protection des enfants contre l'apatridie de façon partielle en ne prévoyant la nationalité que pour les enfants nés dans le pays et dont les parents sont inconnus164 ou dont les parents sont apatrides, omettant ceux qui n'y seraient pas nés et qui, autrement, seraient apatrides, parce que leurs parents ne peuvent pas leur transmettre leur nationalité. Seule une douzaine de pays prévoient spécifiquement des législations sur ces questions.[344]

En effet, comme les sections suivantes le démontrent, plus de la moitié des États parties à la Charte africaine ne garantissent pas à l'enfant né sur leur territoire d'échapper à l'apatridie. Au-delà de la faiblesse des droits basés sur la naissance dans le pays, le risque d'apatridie est exacerbé par la discrimination fondée sur la race, la religion, l'ethnie, le genre ou la naissance dans ou hors des liens du mariage.

Enfin, dans un nombre étonnamment grand de pays, la loi sur la nationalité est en contradiction, au moins en partie, avec d'autres lois du pays, voire sa constitution, ce qui rend la situation très difficile à interpréter. Il s'agit notamment du Burundi, des Comores, de la République du Congo, de la Gambie, du Liberia, du Malawi, de Sao Tomé et Principe, de la Somalie, du Soudan, du Swaziland, du Togo, de la Zambie et du Zimbabwe.

a) La nationalité d'origine

On entend, en droit, par nationalité d'origine, la nationalité qui est conférée à une personne au moment de sa naissance. Le choix des critères pour déterminer la nationalité d'origine est très important parce qu'ils permettent d'éviter ou, au contraire, de créer l'apatridie. En général, lesdites législations privilégient soit le lieu de naissance ou la filiation, soit (le plus souvent) combinent les deux critères avec un dosage qui tient, parfois, compte de l'héritage colonial. En effet, le recours au critère de jus soli comme critère principal était lié à la difficulté des pays fraichement indépendants de recourir au lien de filiation dans la détermination de la nationalité car « pour

---

342 Article 6 de la Law of the Child Act No. 21 of 2009.

343 Article 12 de la Botswana Children's Act No. 2 de 2009.

344 Algérie, Burundi, Cote d'ivoire, Djibouti. Égypte, Érythrée, Éthiopie, Guinée-Bissau, Liberia, Madagascar, Maurice, Somalie, Soudan et Royaume de Swaziland.

utiliser la nationalité des parents, il fallait) déjà connaître cette nationalité[345] ». Or, dans bien des cas, la nationalité d'origine des parents était la nationalité du colon.

À cet égard, toutes les lois étudiées prévoient l'attribution de la nationalité d'origine à un enfant né dans ou en dehors du pays si l'un de ses parents, et dans certains cas, un grand parent, est un national de ce pays. Un grand nombre d'entre elles, mais pas toutes, prévoient également des critères fondés sur la naissance dans le pays sous différentes circonstances.

b) La nationalité fondée sur le lieu de la naissance

Il y a plusieurs variations dans l'application du jus soli :

- Quatre (4) pays attribuent la nationalité à tout enfant né sur le territoire, à l'exclusion des enfants des diplomates et de certaines catégories de personnes : il s'agit du Lesotho, du Mozambique, de la Tanzanie et du Tchad.
- Trois (3) pays attribuent la nationalité aux enfants nés sur leur territoire s'ils appartiennent à une ethnie spécifiée : il s'agit du Liberia, de la Somalie, et de l'Ouganda.
- Quinze (15) pays accordent la nationalité d'origine à un enfant né dans le pays de parents étrangers à sa majorité et à l'issue d'une période de résidence (soit automatiquement, soit sur application) : Ce sont l'Afrique du sud, le Bénin, le Burkina Faso, le Cameroun, la République Centrafricaine, les Comores, le Congo, la Guinée Équatoriale, le Gabon, la Guinée, le Mali, le Mozambique, le Rwanda, la RDC et le Togo.
- Douze (12) pays prévoient la nationalité à l'enfant né dans le pays d'un parent né aussi dans le pays. Il s'agit du Bénin, du Burkina Faso, du Cameroun, du Congo, du Gabon, de la Guinée, du Mozambique, du Niger, du Sénégal, du Sud-Soudan, du Togo (les deux parents devant être nés au Togo) et de la Tunisie. On peut ajouter à cette liste l'Algérie, le Mali et la Sierra Leone, quoique des dispositions discriminatoires s'appliquent dans ce pays, ayant pour effet de limiter l'accès sur la base de la race ou de la religion.
- Trois (3) pays donnent la nationalité dès la naissance à l'enfant né dans le pays et dont les parents sont des résidents légaux et habituels : c'est le Cap-Vert, la Namibie et Sao Tomé et Principe.

---

[345] Afrique du sud, Angola, Burkina Faso, Cap-Vert, République démocratique du Congo (RDC), Guinée-Bissau, Lesotho, Malawi, Namibie, Sao Tomé et Principe, Sierra Leone et Tchad.

- Les douze (12) pays suivants accordent à l'enfant né sur leur territoire la nationalité d'origine sans laquelle ils seraient apatrides : l'Afrique du Sud, l'Angola, le Burkina Faso, le Cameroun, le Cap-Vert, la Guinée-Bissau, le Lesotho, le Malawi, la Namibie, Sao Tomé et Principe, le Tchad et le Togo; et sont ajoutés onze (11) qui donnent la nationalité d'origine à des enfants nés sur leur territoire de parents apatrides : Angola, Bénin, Cap Vert, RDC, Gabon, Guinée Bissau, Mozambique, Rwanda, Sao Tomé et Principe, Tunisie.
- Vingt-sept (27) pays prévoient dans leur législation de donner la nationalité d'origine à des enfants nés sur leur territoire de parents inconnus : ce sont l'Algérie, l'Angola, le Bénin, le Burkina Faso, le Burundi, le Cameroun, le Cap-Vert, la République Centrafricaine, le Congo, la République démocratique du Congo, Djibouti, l'Égypte, l'Érythrée, le Gabon, le Ghana, la Guinée, la Guinée-Bissau, le Kenya, la Libye, Madagascar, le Mali, le Mozambique, le Niger, le Rwanda, le Tchad et la Tunisie. Neuf (9) pays accordent ce droit uniquement aux nouveau-nés trouvés sur leur territoire: il s'agit de les Comores, l'Éthiopie, la Mauritanie, l'Ouganda, le Sénégal, le Soudan du Sud, le Soudan, le Swaziland, et le Zimbabwe.
- Sept (7) pays n'accordent pas de droit à la nationalité fondée sur la naissance sur leur territoire, même pour les enfants trouvés ou de parents inconnus. Il s'agit du Botswana, de la Côte d'Ivoire, de la Gambie, de Maurice, du Nigeria, des Seychelles et de la Zambie.

b) La nationalité fondée sur la filiation

Il est important, pour lutter contre l'apatridie, de faire jouer à la filiation un rôle dans la rédaction des lois sur la nationalité. Toutes les lois examinées dans le cadre de l'étude prévoient que l'enfant né, dans ou hors du pays, acquiert sa nationalité, si l'un des parents en a la nationalité :

- Quarante-neuf (49) pays attribuent la nationalité d'origine sans discrimination à tous les enfants nés dans ou en dehors de leur territoire quand l'un des parents est déjà un national[346]. Le Ghana et

[346] Afrique du Sud, Algérie, Angola, Botswana, Burkina Faso, Cap-Vert, Cameroun, Comores, Congo, Côte d'Ivoire, République démocratique du Congo, Djibouti, Égypte, Érythrée, Éthiopie, Gambie, Gabon, Ghana, Guinée, Guinée-Bissau, Guinée Équatoriale, Kenya, Lesotho, Madagascar, Malawi, Mali, Mauritanie, Maurice, Mozambique, Namibie, Niger, Nigeria, Ouganda, République centrafricaine, Rwanda, Sao Tomé et Principe, Sénégal, Seychelles, Sierra Leone, Somalie, Soudan, Soudan du Sud, Swaziland, Tanzanie, Tchad, Togo, Tunisie, Zambie, Zimbabwe.

le Cap-Vert étendent ce critère aux enfants dont l'un des grands-parents est déjà citoyen quel que soit le pays de naissance de l'enfant; la même règle s'applique au Nigeria, pour les enfants nés sur le territoire.

- Quatorze (14) pays attribuent, cependant, la nationalité d'origine sur une base discriminatoire, et privilégient le père, à différents degrés : il s'agit du Bénin, du Burundi, du Cameroun, du Gabon, de la Guinée, du Liberia, de la Libye, de Madagascar, du Mali, de la Mauritanie, de la Somalie, du Soudan, du Swaziland, et du Togo.
- Dans un nombre limité de pays, la nationalité d'origine est accordée suivant que l'enfant est considéré comme légitime ou naturel,[347] dans la plupart des cas, il s'agit des mêmes pays qui appliquent une discrimination basée sur le sexe du parent qui détient la nationalité. Toutefois, dans le cas du Niger, par exemple, la discrimination basée sur le sexe a été officiellement supprimée en 1999, alors que la discrimination basée sur la naissance dans ou hors mariage demeure.
- Des pays prévoient que la nationalité d'origine ne peut être transmise qu'à une seule génération lorsque l'enfant est né à l'étranger.[348] Plusieurs autres pays exigent des formalités administratives supplémentaires pour les enfants nés à l'étranger, dont notamment l'enregistrement de la naissance au consulat le plus proche ou une déclaration positive à la maturité précisant que l'enfant souhaite garder la nationalité.

c) La nationalité acquise

La nationalité acquise est celle qui est postérieure à la naissance de la personne. Deux modes d'acquisition émergent de l'analyse des législations africaines : le lien de famille et la décision de l'autorité étatique.

- Le mariage

Le mariage est l'un des modes privilégiés d'acquisition de la nationalité par les adultes. Le mariage permet, en effet, d'acquérir la nationalité soit directement ou de bénéficier de conditions favorables d'obtention de la nationalité du pays du conjoint. Des efforts importants ont été accomplis par

---

[347] À Madagascar, par exemple, la nationalité est transmise à un enfant légitime par le père, même si la loi lui donne la possibilité d'obtenir celle-ci à sa majorité si c'est sa mère qui est malgache (voir le paragraphe 1er de l'article 16 du Code de la nationalité).

[348] Gambie, Lesotho, Malawi, Maurice, Tanzanie.

les États africains ces vingt dernières années dans ce domaine, en partie, grâce au rôle que la justice a joué dans l'avancement du droit des femmes[349].

De l'indépendance à l'entrée en vigueur du Protocole relatif aux droits des femmes, nombre de législations africaines ne permettaient pas, par exemple, aux femmes de transmettre leur

Nationalité à leur conjoint étranger[350]. Depuis, des réformes importantes ont été introduites dans les législations des pays signataires pour assurer une égalité de droits entre l'homme et la femme dans la transmission de la nationalité[351].

Ces progrès ne doivent pas faire oublier les cas de pays où la législation est encore discriminatoire à l'égard des femmes. C'est le cas notamment des législations prévoyant l'acquisition automatique de la nationalité par la femme en cas de mariage à un national173, une règle qui est en violation du droit international qui donne à la femme le pouvoir de faire un choix personnel en de pareille situation, et ou celles disposant que seuls les hommes ont le droit de transmettre par mariage leur nationalité[352].

Certains pays mettent en place des procédures très complexes pour l'acquisition de la nationalité par le mariage. En RDC, par exemple, la loi exige que la demande de nationalité par mariage soit approuvée par Décret pris en Conseil des Ministres et examinée par l'Assemblée nationale[353].

---

349 Voir Arrêt de la Haute Cour du Botswana, Unity Dow contre Attorney General, MISCA 124/1990, juin 1991. Recueil africain des décisions de droits de l'homme 99 (BwCA 1992) « Le temps où les femmes étaient traitées comme du bétail et n'existaient que pour obéir aux caprices et aux désirs des homes est depuis longtemps révolu et ce serait faire injure à la pensée moderne et à l'esprit de la Constitution que de juger que la Constitution a été délibérément faite pour permettre la discrimination fondée sur le sexe. » (Traduction non officielle)

350 Certaines lois exigeant même de la femme qu'elle ait l'autorisation de son père ou de son mari pour pouvoir voyager seule ou avec ses enfants.

351 Des réformes législatives importantes ont été effectivement introduites sur la question dans nombre de pays, notamment en Algérie, au Botswana, au Burkina Faso, au Burundi, en Côte d'Ivoire, à Djibouti, en Égypte, en Éthiopie, en Gambie, au Kenya, au Lesotho, au Mali, à Maurice, au Niger, en Ouganda, au Rwanda, au Sénégal, en Sierra Leone et en Tunisie.

352 Bénin, Burkina Faso, République centrafricaine, Comores, Cote d'Ivoire, Guinée, Guinée Équatoriale, Mali, Somalie et Togo.

353 Bénin, Burundi, Cameroun, République centrafricaine, Comores, Congo, Égypte, Guinée, Guinée Équatoriale, Lesotho, Libye, Madagascar, Malawi, Mauritanie, Niger, Nigeria, Sierra Leone, Somalie, Soudan, Swaziland, Tanzanie, Togo, Tunisie et Zambie. Au Burundi, par exemple, cela est prévu à l'articles2, 4 et 5 de la Loi No. 1-01 du 18 juillet 2000 portant code de la nationalité burundaise. Cette loi n'a pas

Environ vingt-cinq pays ne permettent toujours pas aux femmes de transmettre leur nationalité à leur conjoint étranger[354]. Parfois, l'administration dispose d'un pouvoir discrétionnaire en la matière. Par exemple, dans nombre de pays, les épouses étrangères ont le droit à la nationalité de leur mari, mais à la condition que les autorités publiques ne s'y opposent pas[355]. Dans certains pays, comme le Botswana, l'Égypte, le Liberia et la Zambie, les conjoints étrangers des femmes doivent se conformer aux conditions générales posées par la loi sur la naturalisation pour accéder à la nationalité[356]; dans d'autres pays, les conditions d'acquisition de la nationalité sont moins difficiles que celles s'appliquant aux autres étrangers, mais demeurent discrétionnaires, comme c'est le cas, par exemple, au Malawi et au Nigeria.

- La naturalisation

La plupart des législations examinées permettent l'acquisition de la nationalité par la voie de naturalisation basée sur la résidence de longue durée. Les critères d'octroi sont variables et peuvent être parfois difficiles ; dans la plupart des pays, l'exécutif détient un pouvoir discrétionnaire lui permettant de l'accorder ou de la refuser.

S'agissant de la durée de la résidence légale, elle va de cinq à trente-cinq ans[357]. En Afrique du sud, la procédure de naturalisation comporte deux étapes : il faut d'abord obtenir la résidence permanente (cinq ans) pour prétendre à la nationalité dont la procédure d'obtention est enclenchée cinq ans après l'obtention de la résidence permanente.

Au Liberia, seules les personnes d'origine noire ont droit à la naturalisation[358] alors qu'en Sierra Leone, la naturalisation de personnes qui ne sont pas d'ascendance noire est théoriquement possible après une période de résidence légale de quinze ans, mais dans la pratique, elle est difficile à

été modifiée malgré l'adoption d'une nouvelle constitution en 2005 qui affirme le principe de l'égalité entre l'homme et la femme.

[354] Article 19 de la Loi No. 4/024 du 12 novembre 2004 relative à la nationalité congolaise.

[355] Il s'agit du Bénin, du Burundi, au Cameroun, la République centrafricaine, les Comores, le Congo, l'Égypte, la Guinée, la Guinée Équatoriale, le Lesotho, la Libye, Madagascar, le Malawi, le Mali, la Mauritanie, le Niger, le Nigeria, la Sierra Leone, la Somalie, le Soudan, le Swaziland, la Tanzanie, le Togo et la Tunisie.

[356] Voir par exemple, l'article 7 de la Loi No. 154 de 2004 modifiant certaines dispositions de la Loi No. 26 de 1975 relative à la nationalité égyptienne.

[357] Afrique du sud, Botswana, Burundi, Cameroun, Cap-Vert, Cote d'Ivoire, Gabon, Guinée, Lesotho, Madagascar, Mali, Rwanda, Sao Tomé et Principe, Swaziland, Togo et Tunisie.

[358] République centrafricaine.

obtenir[359]. Beaucoup de pays prévoient des enquêtes de moralité et des entretiens avec les autorités[360], et certaines législations prévoient un traitement préférentiel discriminatoire pour les personnes d'origine africaines[361]ou panarabe[362].

Un critère d'assimilation culturelle, particulièrement la connaissance de la ou des langues nationales, est aussi posé par certaines législations, par exemple :

- en Éthiopie, le candidat à la nationalité doit pouvoir communiquer « dans l'une quelconque des langues parlées par les nations/nationalités du pays[363] »;
- au Rwanda, le postulant à la nationalité devra « respecter la culture rwandaise et être patriote[364] »;
- l'Égypte exige du candidat à la nationalité « la connaissance de la langue arabe[365] »;
- le Botswana exige la connaissance du setswana ou d'une autre langue parlée par une « communauté tribale » du Botswana[366]; et
- le Ghana demande la connaissance d'une langue nationale ghanéenne[367].

Enfin la naturalisation peut être aussi obtenue pour des raisons économiques. En effet, toute personne qui investit au moins US$ 500.000 et a résidé

---

[359] Article 5 de la Loi sud-africaine sur la nationalité (No. 88 de 1995).

[360] Voir le paragraphe 1(1) de l'article 21 de la Liberia Aliens and Nationality Law of 1973.

[361] Voir les articles 8 et 9 de la Sierra Leone Citizenship Act 1973.

[362] Articles 11 et 12 de la Loi No. 04-024 du 12 novembre 2004 relative à la nationalité congolaise.

[363] Dans le cas de la Sierra Leone. Voir également l'article 14 de la Ghana Citizenship Act (Loi No. 591 de 2002).

[364] Selon la loi libyenne, toute personne d'ascendance arabe, à l'exception des Palestiniens, à vocation à devenir libyen si elle a l'intention d'y vivre et de renoncer à toute autre nationalité. Seules les femmes non-arabes peuvent être naturalisées. Voir les articles 5 et 7 de Loi No. 17 de 1954 et la Loi No. 18 de 1980 relative aux résolutions de la Loi sur la nationalité. Des règles identiques existent aux articles 4 et 5 de la Egypt Nationality Law 1975, tel que révisé en 2004.

[365] Paragraphe 3 de l'article 5 de la Proclamation 378/2003 sur la nationalité éthiopienne.

[366] Article 15 de la Loi organique No 29 de 2004 du 3 décembre 2004 portant Code de la nationalité rwandaise, révisée par la Loi organique No. 30 de 2008.

[367] Voir le paragraphe (e) de l'article 14 de la Loi sur la nationalité ghanéenne de 2000. Voir également le paragraphe 2 de l'article 9 de la Constitution du Ghana.

continuellement dans le pays pendant au moins deux ans à la date de la demande peut obtenir la naturalisation à Maurice[368].

- Acquisition de la nationalité par naturalisation ou déclaration

Le caractère discrétionnaire de la décision de naturalisation explique, en partie, la pauvreté des statistiques relatives à la naturalisation dans les pays africains. Il ressort des réponses contenues dans le questionnaire que la plupart des États n'ont pas de statistiques nationales sur les naturalisations accordées par les autorités administratives qui auraient certainement permis de connaitre les motifs de rejet des demandes de naturalisation et les informations sur les recours judiciaires pour contester les décisions étatiques jugées arbitraires.

Seule la Cote d'Ivoire précise, en réponse au questionnaire distribué aux États aux fins du présent rapport, qu'entre 1962 et 2010, 32.396 personnes ont été naturalisées par la signature de 6.941 décrets publiés dans je Journal officiel du pays[369]. Ces chiffres semblent très réduits à la lumière des centaines de milliers de personnes vivant légalement dans ce pays depuis des dizaines années mais qui continuent d'être comptabilisés comme des étrangers lors des recensements de la population.

Il y'a, enfin, le cas spécifique des réfugiés dont le continent africain semble être le premier pourvoyeur.

Même si elle privilégie le rapatriement volontaire consenti du réfugié dans son pays comme solution durable, la Convention du 28 juillet 1951 relative au statut des réfugiés[370] encourage les États parties à faciliter la naturalisation des réfugiés qui ont déjà obtenu le statut sur leur territoire lorsque les conditions dans le pays d'origine ne sont pas réunies pour un retour définitif. Toutefois, la naturalisation s'avère très difficile dans presque tous les pays, dont seule la Tanzanie se démarque par sa volonté d'accorder la nationalité aux populations réfugiées de longue date.

Quelles sont les autres conditions de la nationalité par naturalisation ?

Section deuxième : Autres conditions d'acquisition de la nationalité par naturalisation

D'après l'administration, les 6.941 décrets correspondaient au nombre minimum de postulants majeurs, 21 ans et plus, et que la différence (25.455)

---

368 Voir le paragraphe 3 de l'article 9 de la Mauritius Citizenship Act de 1968.
369 Article 34.
370 Notamment le Burkina Faso, le Cameroun, la République Centrafricaine, le Gabon, la Guinée, le Mali, la Mauritanie, le Niger, le Rwanda, le Tchad et le Togo.

concerne les épouses et ascendants mineurs qui ont bénéficié du décret de naturalisation de leurs parents.

Je parle de réintégration, de la nationalité multiple et de la perte et de la déchéance de la nationalité.

§1. La réintégration

C'est une mesure administrative qui permet à un individu de retrouver sa nationalité qu'il a perdue dans des conditions indépendantes de sa volonté, notamment à la suite d'un mariage avec un conjoint étranger, par effet direct de la législation applicable à la date dudit mariage. Beaucoup de législations africaines contiennent des dispositions y relatives qui exigent, en général, que le demandeur apporte la preuve de la possession antérieure de la nationalité et de sa résidence sur le territoire nationale[371].

Les personnes qui ont été répudiées où déchues de leur nationalité sont exclues du bénéfice d'une telle mesure. La décision de réintégration est prise par décret après enquête de l'autorité administrative. En tant que mesure discrétionnaire, elle profite au requérant sans rétroactivité et permet à ses enfants de réclamer leur nationalité.

Je reviens sur la question de nationalité multiple.

§2. Nationalité multiple

a) Les discriminations

« Toute personne a droit à la jouissance des droits et libertés reconnus et garantis par la [...] Charte sans distinction aucune, notamment de race, d'ethnie, de couleur, de sexe, de langue, de religion, d'opinion politique ou de toute autre opinion, d'origine nationale ou sociale, de fortune »[372] (Botswana, Cote d'Ivoire, Lesotho, Madagascar, Niger, Tanzanie, Togo, Zambie et Zimbabwe).

b) Le droit à la nationalité de naissance ou de toute autre situation[373]

L'existence de cette importante disposition dans l'ordre juridique de tous les États africains n'a pas empêché les législateurs de certains d'entre eux de

---

[371] Voir le paragraphe 2 de l'article 174 du Code des personnes et de la famille du Burkina Faso (Zatu An VII du 16 novembre 1989).

[372] C'est ce que prévoit le droit européen, notamment les articles 14 et 15 de la Convention européenne sur la nationalité. Nombre d'États africains qui n'accordent pas actuellement la double nationalité la permettent toutefois pour les enfants, comme c'est le cas de la Tanzanie.

[373] Article 2 de la Charte africaine.

prévoir dans leurs lois, des règles de discrimination en matière de nationalité. C'est le cas de pays où la nationalité par filiation est expressément limitée aux membres d'ethnies originaires de l'État ou du continent. Les législations du Liberia et de la Sierra Leone sont, de ce point de vue, emblématiques pour la discrimination qu'elles établissent en matière d'acquisition de leur nationalité.

Depuis l'adoption de la première Constitution libérienne en 1847, les personnes, qui ne sont pas d'ascendance noire, ne peuvent acquérir la nationalité d'origine, parce que le pays veut « préserver, encourager et maintenir la culture, les valeurs et le caractère libériens positifs ». Ils sont également exclus de la naturalisation et l'État a pris le soin d'édicter que seuls les nationaux ont la possibilité d'être propriétaires fonciers au Liberia.

Une variante de cette préférence raciale au Mali où un enfant né dans le pays de mère ou de père « d'origine africaine », bénéficie d'un traitement préférentiel en cas de demande de nationalité[374].

En RDC, l'Accord de paix de 2004 qui a mis fin à la guerre civile du pays, introduit le critère ethnique dans la détermination de la nationalité en reconnaissant comme congolais « toute personne appartenant aux groupes ethniques et aux nationalités dont les personnes et le territoire constituaient ce qui est devenu le Congo à l'indépendance » de 1960. Cela est plus tard dans la loi No. 04-024 du 12 novembre 2004 relative à la nationalité congolaise qui sera adoptée par le Parlement congolais. Le même critère est contenu dans la constitution ougandaise de 1995 qui prévoit la reconnaissance de la nationalité d'origine à toute personne née en Ouganda « dont l'un des parents ou grands-parents est ou a été membre d'une des communautés autochtones existant ou résidant à l'intérieur des frontières de l'Ouganda à la date du 1er février 1926 »; et toute personne née à l'intérieur ou à l'extérieur de l'Ouganda dont l'un des parents ou grands -parents est de nationalité ougandaise d'origine.

Cette disposition de la Constitution a exclu les fortes communautés asiatiques de la possibilité d'obtenir une nationalité ougandaise d'origine et continue de faire d'elles des citoyens de seconde classe.

De la même façon, la Constitution nigériane prévoit la nationalité d'origine aux personnes nées au Nigeria à la date de l'indépendance et « dont l'un des parents ou grands-parents appartient ou a appartenu à une communauté

[374] Ces principes ont été repris dans les articles 22 et 27 de la Constitution libérienne de 1986.

autochtone du Nigeria[375] ». La loi ne discrimine, cependant, pas ceux qui sont nés après l'indépendance du pays.

En Somalie, la loi dispose que toute personne « qui, par origine, langue, ou tradition, appartient à la nation somalienne[376] », habite la Somalie et renonce à toute autre nationalité peut prétendre à la nationalité somalienne.

Il y a, aussi, les autres législations qui, sans directement faire référence à des critères raciaux, sont formulées de telle sorte qu'on ne peut ne pas y penser : la constitution ivoirienne de 2000 exige des candidats à la présidence d'être ivoiriens d'origine, nés de parents « ivoiriens d'origine[377]» et la loi swazi qui ne fait pas explicitement référence à l'ethnie mais exige que l'obtention de la nationalité se fasse par « kukhonta », c'est-à-dire par le droit coutumier, ce qui signifie que ceux qui ne sont pas d'ethnies swazis auront du mal à obtenir la reconnaissance de leur nationalité.

Dans certains pays, les ressortissants de certaines régions, notamment frontalières, sont, en plus du respect des dispositions constitutionnelles et législatives, tenus de faire reconnaitre leur appartenance au patrimoine humain de leur pays par des structures locales. C'est le cas notamment au Kenya, où les originaires des régions frontalières avec la Somalie, le Soudan du sud et l'Éthiopie doivent obtenir le « vetting » des leaders de la leur communauté pour déposer une demande de pièce d'identité nationale, comme le passeport[378].

Nombre de pays restreignent l'exercice de certains droits pour les personnes qui n'ont pas la nationalité d'origine; d'autres imposent un moratoire à leurs citoyens naturalisés pour l'exercice de certaines fonctions officielles. Par exemple il peut être interdit aux naturalisés :

- de briguer la magistrature suprême;
- d'être membres du gouvernement, parlementaires, diplomates ou d'exercer dans l'armée[379].

---

[375] Voir l'article 12 de la Loi No. 95-70 du 25 août 1995 modifiant la Loi No. 62-18 du 3 février 1962 portant Code de la nationalité malienne.
[376] Article 25 de la Constitution du Nigeria de 1999.
[377] Article 2 de la Loi No. 28 du 22 décembre 1962 sur la nationalité somalienne.
[378] Article 35 de la Constitution ivoirienne de 2000.
[379] Voir les rapports du Commission nationale des droits de l'homme du Kenya : An Identity Crisis? Study on the Issuance of National Identity Cards in Kenya (2007) et Out of the Shadows: Towards Ensuring the Rights of Stateless Persons and Persons at Risk of Statelessness in Kenya (2010).

D'autres dispositions constitutionnelles ou législatives interdisent aux personnes disposant de la double nationalité de détenir des portefeuilles ministériels ou d'être Président de la République[380].

c) La pluralité de nationalité

L'idée qu'un individu pouvait avoir plusieurs nationalités a, pendant très longtemps, été combattue les juristes parce qu'elle renvoyait toujours, selon eux, à l'image de « collision des lois des États en matière de nationalité lorsqu'ils se disputent une même personne et qu'ils lui imposent des charges et des obligations contradictoires[381] ». Des hommes politiques célèbres, comme le Président américain Theodore Roosevelt, ont dénoncé cette pratique en la considérant comme une « absurdité évidente » flairant la trahison, l'espionnage ou la subversion[382].

C'est, sans doute, ce qui explique l'interdiction quasi-totale de la double nationalité par les États africains lors de leur accession à la souveraineté internationale. Mais les crises économiques, écologiques et surtout politiques ayant ouvert les voies de la migration à des millions d'africains, très vite une diaspora naquit et se développa rapidement, avec pour corollaire le développement d'identités ou de loyautés multiples aussi bien africaine qu'internationale. A partir des années 80, le rôle de cette diaspora, devint très important, non seulement à cause du volume de plus en plus élevé des transferts d'argent vers les pays d'origine, mais aussi et surtout de la qualité des ressources humaines qui la composent et qui pouvaient aider le pays d'origine dans sa marche difficile vers le développement économique, social et culturel.[383]

Des considérations géostratégiques et techniques telles que l'apaisement constaté dans les relations interétatiques depuis la fin de la guerre froide, le développement des transports et des moyens de communication renforçant les liens entre les migrants et leurs pays d'origine, etc.[384] expliquent aussi ces mutations sociologiques.

---

[380]Il s'agit du Bénin, du Burundi, du Cameroun, de la Centrafrique, des Comores, du Congo, de la Côte d'Ivoire, de l'Égypte, du Gabon, de la
Guinée, de la Libye, de Madagascar, de la Mauritanie, du Niger, du Sénégal, du Tchad, du Togo et de la Tunisie. Le délai varie de 3 à 10 ans selon les législations.

[381] Voir FEDERICO DE CASTRO Y BRAVO, *La nationalité, la double nationalité et la supra- nationalité, Recueil des Cours de l'Académie du Droit International de La Haye*, 1961, Tome 102, No 1, page 589.

[382] Voir Benoît BREVILLE, « L'acquisition de la nationalité à travers le monde » in *Le Monde diplomatique*, No. 718, Janvier 2014, page 21.

[383] Surtout les personnes d'ascendance européenne, asiatique ou du Moyen Orient.

[384] Selon la Banque mondiale (Recueil de statistiques 2011 sur les migrations et les envois de fonds, 2e

d) Le droit à la nationalité en Afrique

Enfin, l'Union Africaine (UA) elle-même, considère cette diaspora comme « un segment décisif [...] à même de mobiliser pour le continent les ressources scientifiques, technologiques, financières et l'expertise nécessaire à la réalisation des programmes de la Commission de l'Union africaine et [...] pouvant constituer un soutien puissant et permanent dans le partenariat que l'Afrique voudrait voir instaurer avec les pays industrialisés[385] ».

Cette nouvelle réalité a poussé de nombreux pays à changer leur législation et introduire des dispositions permettant la double nationalité. Toutefois, dans bien des cas, les règles demeurent particulièrement complexes et difficiles à interpréter :

1. Autorisation de la double nationalité sans aucune restriction c'est le cas dans la majorité des pays qui prévoient dans leur législation la double nationalité. Ce sont l'Algérie, l'Angola, le Bénin, le Burkina Faso, le Burundi, le Cap-Vert, les Comores, le Congo, Djibouti, le Gabon, le Ghana, la Guinée-Bissau, le Kenya, le Mali, le Mozambique, le Niger, le Nigeria, le Rwanda, Sao Tomé et Principe, les Seychelles, la Sierra Leone, la Somalie, le Soudan, le Sud-Soudan, le Tchad et la Tunisie.
2. Autorisation de la double nationalité mais seulement avec une autorisation expresse du gouvernement : C'est le cas en Égypte, en Libye, en Afrique du Sud et en Ouganda. La loi égyptienne est l'exemple d'une complexification de la question de la double nationalité. La Loi No. 26 de 1975, amendée en 2004, interdit à tout égyptien d'acquérir une autre nationalité sans la permission du Ministre de l'Intérieur. Et si dans la demande initiale au Ministre, l'auteur ne fait pas part de son intention de garder sa nationalité égyptienne, celle-ci est alors perdue. Et même dans le cas où il la garde, celle-ci peut être à tout moment annulée[386]. Dans la pratique, il semble que les égyptiens

édition), les 10 premiers pays africains destinataires des envois de fonds en 2010 étaient le Nigeria (10 milliards de dollars), le Soudan (3,2 milliards de dollars), le Kenya (1,8 milliards de dollars), l'Afrique du sud (1 milliard de dollars), l'Ouganda (0,8 milliard de dollars) et le Lesotho (0,5 milliard de dollars).

[385] Voir, Afrique, notre destin commun, Document d'orientation de l'UA, mai 2004, page 25.

[386] L'article 10 de la Loi No. 26 de 1975 sur la nationalité égyptienne dispose qu' « il n'est pas permis à un égyptien d'obtenir une nationalité étrangère sans l'autorisation du Ministre de l'intérieur; autrement, il sera considéré comme un citoyen égyptien sous toutes ses formes et situations tant que le Conseil des ministres ne décide pas d'annuler sa nationalité conformément à l'article 16 de la présente loi. Le citoyen égyptien perdra sa nationalité s'il obtient une nationalité étrangère après avoir reçu l'autorisation des autorités. Cependant, il est permis que

peuvent obtenir facilement la double nationalité, sauf si les autorités décident de prendre des mesures énergiques contre des individualités[387].

3. Autorisation exclusive de la double nationalité aux nationaux d'origine[388] : Certains pays exigent des candidats à la naturalisation qu'ils renoncent à leur nationalité d'origine, mais ne prévoient aucune disposition stipulant que les nationaux d'origine perdent leur nationalité s'ils en acquièrent une autre.

4. La double nationalité est autorisée uniquement pour les citoyens naturalisés[389] : Cependant, un certain nombre de pays prévoient des dispositions faisant perdre leur nationalité d'origine aux nationaux qui acquièrent une nouvelle nationalité, sans exiger que les candidats à la naturalisation renoncent à leur nationalité d'origine. Les termes de ces dispositions sont souvent difficiles à interpréter et, par exemple, les législations de plusieurs pays d'Afrique du Nord et d'Afrique de l'Ouest francophone disposent notamment que la perte de la nationalité existante au moment d'en acquérir une nouvelle dépend de la sanction de l'État. Dans certains cas, il en ressort que la double nationalité est généralement tolérée dans la pratique, comme au Sénégal, même si, à première lecture, les textes semblent indiquer qu'elle est interdite.

5. La double nationalité des femmes qui acquièrent automatiquement la nationalité de leur mari à la suite de leur mariage : À la lumière de la situation historique selon laquelle il était présumé qu'une femme prendrait la nationalité de son mari au moment du mariage, les textes d'un certain nombre de pays comportent encore des dispositions spécifiques autorisant la double citoyenneté dans ces cas précis.

6. Création d'un statut intermédiaire pour la diaspora au lieu de lui donner le droit à la double nationalité En Éthiopie, en effet, une Décision gouvernementale de 2002, crée une catégoriel juridique dénommée « ressortissant étranger d'origine éthiopienne » qui est définie comme étant « un ressortissant étranger (exception faite d'une personne qui a

---

la demande d'autorisation d'obtenir une nationalité étrangère contienne une requête de garder la nationalité égyptienne pour le demandeur, son épouse, et ses enfants. S « il exprime son désir de garder sa nationalité égyptienne au cours d'une période n'excédant pas une année après sa naturalisation, lui et sa famille garderont leur nationalité égyptienne malgré leur naturalisation.»

[387] Voir les arguments développés devant la British Special Immigration Appeals Commission in the case of Abu Hamza v. Secretary of State for the Home Department, Appeal No: SC/23/2003, Judgment of 5 November 2010.

[388]La Gambie, Maurice, la Namibie, le Swaziland, le Togo et le Zimbabwe.

[389] Botswana, Côte d'Ivoire, Guinée, Madagascar, Niger, Sénégal, République centrafricaine.

renoncé à la nationalité et acquis la nationalité érythréenne) qui avait été détenteur de la nationalité éthiopienne avant l'acquisition d'une nationalité étrangère, ou dont au moins l'un des parents, grands-parents ou arrière grands parents était de nationalité éthiopienne[390] ». Le titulaire d'une telle carte bénéficie de droits et privilèges différents de ceux accordés aux autres étrangers. Ils sont exemptés du visa à l'arrivée, ont le droit de résidence et à l'emploi, le droit de posséder des biens immobiliers en Éthiopie et le droit d'accès aux services publics. Ils ne peuvent, cependant pas participer aux élections et ne peuvent prétendre aux emplois publics.

Au Ghana, en plus de l'introduction de la double nationalité en 2002, les autorités ont accordé le droit de retour et de séjour de durée indéterminée pour les membres de la grande diaspora africaine. En effet, en vertu du paragraphe 1(b) de l'article 17 de la Loi d'immigration 573 de 2000, le Ministre de l'intérieur, peut, avec l'assentiment du Président de la République, accorder le droit de résidence à toute personne d'ascendance africaine. Cette loi est, en fait, une tentative de solution aux problèmes posés par la présence de nombreux Africains-Américains qui se sont établis dans le pays depuis son accession à l'indépendance en 1957.

Enfin, dans les pays où l'octroi de la double nationalité est interdit pour les adultes, un consensus semble se dégager pour permettre aux enfants qui en bénéficieraient d'attendre leur majorité pour faire librement le choix de l'une des nationalités[391].

Que retenir sur la perte et la déchéance de la nationalité ?

§3. Perte et déchéance de la nationalité

En droit, la perte et la déchéance de la nationalité sont deux processus distincts mais qui aboutissent au même résultat, à savoir que la personne concernée n'est plus considérée par l'État comme son national. Alors que la perte de la nationalité est une procédure automatique qui ne nécessite aucune intervention de l'État, la déchéance de la nationalité est toujours une mesure administrative ou judiciaire prise conformément à une loi nationale pour retirer la nationalité à une personne. Elle peut, ainsi, procéder du choix personnel de la personne qui a atteint la majorité ou d'une décision de l'autorité politique pour non-respect des règles fondamentales liées à la nationalité. De nombreux pays du Commonwealth ont des lois disposant que

---

[390] Voir Proclamation No. 270/2002 du 2 février 2002: Providing Ethiopians resident abroad with certain rights to be exercised in their country of origin.
[391] Voir le Dual Citizenship Regulation Act No. 91 de 2002.

les citoyens d'origine ne peuvent pas être privés de leur nationalité contre leur gré, alors que la déchéance de la nationalité par acquisition serait plus facile, et dans les pays de Common Law et dans les pays de droit civil. Mais la réalité continentale est plus nuancée.

a) Les motifs de perte ou de déchéance de la nationalité

Il y a une première catégorie d'États qui s'interdisent de retirer la nationalité à une personne contre sa volonté, quelle que soit la manière dont la nationalité a été acquise. Par exemple, la Constitution sud-africaine[392] dispose qu'aucun citoyen ne devrait être déchu de sa nationalité et celle de l'Éthiopie[393] interdit le retrait de la nationalité à tout citoyen contre sa volonté. Mais, dans le cas sud-africain, le citoyen peut perdre sa nationalité s'il acquiert une autre nationalité[394] « sans autorisation[395]» ou, dans le cas où ledit national a été naturalisé, s'il prend part à une guerre qui n'est pas approuvée par les autorités, « sous le drapeau » d'un autre pays[396].

Ensuite, il y a des États qui, reprenant les dispositions pertinentes de la Convention sur la réduction. Le droit à la nationalité en Afrique de l'apatridie, prévoient que la nationalité ne peut être retirée à une personne si cela doit la rendre apatride[397].

Une troisième catégorie d'États interdit la déchéance de la nationalité d'origine[398]. À ce niveau, on peut parfois observer des contradictions entre les différentes législations nationales. Par exemple, aux Comores, il y a une contradiction entre la Constitution, la loi suprême du pays selon laquelle « aucun comorien de naissance de peut être privé de sa nationalité[399]» et le Code de la nationalité de 1979 qui continue de permettre le retrait de la nationalité à un comorien « qui, remplissant un emploi dans un service public d'un État étranger ou une armée étrangère, le conserve nonobstant

---

392 Par exemple, au Botswana, au Burundi, en Côte d'Ivoire, au Ghana, en Guinée Équatoriale, au Liberia, au Mali, en Mauritanie, au Mozambique, au Niger et au Togo. L'Algérie interdit aux personnes mariées à des étrangers de se présenter à l'élection présidentielle.

393 Paragraphe 2 de l'article 16 de la Ghana Citizenship Act de 2000.

394 En Côte d'Ivoire, à Djibouti, en Guinée Équatoriale, au Sénégal et au Togo.

395 Article 20 de la Constitution.

396 Article 33 de la Constitution de la République fédérale démocratique d'Éthiopie.

397 Il s'agit du Lesotho, de Maurice, de la Namibie, du Rwanda et du Zimbabwe (depuis 2013). Le Sénégal (depuis 2013) et l'Afrique du Sud

398 Afrique du Sud, Burkina Faso, Burundi, Cap-Vert, Comores, Djibouti, Gabon, Gambie, Ghana, Kenya, Maurice, Mozambique, Namibie, Nigeria, Ouganda, Rwanda, Seychelles, Sierra Leone, Swaziland, Tanzanie et Tchad.

399 Article 5 de la Constitution du 17 mai 2009.

l'injonction de le résilier, qui lui aura été faite par le gouvernement comorien ».

Quant à la quatrième catégorie d'État, elle considère que la nationalité peut être perdue si le citoyen acquiert volontairement une autre nationalité, comme évoqué dans la section portant sur la double nationalité[400].

S'agissant de la cinquième catégorie d'États, elle lie la perte de la nationalité à la situation matrimoniale de la citoyenne alors que le droit international[401] dispose que le mariage ne peut avoir d'effet sur la nationalité de la femme mariée. Au Togo, une femme étrangère devient automatiquement togolaise si, elle épouse un togolais mais perd sa nationalité en cas de divorce[402]. Symétriquement, une Burkinabé qui acquiert une nationalité étrangère, notamment par mariage, perd automatiquement sa nationalité Burkinabè[403]. Le cas équato-guinéen est encore plus compliqué au plan juridique car une femme étrangère qui épouse un équato-guinéen acquiert automatiquement la nationalité équato-guinéenne et est présumée avoir perdu sa nationalité d'origine[404].

Enfin, presque tous les États prévoient des dispositions sur la déchéance de nationalité des citoyens naturalisés. Les critères en la matière sont parfois particulièrement larges et vagues, accordant ainsi aux autorités un niveau inacceptable de pouvoir discrétionnaire. Par exemple, un nombre important d'États font appel à des notions de « manque de loyauté[405]», « d'intérêt de l'ordre public[406] » ou de « d'actes ou comportements incompatibles avec la

---

400 Article 56 la Loi No. 79-12 du 12 décembre 1979 portant code de la nationalité comorienne. Cette disposition est conforme à la Convention sur la réduction de l'apatridie.

401 Botswana, Cameroun, RDC, Éthiopie, Lesotho, Mauritanie, Malawi, Sénégal, Zambie, Zimbabwe.

402 Notamment la Convention de 1957 sur la nationalité de la femme mariée et le paragraphe 1er de l'article 9 de la CEDEF. L'article 5 de la
Convention de 1961 sur la réduction des cas d'apatridie dispose aussi que la perte de la nationalité par suite d'un changement d'état – civil ne doit en aucun cas entrainer l'apatridie.

403 Voir Article 23 de l'Ordonnance No. 78-34 du 7 septembre 1978 portant Code de la nationalité togolaise.

404 Article 188, Zatu No. An VII 0013/FP/PRES du 16 novembre 1989, portant institution et application du Code des personnes et de la famille.

405

406 Loi No. 8/1990 de fecha 24 de octobre, Reguladora de la Nacionalidad Ecuatoguineana, articulo 5.

qualité de citoyen[407]» pour prononcer la déchéance de la nationalité vis-à-vis de l'État dont il est national.

b) Les effets de la perte ou de la déchéance de la nationalité

La perte ou la déchéance de la nationalité a pour première conséquence d'obliger la personne qui est affectée par la mesure de renoncer à ses droits de citoyen, et dans le cas où elle n'a pas une autre nationalité, de se trouver ans une situation d'apatridie.

En principe, la perte ou la déchéance de la nationalité est une mesure strictement individuelle, mais certaines législations africaines prévoient la possibilité d'étendre la déchéance à la femme et aux enfants[408] augmentant ainsi les possibilités d'apatridie dans ces pays.

Enfin, le national ainsi transformé en étranger par la perte ou la déchéance de la nationalité peut être expulsé par l'État dont il avait la nationalité par application des lois sur l'immigration.

Pour éviter de telles pratiques, la Commission du droit international, dans son projet d'articles sur l'expulsion des étrangers, indique qu' « un État ne peut faire de son national un étranger, par déchéance de sa nationalité, aux seules fins de l'expulser[409] ».

Je parle à présent des règles de procédure en matière de nationalité dans la section suivante.

Section troisième : Les règles de procédure en matière de nationalité

Il existe des règles de procédure concernant les formes des actes à poser, les autorités compétentes en cas de contestations en matière de nationalité et surtout la manière de prouver la réalité ou le défaut de nationalité.

§1 : Les formes des actes en matière de nationalité

La nationalité est le domaine dans lequel les principaux intéressés sont tenus de poser des actes pour la demande, l'attribution, la perte ou la déchéance de la nationalité. Les règles contenues dans les législations africaines sont, en

---

[407] Par exemple, le Botswana, le Liberia, le Malawi, Maurice, le Nigeria, la Sierra Leone et le Zimbabwe.

[408] Voir l'article 56 de la Loi 61-415 modifiée du 14 décembre 1961 portant Code de la nationalité ivoirienne, le paragraphe 3 de l'article 29 de la Loi No. 37-98 du 20 juillet 1999 portant Code la nationalité gabonaise.

[409] Voir le projet d'article 8 dans A/CN.4/L.797.

général, d'inspiration coloniale, même si certaines d'entre elles, à travers les nombreuses réformes qu'elles connues, s'en sont éloignées.

La demande de certificat de nationalité est adressée, suivant les traditions juridiques des États, aux autorités administratives ou judiciaires et en cas de refus, l'auteur de la demande peut introduire un recours gracieux puis judiciaire pour faire respecter ses droits. Ainsi, la mesure d'opposition à l'acquisition ou le retrait de la nationalité revêt la forme d'un décret motivé qui peut être contesté devant les tribunaux du pays. Toutefois, de nombreux pays ne prévoient pas la motivation des décisions de rejet, surtout en ce qui concerne la naturalisation, et certains excluent spécifiquement tout droit de recours judiciaire pour contester les décisions administratives (notamment le Botswana, le Malawi, les Seychelles, la Tanzanie et la Zambie).

Enfin, les législations africaines prévoient la publicité des actes des autorités administratives, notamment dans le journal officiel du pays.

Qui sont les autorités compétentes en matière de nationalité ? C'est l'objet du point suivant.

§2 : Les autorités compétentes en matière de nationalité

La plupart des législations africaines prévoient le recours aux tribunaux nationaux chaque fois que la mesure administrative relative à la nationalité d'une personne fait l'objet d'une contestation.

Dans certains pays, la voie judiciaire est même obligatoire pour la déchéance de la nationalité obtenue par naturalisation[410]. Dans d'autres pays, comme au Burundi, où la Constitution de 2005 interdit une privation « arbitraire » de la nationalité et en Afrique du sud où les décisions prises par le Ministre de l'intérieur en matière de nationalité peuvent être examinées par la Haute Cour de Justice, les législations offrent des garanties plus larges.

Enfin, certaines législations[411]excluent explicitement les recours devant les tribunaux contre les décisions de retrait ou de refus de la nationalité. Au Botswana, au Malawi et en Tanzanie, qui sont des pays de tradition anglo-saxonne, la loi dispose que la décision ministérielle ne peut être remise en cause devant les tribunaux. Cette situation est assez inquiétante du fait que l'exercice de beaucoup droits est lié à la possession du droit à la nationalité. La Commission africaine a, à plusieurs reprises, insisté sur l'importance de l'examen judiciaire de la régularité des mesures de déchéance de la nationalité d'une personne, surtout lorsqu'elles sont accompagnées de

[410] Gambie, Ghana, Liberia et Rwanda.

[411] Voir ci-dessus la note en bas de page 6.

mesures d'expulsion au motif que la personne concernée n'était pas le national du pays considéré[412].

a) La preuve de la nationalité

Elle est nécessaire pour toute personne qui se prévaut d'une nationalité dont la réalité peut, à tout moment, être contestée par l'autorité publique. La question se pose alors de savoir sur qui les lois africaines font peser la charge de la preuve de la nationalité et quelles sont les moyens de preuve mis à sa disposition.

b) La charge de la preuve

Reprenant un vieux principe contenu dans les lois coloniales, notamment françaises[413], certaines législations africaines[414] posent le principe que la charge de la preuve en matière de nationalité incombe à celui qui prétend avoir la nationalité d'un pays. La règle coule de source lorsque le demandeur est l'intéressé lui-même mais devient plus compliquée lorsque cette qualité de national est contestée par l'État. En effet, si la personne qui souhaite obtenir une carte d'identité nationale doit apporter la preuve de sa nationalité, on peut se demander s'il doit aussi supporter la charge de la preuve lorsque l'État, dans cette même procédure, conteste cette citoyenneté.

Le principe mentionné plus haut, souffre, dans certains pays, d'une dérogation, notamment lorsque le demandeur bénéficie d'une présomption de la loi, c'est-à-dire est en possession d'un titre qui lui confère la nationalité. C'est le cas, notamment, au Burkina Faso où « la charge de la preuve incombe à celui qui [...] conteste la qualité de Burkinabè à un individu titulaire d'un certificat de nationalité Burkinabè délivré conformément aux articles 228 et suivants[415]».

c) Les moyens de preuve

- La preuve de la nationalité

La reine des preuves demeure le certificat de nationalité, surtout dans les pays francophones, même si certaines législations recourent à divers éléments qui peuvent être propres ou non au droit de la nationalité. Dans la pratique, les documents pouvant servir de preuve de nationalité sont

---

[412] Voir le paragraphe 1er de l'article 138 du Code de la nationalité française de 1945.

[413] Le Burkina Faso, le Cameroun, la République Centrafricaine, le Congo, la Cote d'Ivoire, le Gabon, le Niger, le Tchad et le Togo.

[414] Voir le paragraphe 2 de l'article 220 du Code des personnes et de la famille du Burkina Faso précité.

[415] Voir Lei No. 1/05 da nacionalidade, de 1 de julho 2005 of Angola, article 24, ainsi que la Botswana Children's Act of 2009, article 12, paragraphe 2.

généralement la carte d'identité, le passeport, la déclaration attributive de la nationalité et le décret de naturalisation ou de réintégration qui est habituellement publié dans le journal officiel. Dans une poignée de pays, comme l'Angola et le Botswana, l'extrait de naissance est considéré comme une preuve de nationalité[416].

Étant le moyen privilégié de prouver son appartenance juridique à un État, le certificat de nationalité est un document administratif dont la délivrance est « strictement[417] » réglementée.

Dans la plupart des législations francophones[418], le certificat de nationalité est délivré par les celles du Botswana, du Lesotho, du Malawi et de la Tanzanie. Les tribunaux. Mais du fait du caractère « purement administratif et non-juridictionnel[419] » de cette mission, le juge assume sa fonction sous le contrôle du ministère de la justice. C'est qui explique que, dans ces pays, le refus de délivrance donne lieu à un recours gracieux avant tout recours contentieux.

Or, dans certains pays francophones (notamment le Togo) ainsi que dans tous les pays de Common Law qui prévoient des certificats de nationalité, ce sont les autorités administratives qui sont investies de cette mission, notamment le Ministre de la justice, les maires ou les autorités consulaires.

Le document lui-même doit constater que son titulaire remplit toutes les conditions posées par la loi pour avoir la nationalité du pays et fait foi jusqu'à preuve du contraire.

- Éléments de preuve liés au droit de la nationalité

L'état civil est habituellement l'élément de preuve le plus important justifiant le droit de l'enfant à la nationalité d'origine. Son importance a, d'ailleurs, été mise en exergue par la Charte des droits de l'enfant qui fait de l'enregistrement de la naissance un droit fondamental de l'enfant[420].

---

416 Voir Stanislas MELONE, « La nationalité des personnes physiques » in *Encyclopédie juridique de l'Afrique*, Tome VI Droit des Personnes et de la Famille, Chapitre VI, Nouvelles Éditions Africaines, 1982, page 118.

417 Burkina Faso, Cote d'Ivoire, Congo, Guinée, entre autres.

418 Voir Stanislas MELONE, « La nationalité des personnes physiques » in *Encyclopédie juridique de l'Afrique*, Tome VI Droit des Personnes et de la Famille, Chapitre VI, Nouvelles Éditions Africaines, 1982, page 118.

419 Voir le paragraphe 2 de l'article 6 de la Charte africaine sur les droits de l'enfant et le paragraphe 1er de l'article 7 de la CDE.

420 Voir notamment le Bénin (articles 60 à 68 de la Loi 2002-07 portant Code des personnes et de la famille), la Namibie [Births and Deaths Registration Act 1987, Section 19(1)] et le Tchad (Ordonnance No. 003 INT du 02 juin 1961). Au Malawi et en Tanzanie, la déclaration était un temps obligatoire si l'un des parents de

L'enregistrement est, en effet, le point de départ de la reconnaissance juridique de l'enfant car la déclaration de sa naissance constitue non seulement un élément de preuve du droit de l'enfant à la nationalité (soit par ses parents ou par son pays de naissance), mais elle peut aussi, dans certains cas, être la condition de son inscription à l'école, de son accès aux soins de santé et, plus tard, de l'obtention des documents administratifs lui permettant de voter à sa majorité. L'enregistrement, qui inclut la déclaration de la naissance, est une formalité obligatoire dans nombre d'États[421].

L'opération est, en principe, gratuite mais certains États prévoient le paiement de pénalités en cas de retard dans l'enregistrement des naissances255. Beaucoup de pays font, aujourd'hui, preuve d'ingéniosité pour permettre aux parents, notamment en milieu rural, d'accomplir leur devoir[422] et aux populations nomades d'enregistrer plus facilement les naissances dans leurs communautés[423].

Ces efforts ne doivent, néanmoins, pas faire oublier que la déclaration des naissances demeure un défi important sur un continent ou 50% des naissances annuelles ne sont pas systématiquement enregistrées[424]. À vrai dire, les réalisations ne sont pas les mêmes suivant qu'on se trouve en Afrique du nord, ou les taux d'enregistrement des naissances sont les meilleurs du continent[425], en Afrique de l'ouest et du centre[426] ou les résultats sont corrects et en Afrique australe et en Afrique de l'est[427]ou les taux sont encore en deçà de la moyenne continentale. Une des

l'enfant était d'origine européenne, américaine ou asiatique. Voir Jonathan et Bonaventure Rutima, Towards the harmonization of immigration and refugee law in SADC in Migration dialogue for Southern Africa (MIDSA) Report No 1, 2004, pages 40-41. Le Malawi a récemment adopté une nouvelle loi, la National Registration Law, 2009, qui introduit un système d'enregistrement universel et gratuit.

421 Voir le Births and Deaths Act de 1965 (Act 1301) du Ghana. Le montant varie selon que la demande est faite avant ou après les 5 ans de l'enfant. Les pénalités existent aussi au Kenya.

422 Au Kenya, par exemple, le téléphone portable est utilisé pour l'enregistrement des naissances et aux Comores, la Sage-femme qui a réalisé l'accouchement est tenue de faire enregistrer le bébé.

423 Voir l'Ordonnance No 003 INT du 2 juin 1961 du Tchad.

424 Voir UNICEF, Every Child's Birth Right: Inequities and trends in birth registration, December 2013.

425 87% (Voir UNICEF, Every Child's Birth Right: Inequities and trends in birth registration, December 2013, page 43).

426 38% (Voir UNICEF, Every Child's Birth Right: Inequities and trends in birth registration, December 2013, page 43).

427 47% (Voir UNICEF, Every Child's Birth Right: Inequities and trends in birth registration, December 2013, page 43).

caractéristiques de cette réalité africaine est la faiblesse réelle de l'enregistrement des naissances en milieu rural ou le taux d'enfants non déclarés peut atteindre les 90%[428]. L'adoption récente par le Comité des droits de l'enfant d'une Observation générale sur l'enregistrement des naissances qui clarifie les obligations des États en la matière, peut servir de déclic à l'émergence de bonnes pratiques sur un continent qui ne connaît pas encore la totalité de son patrimoine humain.

Afin de s'assurer que tous les enfants bénéficient du droit à l'identité et à la nationalité, il est vital d'instaurer, en plus de l'enregistrement, d'autres modes de preuve permettant de démontrer que l'enfant satisfait aux critères de nationalité, comme les témoignages oraux et écrits des personnes concernées (s'il est adulte), de ses parents ou de dignitaires de la communauté. C'est le cas aussi de la possession d'état, c'est-à-dire le fait de se comporter en toute circonstance comme un national, de jouir notoirement et publiquement de cette qualité et d'en assumer les obligations[429]. Enfin, la résidence (attestations de paiement de taxes et d'impôts locaux, titres de propriété, etc.) peuvent constituer de telles preuves.

Que dire de la nationalité en cas de succession d'états ? C'est l'objet du point suivant.

Section quatrième : La nationalité en cas de succession d'états

Comme indiqué précédemment, bon nombre de problèmes du continent africain en matière d'apatridie et de nationalité trouvent leurs racines dans les dispositions adoptées dans les années lors de l'accession à l'indépendance des États africains à la souveraineté internationale.

La question de l'effet du changement de souveraineté sur un territoire sur la nationalité des personnes qui y habitent intéresse de nouveau les juristes africains depuis que l'Érythrée, en dépit de l'inscription dans l'Acte constitutif de l'UA du principe de l'intangibilité des frontières héritées de la colonisation[430], s'est séparée de l'Éthiopie pour constituer le 53e État membre de l'organisation continentale et, plus récemment, depuis que le Sud-Soudan s'est séparé du Soudan pour devenir le 54e État africain.

---

[428] Voir la Somalie (2%), Le Liberia (3%), l'Éthiopie (5%), le Tchad (9%) et la Zambie (9%) in UNICEF, Every Child's Birth Right: Inequities and trends in birth registration, December 2013, pages 40-44).

[429] Voir P. AYMOND, « Preuve de la nationalité », *Jurisclasseur de droit international,* Fascicule No. 502, 2e

cahier, No. 6 et 7 cité par Stanislas MELONE, « La nationalité des personnes physiques » in *Encyclopédie juridique de l'Afrique*, Tome VI Droit des Personnes et de la Famille, Chapitre VI, Nouvelles Éditions Africaines, 1982, page 120.

[430] Voir le paragraphe (b) de l'article 4 de l'Acte constitutif de l'Union africaine.

Avec la multiplication des cas de succession d'États sur le continent, le débat sur le droit à la nationalité prend une nouvelle perspective. Le changement de nationalité consécutif à une succession d'États est, en effet, une question juridique importante en ce sens qu'« il se produit sur une base collective et entraîne de nombreuses conséquence graves pour les personnes dans des pays avec un taux d'enregistrement des naissances entre 0 et 25%, 25 et 50%, 50 et 75%, 75 et 100%, et des pays sans informations, du fait que la perte de la nationalité de l'État prédécesseur et les difficultés liées à l'acquisition de la nationalité de l'État successeur peuvent causer un grand nombre de tragédies[431] ».

Alors que les arrêts de la Cour internationale de justice (CIJ) relatifs à des différends frontaliers ou territoriaux sur le continent africain tiennent rarement compte de la question de la nationalité des populations vivant dans les zones affectées, une décision plus récente de cette cours, relative au différend frontalier qui opposait deux États africains, leur a demandé de tenir dûment compte « des besoins des populations concernées, en particulier des populations nomades ou semi-nomades, et de la nécessité de surmonter les difficultés qui pourraient surgir pour ces populations du fait de la frontière[432]».

La complexité du problème de la nationalité en cas de succession d'États est liée à la diversité des récentes expériences africaines qui va de la séparation au transfert d'une partie du territoire d'un État à un autre. La question a même fait l'objet d'un examen approfondi par la Commission du droit international dont les propositions de solutions pourraient être d'une grande utilité pour le continent.

Je parle de la séparation d'une partie et de parties du territoire et le transfert d'une partie du territoire.

§1 : Séparation d'une partie ou de parties du territoire

a) L'Éthiopie et l'Érythrée

En 1993, après près de 30 ans de lutte armée, l'Érythrée accède, à la suite d'un référendum, à la souveraineté internationale et se sépare pacifiquement

---

431

432 Voir Vaclav MIKULKA, *Succession d'États et nationalités des personnes physiques et morales : la nationalité en relation avec la succession d'États, Annuaire de la Commission du droit international*, 1995, Vol. II(I) A/CN/.4/467, page 176.

de l'Éthiopie mais sans que le statut des personnes d'origine érythréenne vivant en Éthiopie ne soit réglé de manière satisfaisante[433].

En effet, des milliers de personnes d'origine érythréenne ont pu participer au vote qui a ouvert la voie à l'indépendance du pays parce qu'ils ont reçu des cartes d'électeur prouvant qu'ils avaient la nationalité érythréenne[434] alors que théoriquement ce pays n'existait pas encore du fait que l'Érythrée était une province éthiopienne.

La loi éthiopienne de l'époque interdisant la double nationalité, les deux pays avaient convenu que « tant que la question de la citoyenneté dans les deux pays ne sera pas résolue, le droit traditionnel des citoyens de vivre sur un territoire ou l'autre sera respecté ».

En 1995, l'Éthiopie adopte une nouvelle constitution qui dispose qu'aucun ressortissant national éthiopien ne sera privé de sa nationalité éthiopienne contre son gré». L'année suivante, l'Éthiopie et le nouvel État érythréen s'accordent que « les érythréens qui avaient joui jusqu'alors de la citoyenneté éthiopienne devaient faire un choix définitif et le respecter ». Mais l'application de cet accord fut différée dans l'attente de la résolution des nombreuses questions économiques et autres, notamment l'accès de l'Éthiopie aux ports érythréens, l'échange de devises et les litiges frontaliers qui empoisonnaient les relations des deux pays.

La crise latente se transforma, en mai 1998, en un conflit armé qui a coûté la vie à des millions de personnes et surtout provoqué des déplacements massifs de populations. Pire, l'Éthiopie procéda, pendant cette période, à la « dénationalisation » de centaines de milliers d'éthiopiens d'origine érythréenne, au motif qu'en participant au référendum, ils avaient perdu leur nationalité éthiopienne.

Près de 70.000 personnes, incluant des hommes d'affaires et des fonctionnaires des Nations Unies, furent expulsées durant cette période sous le prétexte qu'elles constituaient une menace pour la sécurité interne du pays. Et en août 1999, le gouvernement exigea de toutes les personnes qui avaient voté au référendum et qui étaient encore sur le territoire éthiopien de se faire enregistrer afin d'obtenir de permis de séjour d'étrangers renouvelables tous les six mois.

---

[433] Affaire du Différend frontalier entre le Burkina Faso et le Mali (Arrêt du 22 décembre 1986); Affaire du Différend territorial entre la Jamahiriya Arabe Libyenne et le Tchad (Arrêt du 3 février 1994); Affaire de l'Ile de Kasikili/Sedudu (Botswana/Namibie), (Arrêt du 13 décembre 1999);

[434] Voir Paragraphe 112 de l'Arrêt du 16 avril 2013 de la CIJ dans l'Affaire du Différend frontalier (Burkina Faso/Niger).

De son côté, l'Érythrée expulsa, durant la même période environ 70.000 personnes dont la nationalité éthiopienne n'a jamais été mise en doute. Il s'agissait, pour l'essentiel, de résidents étrangers qui ont beaucoup souffert de discrimination, de violence et de conditions difficiles durant leur expulsion. En 2003, l'Éthiopie introduisit une Proclamation de nationalité qui semblait permettre aux érythréens vivant en Éthiopie d'acquérir de nouveau la nationalité éthiopienne.

En 2004, la Commission des réclamations entre l'Éthiopie et l'Érythrée (dénommée EECC en anglais) établie par les Nations Unies afin de régler par arbitrage contraignant les différends entre les deux pays et leurs ressortissants a conclu que les personnes ayant participé au référendum avaient acquis la double nationalité puisque les deux gouvernements continuaient à les considérer comme leurs ressortissants.

Depuis, c'est le statut quo et rien ne semble indiquer qu'on s'achemine vers une révision des législations nationales de deux pays pour régler la situation juridique des centaines de milliers de personnes affectées ces modifications de lois sur la nationalité.

En outre, cette situation est, en partie, imputable à l'impréparation des administrations des deux pays à gérer les conséquences du Référendum qui a conduit à l'indépendance de l'Érythrée. Elles n'ont pas informé les personnes qui se sont fait enregistrer pour participer au Référendum sur les possibles conséquences juridiques de leurs actes.

b) Soudan et Sud-Soudan

Le 9 juillet 2011, la République du Soudan du sud accède la souveraineté internationale six mois après la tenue d'un référendum du 9 au 15 janvier 2011 au terme duquel, près de 99% de la population s'est prononcée en faveur de l'indépendance de l'ancienne région autonome du Sud Soudan. Cette proclamation d'indépendance a mis un terme à plus de 20 ans de conflit entre le gouvernement soudanais et l'Armée Populaire de Libération du Soudan (SPLA), qui avait été créée par des gens du Sud en réaction contre les programmes d'arabisation et d'islamisation du parti au pouvoir.

En janvier 2005, le gouvernement soudanais et le SPLA avaient conclu à Nairobi (Kenya) un accord de Paix Global dans lequel ils s'étaient entendus sur l'autonomie de la région sud du Soudan et la tenue d'un référendum d'autodétermination. Les longues et difficiles négociations sur l'indépendance avaient butté sur des questions aussi importantes que la délimitation des frontières[435], la gestion et le partage des revenus pétroliers et

---

[435] Alors que la frontière de l'Érythrée avait été délimitée en 1900 par les italiens, celles du Soudan du sud n'avaient jamais été fixées même si à partir de 1919, le

les droits des populations, sans oublier la citoyenneté, et les parties s'étaient entendues pour les régler progressivement.

La lenteur, et sans doute, les difficultés rencontrées dans les négociations, ont poussé chaque partie à se doter d'une législation propre qui ne met, cependant, pas les populations des deux pays à l'abri de soucis de nationalité, pour ne pas dire d'apatridie, après la séparation des deux états.

L'adoption par le Soudan du Sud, à quelques jours de la proclamation de son indépendance, d'une loi sur la nationalité[436] est immédiatement suivie par la mise à jour par le Soudan de sa législation de 1994 sur la nationalité[437].

Au Soudan du Sud, l'article 45 de la Loi fondamentale affirme les principes du droit « inaliénable[438] » de toute personne née de père ou de mère soudanais du sud à la nationalité et la citoyenneté du pays, de la double nationalité275 et du droit des étrangers à la naturalisation276 dont le contenu et les modalités d'application seront repris et précisés par la Loi du 7 juillet 2011. Elle définit comme suit le Soudanais du Sud de naissance[439] :

- la personne dont l'un des parents, grands-parents ou arrière-grands-parents est né sur le territoire du Soudan du Sud, ou qui appartient à l'une des communautés ethniques autochtones du Soudan du Sud;
- la personne (ou dont les parents) qui a résidé permanemment sur le territoire du Soudan du Sud depuis le 1 janvier 1956;
- l'enfant né après le 7 juillet 2011 dont l'un des parents était soudanais du Sud par naissance ou par naturalisation;
- l'enfant né de parents inconnus et trouvé sur le territoire du Soudan du Sud.

La Loi permet aussi aux étrangers d'être naturalisés, à condition d'apporter la preuve d'une résidence permanente de dix ans[440], ou, pour le conjoint d'un(e) Soudanais(e) du Sud après cinq ans de résidence dans le pays[441].

Les décrets d'application de la législation, adoptés en décembre 2011, organisent les procédures de contestation des décisions des autorités relatives à la nationalité devant les structures administratives ou judiciaires du pays.

---

colonisateur anglais avait géré différemment les six provinces du Nord et les deux provinces du sud du Soudan.

[436] Voir le Nationality Act du 7 juillet 2011.

[437] Voir le Sudan Nationality Act (Amendments) of 19 July 2011.

[438] Paragraphe 1er de l'article 45 de la Constitution de transition de 2011.

[439] Voir article 8 du Nationality Act du 7 juillet 2011.

[440] Paragraphe 1(c) de l'article 10 du Nationality Act du 7 juillet 2011.

[441] Paragraphe 1er de l'article 13 du Nationality Act du 7 juillet 2011.

Quant au Soudan, les amendements opérés par le Parlement soudanais le 19 juillet 2011 et qui sont entrés en vigueur le 10 août 2011, ont enrichi l'article 10 de la Loi sur la nationalité de deux alinéas nouveaux. Le premier dispose que toute personne qui acquiert la nationalité du Soudan du Sud, de fait ou de droit, perd automatiquement celle du Soudan[442] et le second étend à l'enfant les conséquences juridiques de la perte de la nationalité par son père[443].

Par ailleurs, la double nationalité, autorisée depuis 1994, ne peut s'appliquer aux ressortissants du Soudan du Sud et la durée de résidence requise pour l'éligibilité à la naturalisation passe de cinq à dix ans et de nouvelles conditions y sont attachées[444].

La loi ne prévoit pas de procédure de traitement des réclamations qui pourraient être introduites par les personnes déchues de leur nationalité à part le droit que se réserve le Président de la République de rendre la nationalité à toute personne qui en a été déchue.

La lecture croisée des deux législations appelle les commentaires suivants :

- Les deux législations ne sont pas conformes aux principes du droit international appliquées aux situations de séparation d'une partie ou de parties de territoire d'un État qui veulent que la nationalité des populations résidant sur les territoires affectés soit basée sur la résidence habituelle dans l'un des deux états et qu'elles aient aussi la possibilité d'opter pour la nationalité de l'un d'eux[445].
- Si la législation du Soudan du Sud réduit la possibilité de l'apatridie pour les personnes résidant le territoire du nouvel État[446], celle du Soudan a, pour conséquence immédiate, d'exclure de la nationalité de ce pays à près de 700.000 personnes qui y ont vécu pendant des dizaines d'années pour ne pas dire des générations. Beaucoup, à la suite de ces mesures, ont perdu leur emploi, ne pouvaient plus inscrire leur progéniture à l'école ou même conserver les droits qu'ils avaient sur leurs propriétés.

La situation des populations de ces deux pays est plus complexe car, parmi les personnes qui ne peuvent obtenir la nationalité du Soudan, il y en a qui

[442] Paragraphe 2 de l'article 10 du Sudan Nationality Act de 1994 révisé.
[443] Paragraphe 3 de l'article 10 du Sudan Nationality Act de 1994 révisé.
[444] Voir Article 7 du Sudan Nationality Act de 1994, révisé. La résidence doit selon la loi être « lawful and continuous »
[445] Voir Commission du droit international des Nations Unies, Projet d'articles sur la nationalité des personnes physiques en relation avec la succession, 1999.
[446] Même si la référence aux ethnies rend pratiquement impossible l'octroi de la nationalité d'origine à un ressortissant du nord du Soudan.

risquent de ne pas remplir (ou de ne pas pouvoir prouver qu'elles remplissent) les critères posés par la loi du Soudan du Sud[447].

Les groupes les plus concernés par les conflits potentiels des textes seront :

- les personnes dont les parents ont des liens avec les deux pays;
- les membres des groupes ethniques des régions frontalières des deux pays;
- les membres des communautés pastoralistes;
- les résidents de l'enclave d'Abyei;
- les membres de communautés de migrants historiques;
- les résidents dans les pays tiers;
- les personnes séparées de leurs familles par la guerre civile.

Que dire sur le transfert d'une partie du territoire ?

§2 : Transfert d'une partie du territoire

Des affaires examinées ces dernières années par la CIJ illustrent la difficulté de régler le problème du droit à la nationalité en cas de transfert de territoire. C'est le cas de la péninsule de Bakassi, située dans la région du sud-ouest du Cameroun et à l'est de la célèbre région du Biafra, objet du différend entre le Cameroun et le Nigeria, porté devant la CIJ.

Bakassi est la principale porte d'entrée et de sortie pour le sud-est du Nigeria et permet de contrôler la navigation dans le Golfe de Guinée. C'est aussi une région qui regorge de ressources énergétiques, minières et halieutiques matérialisée par la présence d'une population estimée à 150.000 personnes, dont la nationalité est désormais remise en question.

Les origines du conflit frontalier remontent à la Conférence de Berlin de 1884 qui procéda au partage du continent suivant deux grands principes : l'occupation effective et la règle de l'hinterland qui spécifie qu'une puissance coloniale exerce sa souveraineté de la côte vers l'intérieur jusqu'à atteindre la zone d'influence d'une autre puissance européenne.

Les accords du 11 mars 1913, conclus sans le consentement des populations locales, complétés et précisés par la Déclaration franco-britannique du 10 juillet 1919 délimitent la frontière entre le Nigeria et le Cameroun dont les puissances tutrices sont d'abord l'Allemagne et la Grande Bretagne, puis,

[447]Sur toutes ces questions, voir BRONWEN MANBY, *The right to a nationality and the secession of South Sudan: a commentary on the impact of the new laws*, OSIEA, 2012, pages 7 à 9.

après que les territoires allemands ont été distribués aux autres puissances par la Société des Nations, la Grande-Bretagne et la France. On observe de 1900 jusqu'à la veille du conflit, des déplacements de population du Nigeria vers le territoire de Bakassi.

Le 27 août 1991, le Nigeria remet en cause, au moment de signer le procès-verbal d'une rencontre bilatérale avec le Cameroun, les accords coloniaux délimitant les frontières entre les deux pays en exigeant une délimitation des frontières dans la zone du Lac Tchad, la révision des accords germano-britanniques de 1885 et les accords anglo-allemands de 1913.

La réaffirmation par le Cameroun de sa position sur ces différents accords et le principe de l'OUA sur l'intangibilité des frontières héritées de la colonisation n'empêche pas son puissant voisin d'occuper militairement en décembre 1991 la presqu'île de Bakassi, notamment les localités de Jabane et de Diamond et d'en attaquer d'autres, comme Idabato, en début 1994 sous le prétexte que des gendarmes camerounais ont menacé ses ressortissants.

Les autorités camerounaises s'opposent à cette violation de son intégrité territoriale en repoussant les assaillants et en demandant à l'OUA de servir de médiateur dans l'affaire qui l'oppose au Nigeria.

Constatant que le piétinement de la médiation de l'OUA, le Cameroun saisit la CIJ le 29 mars 1994 d'une requête contre le Nigeria dans laquelle il demande à l'instance juridictionnelle internationale de reconnaître sa souveraineté sur la presqu'île de Bakassi et, constatant que « la délimitation de la frontière maritime entre les deux pays demeure partielle et (que) les deux parties ne peuvent, malgré de nombreuses tentatives, se mettre d'accord pour la compléter », prie la Cour, « afin d'éviter de nouveaux incidents entre les deux pays [...] de bien vouloir déterminer le tracé de la frontière maritime entre les deux États au-delà de celui qui est fixé en 1975».

Après huit ans de procédure, la CIJ rend, le 10 octobre 2002, son jugement sur le fond de l'affaire dans lequel il reconnait que la péninsule de Bakassi, et la région contestée du Lac Tchad relèvent, en partie, de la souveraineté du Cameroun. Elle décide, alors, d'un nouveau tracé de la frontière terrestre et maritime entre les deux pays, demande au Nigeria « de retirer dans les brefs délais et sans condition son administration et ses forces armées et de police des territoires relevant de la souveraineté de la République du Cameroun[448] » et à ce dernier de « retirer dans les plus brefs délais et sans condition toutes administration ou force armées ou de police qui pourraient se trouver sur des

[448] Voir Arrêt du 10 octobre 2002, Affaire de la Frontière terrestre et maritime entre le Cameroun et le Nigeria (Cameroun c. Nigeria; Guinée Équatoriale intervenant.

territoires relevant de la souveraineté de la République fédérale du Nigeria[449] ».

La Cour prend aussi acte de « l'engagement pris...par la République du Cameroun [de continuer] à assurer sa protection aux Nigérians habitant la péninsule de Bakassi et [à] ceux vivant dans la région du lac Tchad[450] ».

Le Secrétaire général des Nations Unies, Monsieur Kofi Annan, sentant peut-être des difficultés dans l'application de l'arrêt de la CIJ, organisa le 5 septembre 2002, à Saint-Cloud, près de Paris (France) une rencontre entre les chefs d'État des deux pays à l'issue de laquelle ils acceptèrent, entre autres, de respecter et mettre en œuvre la décision de la CIJ, et créer un mécanisme de mise en œuvre avec l'appui des Nations Unies[451].

Mais dès le prononcé de l'arrêt, le Président du Nigeria réunit le Conseil exécutif fédéral qui décida, après l'audition de la Commission créée par le Président de la République pour étudier les conséquences pour le Nigeria de l'arrêt de la CIJ, de le rejeter le 23 octobre 2002 au motif que « bien de facteurs fondamentaux n'ont pas été pris en compte (par les juges) pour parvenir à leur déclaration » et que « pour le Nigeria, il ne s'agissait pas de pétrole, de ressources naturelles, du sol ou des eaux côtières, mais plutôt du bien-être et du bonheur de son peuple et leur terre[452]».

Cette vive réaction des autorités nigérianes convainc le Cameroun que la mise en œuvre effective de l'arrêt du 10 octobre 2002 sera le résultat de longues et difficiles négociations dont les grandes lignes avaient été esquissées à Saint-Cloud. Ainsi, le 15 novembre 2002, un Sommet tripartite entre le Secrétaire général de l'ONU et les présidents du Cameroun et du Nigeria se tint à Genève (Suisse) et aboutit à la création de la Commission mixte Cameroun-Nigeria présidée par les Nations Unies qui commença aussitôt ses activités.

Les 4 et 5 février 2003, cette Commission mixte fit sa deuxième réunion à Abuja (Nigeria) durant laquelle elle approuva son programme de travail en vue de la démarcation des frontières terrestres et évoqua la question du respect des droits des populations établies dans les zones concernées par l'arrêt de la CIJ.

---

449 Voir Arrêt du 10 octobre 2002, Affaire de la Frontière terrestre et maritime entre le Cameroun et le Nigeria (Cameroun c. Nigeria; Guinée Équatoriale intervenant).

451 Voir le Communiqué de presse SG/SM/8368 du 5 septembre 2002 reprenant le communiqué conjoint publié à l'issue de la rencontre entre les deux présidents.

452 Voir Dépêche de l'Agence France Presse du 23 octobre 2002 citée par Maurice Kamto in La volonté de l'État en droit international, Académie du droit international de la Haye, 2007, page 415.

Quelques mois après (décembre 2003), les travaux de démarcation des 1700 kilomètres de frontière commencèrent et un calendrier de retrait des administrations et des forces de sécurité des parties du territoire camerounais, suivi du transfert d'autorité, fut arrêté d'un commun accord.

Finalement, le 12 juin 2006, les deux États signèrent à Greentree, près de New York (États-Unis), l'Accord sur la mise en œuvre de l'arrêt de la CIJ du 10 octobre 2002 en application duquel le retrait des forces armées nigérianes suivi du transfert d'autorité de la péninsule de Bakassi au Cameroun devint effectif le 14 août 2006.

À y regarder de plus près, le refus exprimé par le Nigeria en octobre 2002 de ne pas exécuter l'arrêt de la CIJ était, en partie, lié à son souhait de voir le Cameroun prendre en compte les intérêts fondamentaux de la population nigériane estimée à 150.000 personnes que la Cour n'avait que très partiellement pris en compte en focalisant son attention sur la géographie physique. Or « trancher la question de l'attribution de la souveraineté territoriale sur l'espace géographique avait des conséquences inévitables sur le sort des groupes de populations, sur l'avenir de leur allégeance politique, de leur citoyenneté, de leur identité, de leur destiné [453]».

Sachant qu'en cas de succession d'États dans l'exercice de la compétence territoriale « l'État successeur n'est lié par les droits acquis reconnus par l'État prédécesseur et ne peut être lié par ces droits que s'il les a acceptés librement ou si sa compétence est conventionnellement liée[454] », les autorités nigérianes, par ces tactiques, sont parvenues à arracher, dans le cadre des accords de Greentree, à la partie camerounaise, l'octroi de droits spécifiques aux ressortissants nigérians de la péninsule de Bakassi.

Ainsi, le Cameroun s'est engagé à garantir aux nigérians vivant dans la presqu'île de Bakassi, quand serait effective son autorité, « l'exercice des libertés et droits fondamentaux consacrés par le droit international des droits de l'homme et les autres règles pertinentes du droit international[455]», et à leur reconnaître un certain nombre de droits acquis, à savoir[456] :

- ne pas être forcés à quitter la presqu'île ou à changer de nationalité;

---

[453] Voir Alain Didier OLINGA, *L'Accord de Greentree du 12 octobre 2006 relatif à la presqu'île de Bakassi*, Éditions l'Harmattan, 2009, page 75.

[455] MOHAMED BEDJAOUI, *Annuaire de la Commission du Droit International*, II, 1969, pages 101-102, cité par Alain Didier Olinga, L'Accord de Greentree du 12 octobre 2006 relatif à la presqu'île de Bakassi, Éditions l'Harmattan, 2009, page 81.
[456] Voir le Paragraphe 1er de l'article 3 de l'Accord entre la République du Cameroun et la République fédérale du Nigeria concernant les modalités de retrait et de transfert d'autorité dans la presqu'île de Bakassi du 12 juin 2006.

- le respect de leur culture, leur langue et leurs croyances;
- la liberté de poursuivre leurs activités économiques;
- la protection de leurs biens et droits de propriété foncière coutumiers;
- l'égalité de droit en matière fiscale avec les Camerounais vivant dans la zone;
- La protection de toute tracasserie ou de tout dommage qui pourrait être causé par les nouvelles autorités camerounaises.

L'accord était silencieux sur la question de la double-nationalité de la désormais minorité nigériane au Cameroun, qui aurait quand-même pu régler le problème de la jouissance et de l'exercice d'autres droits fondamentaux comme le droit à l'éducation ou à la santé.

En définitive, les deux États, en dépit de tous les efforts fournis pour trouver une solution heureuse à la situation des habitants de la presqu'île de Bakassi, ne sont pas parvenus à régler les problèmes essentiels liés à l'exercice normal du droit à la nationalité.

Il y a aussi la question de la citoyenneté régionale à signaler au point suivant.

Section cinquième : La citoyenneté régionale

Si l'Afrique de l'est a été, à partir de 1967, la première région du continent à expérimenter l'intégration régionale, comme un moyen de « promouvoir la coopération et le développement (entre les États africains) dans tous les domaines de l'activité humaine en vue d'élever le niveau de vie des peuples africains, de maintenir et de promouvoir la stabilité économique, d'instaurer des relations étroites et pacifiques entre les États membres et contribuer au progrès, au développement et à l'intégration économique du continent313 », c'est en Afrique de l'ouest que ce type de coopération a pris forme avec l'adoption par les États membres de la CEDEAO d'une certain nombre de mesures visant, non seulement à rapprocher les populations de la région, mais aussi et surtout à légitimer l'idée de l'émergence prochaine d'une citoyenneté africaine. Comme l'a si bien dit l'Union Africaine (UA), « le choix des africains n'est pas tant de s'unir ou de ne pas s'unir, mais de faire avancer l'intégration africaine[457]».

C'est, en effet, dans son ambition de « promouvoir la coopération et l'intégration dans la perspective d'une Union économique de l'Afrique de

[457] Voir Union Africaine, Rapport sur l'Audit de l'Union africaine et les Commentaires de la Commission de l'Union africaine sur ledit rapport, Janvier 2008, page 207.

l'ouest en vue de d'élever le niveau de vie de ses peuples...de renforcer les relations entre les États membres et de contribuer au progrès et au développement du continent africain[458] », que la CEDEAO a introduit, dans son traité constitutif, le concept de « citoyens de la Communauté[459] » dont la finalité était de lever « tous les obstacles qui s'opposent à la liberté de mouvement et de résidence des ressortissants ouest–africains.

Le Projet d'article 26 prévoit que : « Les États prédécesseur et successeur accordent le droit d'option à toutes les personnes concernées [...] qui remplissent les conditions requises pour posséder à la fois la nationalité de l'État prédécesseur et de l'État successeur ou des deux États successeurs ou davantage à l'intérieur de la Communauté[460] », et de leur offrir la possibilité de « travailler et d'exercer des activités commerciales et industrielles[461] » sur l'étendue du territoire communautaire. Pour une région qui était très familière, dans les années 70, aux expulsions massives de populations et aux drames humains qui les accompagnaient[462], l'avancée était réellement énorme.

Les États membres de la CEDEAO ont adopté, en 1982, un Protocole au Traité portant Code de la Citoyenneté de la Communauté. Il prévoit que le Citoyen de la Communauté doit remplir les conditions suivantes :

- être un ressortissant d'un État membre soit d'origine, soit par filiation, soit par naturalisation;
- ne pas avoir la nationalité d'un État non-membre de la Communauté;
- avoir résidé, en cas de naturalisation, de façon continue, pendant au moins quinze (15) ans sur le territoire d'un État membre de la Communauté;

---

[458] Voir le paragraphe 1er de l'article 2 du Traité de la Communauté économique des États de l'Afrique de l'Ouest, conclu à Lagos (Nigeria) le 28 mai 1975 et le paragraphe 1er de l'article 3 du Traité révisé de la Communauté économique des États de l'Afrique de l'Ouest.
[459] Voir l'article 27 du Traité de la Communauté économique des États de l'Afrique de l'Ouest, conclu à Lagos (Nigeria) le 28 mai 1975.
[460] Voir le paragraphe 1er de l'article 27 du Traité de la Communauté économique des États de l'Afrique de l'Ouest, conclu à Lagos (Nigeria) le 28 mai 1Cette disposition sera complétée par le paragraphe 1er de l'article 59 du Traité révisé de la Communauté économique des États de l'Afrique de l'ouest.
[461] Voir le paragraphe 2 de l'article 27 du Traité de la Communauté économique des États de l'Afrique de l'Ouest, conclu à Lagos (Nigeria) le 28 mai 1975.
[462] Voir sur cette question, Aderanti Adepoju, Alistair Boulton and Mariah Levin, Promoting integration through mobility : Free movement under ECOWAS, UNHCR, 2005 et "Immigration and expulsion of ECOWAS Aliens in Nigeria" in International Migration Review Vol. 22, No 1, 1988, pages 4-27.

- ne pas menacer les intérêts fondamentaux d'un État membre[463].

Par ailleurs, des dispositions ont été prévues pour les enfants adoptés ou de nationalité inconnue se trouvant sur le territoire communautaire, qui peuvent accéder à la nationalité de l'un des États membres[464] et devenir donc des citoyens communautaires.

Symétriquement, la citoyenneté de la CEDEAO se perd pour les originaires[465], en cas de :

- perte de la nationalité d'origine;
- établissement permanent dans un État non membre de la Communauté;
- acquisition volontaire de la nationalité d'un État non membre de la Communauté.

Pour les naturalisés[466], la citoyenneté de la CEDEAO se perd en cas de :

- implication dans des activités incompatibles avec la qualité de citoyen de la communauté et/ou préjudiciables aux intérêts fondamentaux d'un État membre de la Communauté;
- condamnation à une peine criminelle;
- fraude dans l'acquisition de la citoyenneté communautaire.

Les droits attachés à la citoyenneté communautaire comprennent les règles générales de non-discrimination contenues dans le droit communautaire et les autres droits établis dans le droit communautaire originaire et dérivé.

Les règles de non-discrimination incluent l'élimination des mesures ou pratiques discriminatoires en matière de prestation touristiques et hôtelière et l'interdiction de la double imposition des citoyens communautaires.

Quant aux autres droits du citoyen communautaire, il s'agit de tous les droits exercés dans les États membres, à commencer par ceux contenus dans le Traité révisé, les autres conventions adoptées par la CEDEAO et notamment celles relatives au droit de circuler et de séjourner dans les États membres et les décisions de ses organes délibératifs.

---

[463] Voir l'article 1er du Protocole A/P3/5/82 portant Code de la citoyenneté de la Communauté in Journal Officiel de la CEDEAO No. 4 Juin 1982, page 22.

[464] Voir notamment les paragraphes (3), (5)(a) et (6) de l'article 1er du Protocole A/P3/5/82 portant Code de la citoyenneté de la Communauté in Journal Officiel de la CEDEAO No. 4 Juin 1982, pages 21-22.

[465] Voir le paragraphe 1er de l'article 2 du Protocole A/P3/5/82 portant Code de la citoyenneté de la Communauté, page 22.

L'exercice de ces droits est garanti par les juridictions nationales et la Cour de justice de la CEDEAO[467] à laquelle les citoyens communautaires peuvent directement s'adresser en cas de violation de leurs droits[468]. Il est impossible de se prévaloir de la citoyenneté communautaire sans obtenir d'abord la reconnaissance de sa nationalité dans l'un des États membres.

La citoyenneté communautaire n'est donc pas réellement d'attribution automatique et n'est pas attribuée directement par les institutions de la CEDEAO. Elle vise à compléter les droits des ressortissants de la Communauté et à assurer leur mise en œuvre aisée. Elle participe, pour ainsi dire, de ce mouvement « d'ouverture réciproque des citoyennetés nationales les unes aux autres et de transformations des identités nationales et des perceptions réciproques[469] » dont la finalité est d'« éroder » les frontières de citoyenneté traditionnelle et de faire ultimement triompher le projet africain d'intégration continentale porté par l'Union africaine.

Conclusion

Trente (30) ans après l'adoption des premières législations relatives à la citoyenneté communautaire, la CEDEAO semble, sous l'influence de la société civile, être maintenant prête à une mue de son cadre juridique relatif à la libre circulation des citoyens communautaires qui pourrait aussi impliquer une révision des critères d'éligibilité à la citoyenneté régionale. L'interdiction, par exemple, de la nationalité d'un État non-membre de la CEDEAO est aujourd'hui devenue caduque dans la mesure où la double nationalité est pleinement acceptée dans la législation de neuf de ses membres[470], est autorisée dans des circonstances bien définies dans les textes de cinq autres pays membres[471] et n'est totalement prohibée qu'au Liberia.

---

[467] Voir le paragraphe 1(c) de l'article 34 du Traité révisé de la CEDEAO.

[468] Voir le paragraphe 5 de l'article 40 du Traité révisé de la CEDEAO.

[469] Notamment la Charte africaine des droits de l'homme et des peuples [préambule, article 4(g) et article 56(2)].

[470] On peut citer Le Protocole A/P.1/5/79 sur la libre circulation des personnes, le droit de résidence et d'établissement, la Convention A/P.5/5/82 d'assistance mutuelle administrative en matière de douane, le Protocole additionnel A/SP.2/7/85 portant Code de conduite pour l'application du Protocole sur la libre circulation des personnes, le droit de résidence et d'établissement, le Protocole additionnel A/SP.1/7/86 relatif à l'exécution de la deuxième étape (droit de résidence) du Protocole sur la libre circulation des personnes, le droit de résidence et d'établissement, le Protocole additionnel A/SP.2/5/90 relatif à l'exécution de la troisième étape (droit d'établissement) du Protocole sur la libre circulation des personnes, le droit de résidence et d'établissement, la Décision A/DEC.2/7/85 portant institution d'un carnet de voyage des États membres de la CEDEAO, la

Les progrès réalisées par la CEDEAO ont provoqué un certain frémissement au niveau des autres communautés économiques régionales telle que la Communauté économique des États de l'Afrique de l'Est (EAC) et la Communauté de développement des États de l'Afrique australe (SADC), mais leurs réalisations sont très en deçà de ce que l'on peut, aujourd'hui considérer comme le modèle le plus avancé en matière de citoyenneté régionale, à savoir la citoyenneté dans l'Union européenne[472]de tirer des leçons utiles des expériences de la CEDEAO et de l'Union européenne pour donner un contenu plus fédérateur à la notion de nationalité dans un contexte africain toujours fragilisé par la perméabilité de ses frontières qui favorise encore la multiplication des crimes transnationales et le renforcement de mouvements terroristes qui opèrent depuis quelques temps sur une base régionale.

Les pages qui suivent se corsent sur le droit congolais de la nationalité.

Décision A/DEC.2/5/90 portant institution de la Carte de résidence des États membres de la CEDEAO et la Décision C/DEC.3/12/92 relative à l'institution d'un formulaire harmonisé d'immigration et d'émigration des États membres de la CEDEAO.

[471] Voir le Protocole additionnel A/SP.1/01/05 portant amendement du Protocole A/P.1/7/91 relatif à la Cour de justice de la Communauté.

[472] Voir paragraphe (d) de l'article 10 du Protocole additionnel A/SP.1/01/05 portant amendement du Protocole A/P.1/7/91 relatif à la Cour de justice de la Communauté. Le plaignant n'a pas l'obligation d'épuiser les voies de recours internes pour saisir la Cour de justice d'un recours.

Chapitre deuxième
Le droit congolais de la nationalité

Le législateur congolais a défini le droit de la nationalité comme le lien de rattachement de l'individu à l'État. Ce lien est généralement déterminé par le *Jus sanguinis* (ou le droit du sang) ou par le jus soli (ou le droit du sol). Le premier attribue à une personne physique la nationalité de ses père et/ou mère; le second permet d'acquérir la nationalité d'un État par la naissance sur son territoire. La nationalité congolaise est soit d'origine, soit d'acquisition individuelle[473].

Le présent chapitre a pour objet, l'analyse efficiente de la question de la nationalité en RDC car, à l'instar d'autres nouveaux Etats en relations internationales, la RDC met en place différents instruments et mécanismes, et des procédures pour acquérir sa nationalité d'origine ou par naturalisation.

C'est suite à cette situation que nos prochaines lignes chercheront à mettre l'accent sur la reconnaissance et l'acquisition de la nationalité Congolaise, la perte de la nationalité Congolaise et le recouvrement de la nationalité congolaise.

Enfin, quant aux dernières lignes, celles-ci aborderont la preuve de la nationalité congolaise et de l'extranéité ainsi que les contentieux administratifs sur la nationalité en RDC.

Il s'agit ici de présenter d'abord la RD Congo dans la première section, les sources caractéristiques du droit congolais de la nationalité dans la seconde, la nationalité sous l'état Indépendant du Congo (1885-1908), de la reconnaissance et de l'acquisition de la nationalité congolaise, de sa perte, de sa déchéance, de son recouvrement, des preuves de la nationalité congolaise et de l'extranéité.

Section première : Présentation de la République Démocratique du Congo (RDC)

La RDC est un pays d'Afrique centrale, appelé plus simplement Congo, ou R. D. Congo, ou encore Congo-Kinshasa, pour le distinguer de son voisin, la

[473]Exposé des motifs (§4) du Décret-loi n° 197 du 20 janvier 1999 modifiant et complétant la Loi n°81-002 du 29 juin 1981 sur la nationalité congolaise.

République du Congo, aussi appelée Congo-Brazzaville. Le pays présente, sous de multiples aspects, des caractéristiques de grand intérêt pour la nationalité et les migrations.

Le pays est capable d'accueillir un grand nombre de migrants, à cause de sa superficie de 2.345.000 km^2, sa population estimée en 2022 à 99 millions, soit une densité moyenne de 42 habitants/km^2, et ses 9000 km de frontières qu'il partage avec 9 pays voisins[474]. Il s'y ajoute le fleuve Congo, long de 4.320 km, qui le traverse et sert en partie de frontière avec la République du Congo à l'ouest.

La R D Congo est caractérisée par une hydrographie très riche et diversifiée, constituée de l'océan atlantique auquel elle a accès, du fleuve Congo, des rivières, des lacs et des ruisseaux[475] qui sont favorables à la pêche et à l'aquaculture. La forêt dense qui couvre près de la moitié de son territoire, son régime équatorial comportant une pluviométrie moyenne de 1.000 mm par an, répartie en deux saisons de pluies séparées par deux saisons sèches, et ses énormes surfaces de terre arables qui s'étendent sur 80 millions d'hectares, dont 1 % seulement est cultivé, et capables de supporter un élevage d'environ 40 millions de têtes de gros bétails[476], offrent à ce pays d'énormes capacités de résorption de grandes populations agricoles.

En plus, le pays possède des ressources minérales considérables, constituées de diamant, d'or, de cassitérite, le cuivre, de zinc, de cobalt, de fer, d'étain, de chrome, de manganèse, de pétrole, de gaz, etc. accroissent ses capacités d'accueil des migrants. Il dispose aussi d'un potentiel énergétique important et très diversifié constitué de ressources renouvelables (bois ou énergie de biomasse et biogaz, énergie solaire, énergie éolienne, énergie géothermique et énergie hydroélectrique dont le potentiel est estimé à environ 100.000 mégawatts) et non renouvelables (charbon, uranium, gaz naturel, schistes, bitume, sable asphaltique).

Du point de vue historico-politique, la RDC vient de l'État indépendant du Congo (EIC) que le Roi des Belges, Léopold II, fit reconnaitre à la Conférence de Berlin (1884) où furent fixées les frontières actuelles des Etats africains. Propriété personnelle du Roi au point de départ, le pays devint une colonie Belge en 1908, puis acquit son indépendance en juin

---

[474] Angola, Burundi, RCA, Congo, Rwanda, Soudan, Tanzanie, Ouganda et Zambie.
[475] La transformation de toutes ces richesses potentielles en richesses réelles reste un défi à relever. De par sa position géographique au cœur de l'Afrique et de par son état de semi-enclavement, la RDC recourt à plusieurs voies de dés enclavement sur les façades Ouest, Est et du Sud de l'Afrique. La forte prépondérance et transport de transit sont attribuables à cette configuration géographique exceptionnelle.
[476] Cf. KABENGELE D., *Cours de géographique économique de la RDC*, UNIKIN, 2006-2007

1960. Le mois suivant, une tentative de sécession de la province du Katanga fut mâtée, tout comme un autre mouvement parti de Kolwezi, en 1978, dans la même province.

A ces événements porteurs d'une mise en question de la nationalité congolaise s'est ajoutée, ces dernières décennies, la question des populations d'origine rwandaise venues par plusieurs vagues et qui, d'après la catégorisation des migrations par l'ONU[477], sur la base des critères comme les caractéristiques des populations concernées, les lieux impliqués et les causes des déplacements, constituent des migrations économiques pour ceux qui sont venus travailler dans les mines du Katanga à l'époque coloniale, et des migrations forcées pour ceux qui sont venus comme réfugiés, contraints par la guerre ethnique au Rwanda à la fin des années .

Quelles sont les sources et les caractéristiques du droit congolais de la nationalité ? C'est l'objet du point suivant.

Section deuxième : Sources et caractéristiques du droit congolais de la nationalité

A la base du droit congolais de la nationalité, on distingue d'une part les sources internes de nature constitutionnelle (art. 10 de la Constitution du 18 février 2006)[478], législative (la loi du 12 novembre 2004 susmentionnée), et réglementaire (l'Arrêté ministériel n° 261/CAB/MIN/J/2006 du 4 juillet 2006 portant certaines mesures d'exécution de la loi du 12 novembre 2004 ci-dessus) et, d'autre part, les sources doctrinale et jurisprudentielle qui sont cependant rares et peu fournies.

En ce qui concerne les sources internationales, l'on cite les diverses conventions internationales multilatérales auxquelles la RDC a accepté de se lier : la Déclaration universelle des droits de l'homme du 10 décembre 1948 (art. 15), la Déclaration des droits de l'enfant du 20 novembre 1959 (art. 3), la Convention relative aux droits de l'enfant du 20 novembre 1989 ratifiée par la RDC le 20 mars 1990 (art. 7 et 8), le Pacte II de l'ONU du 16 décembre 1966 ratifié par la RDC le 1er novembre 1976 (art. 24) et, plus spécifiquement en Afrique, la Charte africaine des droits et du bien-être de l'enfant de juillet 1990 (art. 6, al. 4). Sur le plan bilatéral, la RDC n'a conclu qu'un seul accord international avec la Zambie pour la rectification des frontières entre les deux États, avec des conséquences sur la question de la

---

477 ONU (2018). *Les migrations au service de la transformation structurelle*. Le développement économique en Afrique. Rapport annuel 2018.

478 Journal Officiel de la RDC (47ème année), n° spécial du 18 février 2006.

nationalité. Suite à cela, une partie de la population congolaise avait perdu la nationalité congolaise en acquérant la nationalité zambienne.[479]

La nationalité congolaise a été régie successivement par divers textes avant « la loi n° 04/024 du 12 novembre 2004 relative à la nationalité congolaise », qui abroge le décret-loi n° 197 du 2 février 1999 , à savoir : le décret de 1892 , l'arrêté de 1901 et le décret de 1904 ; la Constitution de 1964 et les décrets -lois de 1965 ; l'ordonnance-loi de 1971 (non publiée) ; la loi de 1972 ; la loi de 1981 et le décret-loi de 1999 lequel avait repris la loi de 1981 en changeant seulement les appellations du pays et des institutions, ceci suite au changement intervenu « le 17 mai 1997, date de la chute du régime dictatorial » de feu le maréchal Mobutu.

La section suivant se corse sur la question de la nationalité sous l'Etat Indépendant du Congo de 1885 à 1908.

Section troisième : La nationalité sous l'État Indépendant du Congo (1885-1908)

L'État Indépendant du Congo (EIC) d'où est issue la République Démocratique du Congo (RDC) était une pure fiction juridique, c'est-à-dire une simple étiquette pour couvrir à la face du monde une activité personnelle du Roi Léopold II, Roi des Belges. A cette époque, les frontières de ce royaume personnel au centre du continent africain sont peu précises.

J'invite à l'illustration le décret du 27 décembre 1892 relatif à la nationalité congolaise, l'arrêté du secrétaire d'Etat du 9 mars 1901 sur la naturalisation, le décret du Roi Souverain du 21 juin 1904 sur la nationalité des indigènes congolais, la période coloniale de 1908 à 1960 sur la nationalité sans citoyenneté belge, la nationalité de l'indépendance du Congo en 1960 à 2004 et enfin les traits caractéristiques de droit congolais de la nationalité.

§1. Le décret du 27 décembre 1892 relatif à la nationalité congolaise

Sept ans après la création de l'EIC, qui va de 1885 jusqu'à 1908, le Roi Léopold II signait le décret du 27 décembre 1892 sur la nationalité congolaise. Ce document de six articles, qui sera incorporé au Code civil, ne définissait pas la nationalité.

Conformément à l'article premier dudit décret, la nationalité congolaise s'acquiert par la naissance sur le territoire de l'État de parents congolais, par

---

[479] Pour plus des détails sur ses instruments internationaux et bilatéraux, cf. Nguya - Ndila Malengana C., *Op.Cit.*, pp. 222-223.

la présomption de la loi, par l'option et par la naturalisation. Cet article s'inspire à la fois du *jus sanguinis* et du jus soli. Mais, ledit article premier se base sur une nationalité présupposée en faveur de parents qui étaient Congolais à défaut d'avoir une autre nationalité, car domiciliés sur le sol de l'EIC. En effet, pour être Congolais par filiation, il fallait, tout d'abord, être né sur le sol de l'EIC et ensuite, être né de parents congolais. Étant donné que ces deux conditions cumulatives combinaient le principe du droit du sol et le principe du droit du sang, un grand nombre d'enfants nés de parents congolais à l'étranger ont dû perdre la nationalité congolaise : il n'y avait pas de mécanisme prévu pour qu'ils la recouvrent.

L'article 2 prévoit une nationalité unique et exclusive. La naturalisation est personnelle à celui qui l'obtient. Toutefois, la femme dont le mari a obtenu la naturalisation et l'enfant mineur, né avant la naturalisation, d'un père naturalisé deviennent congolais si, par ce fait, ils ont perdu la nationalité de leur pays d'origine.

S'agissant de la présomption de la loi, il suffisait de naître de parents légalement inconnus et d'être trouvé sur le sol de l'EIC pour être ainsi considéré comme étant congolais, ceci jusqu'à ce que la preuve de la possession d'une nationalité étrangère soit établie. D'autre part, celui qui voulait opter pour la nationalité congolaise devait être né au Congo de parents étrangers, et faire une déclaration expresse de son intention d'opter pour la nationalité congolaise durant la première année de sa majorité. Le candidat à la naturalisation quant à lui devait être majeur, c'est-à-dire avoir 21 ans accomplis, et adresser sa demande au Roi Souverain Léopold II, propriétaire de l'EIC.

En ce qui concerne les effets qui découlaient de l'acquisition de la nationalité congolaise, le décret de 1892 n'était explicite que pour la nationalité acquise par voie de naturalisation. En effet, les naturalisés jouissaient de tous les droits civils sans aucune restriction. La jouissance de ces droits par des Congolais d'origine était subordonnée soit à l'inscription de la naissance sur le registre de l'état civil, soit à l'enregistrement du mariage par l'officier d'état civil, soit, enfin – ce qui semblait être le sens de cet enregistrement, à l'obtention de l'autorisation publique d'être immatriculé aux registres de la population civilisée. Mais le décret de 1892 est resté sans application quant à l'exercice des droits politiques.

Ce décret est resté en vigueur jusqu'en septembre 1965. Il a été abrogé par le décret-loi du 18 septembre 1965 relatif à la nationalité.

Je rappelle dans les pages qui suivent l'arrêté du secrétaire d'État du 9 mars 1901 relatif à la naturalisation.

§2. L'arrêté du secrétaire d'État du 9 mars 1901 relatif à la naturalisation

Ce texte est une mesure réglementaire. En effet, il détermine les règles d'application du décret du 27 décembre 1892 en ce qui concerne la naturalisation.

Il posait les principes suivants : La requête en obtention de la naturalisation est adressée au Roi souverain par l'intermédiaire du secrétaire d'État ou du gouverneur général ; parmi les pièces justificatives, la notice biographique devait indiquer notamment les motifs ayant déterminé le requérant à quitter sa patrie et à solliciter la qualité de Congolais ; il était statué sur la demande de naturalisation, après une enquête sur la moralité de l'étranger. En cas de refus, l'intéressé était averti par voie administrative. La décision était sans appel.

La décision accordant la naturalisation était rendue par le décret du Roi souverain ; le bénéficiaire de la naturalisation jouissait de la qualité de citoyen congolais à partir du moment où il avait accepté cette naturalisation devant le gouverneur général ou le fonctionnaire délégué par lui, et prêté serment d'être fidèle à l'EIC, de respecter ses lois, de n'invoquer dans son territoire la protection d'aucun État et de ne jamais porter les armes contre lui. Il était dressé immédiatement un procès-verbal.

Il convient de retracer les grandes lignes du décret du Roi souverain du 21 juin 1904 relatif à la nationalité des indigènes congolais.

§3. Le décret du Roi souverain du 21 juin 1904 relatif à la nationalité des indigènes congolais

Ce décret obligeait les Congolais d'origine à ne pas renoncer à la nationalité congolaise. On peut dire que la législation de l'époque avait implicitement reconnu la double nationalité.

En effet, ce décret prévoyait à son article premier que « tout indigène congolais, tant qu'il réside sur le territoire de l'État, conserve sa nationalité congolaise, est soumis aux lois de l'État et est traité comme sujet de l'État, notamment en ce qui concerne la compétence pénale, l'extradition et l'expulsion, même s'il prétend avoir obtenu, par voie de naturalisation, de résidence à l'étranger ou autrement, une nationalité étrangère ou s'être placé en dépendance d'un pouvoir étranger.

De même, l'article 2 dispose que l'individu qui, dans le cas de l'article précédent, quitte le territoire de l'État, sans esprit de retour, doit en donner avis au gouverneur général, à défaut de quoi il reste tenu à toutes ses obligations légales de sujet congolais.

Je signale que durant la période coloniale (1908-1960) Nationalité sans citoyenneté belge.

§4. Durant la période coloniale (1908-1960) : Nationalité sans citoyenneté belge

a) Le statut des Congolais

Malgré le changement politique et juridique intervenu, le peuple congolais restait politiquement sous la tutelle du Roi des Belges, puis du royaume de Belgique. Ce transfert a été fait en vertu du traité de cession conclu le 28 novembre 1907 entre le Roi Léopold et la Belgique. En son article premier, ce texte prévoit que : « sa majesté le Roi Souverain déclare céder à la Belgique la souveraineté des territoires composant l'EIC avec tous les droits et obligations qui y sont attachés ». Sur la base du même article, « l'Etat belge déclare accepter cette cession, reprendre et faire siennes les obligations de l'EIC, telles qu'elles sont détaillées à l'Annexe A, et s'engage à respecter les fondations existantes au Congo, ainsi que les droits acquis, légalement reconnus à des tiers, indigènes et non-indigènes ». Pour certains, cet accord a opéré une cession ; pour les autres, il s'agit d'une annexion.

En effet, la nationalité de l'EIC ne donnait pas à son titulaire la jouissance des droits civiques et politiques. Le pouvoir était le monopole du Roi et était exercé par l'intermédiaire des gouverneurs et des fonctionnaires délégués. Les Congolais étaient exclus de la gestion de leur pays.

Lorsque le Congo est devenu propriété de la Belgique en 1908, les habitants ont perdu la nationalité congolaise. Ils ont ainsi acquis la nationalité belge, conformément aux principes du droit international en la matière. Cependant, cette acquisition ne les a pas assimilés aux Belges de métropole. C'est pour cela qu'ils ont été appelés « sujets belges ». La nationalité congolaise a pourtant été conservée avec les textes qui la régissaient pour désigner la nationalité belge de statut colonial, c'est-à-dire sans le moindre droit de participer à la vie politique du royaume de Belgique, dont le Congo était devenu partie intégrante. La jurisprudence du tribunal de Liège, rendue en matière de dommages de guerre, le 24 janvier 1923, déclare : depuis l'annexion du Congo à la Belgique, il n'existe plus de nationalité congolaise ; les ressortissants ont acquis la nationalité belge sans être citoyens belges.

b) Le statut des résidents étrangers

En dehors des ressortissants congolais qui avaient également acquis la nationalité belge durant cette période (1908-1960), il y avait les « indigènes » du Congo belge, immatriculés et non immatriculés, les enfants nés sur le territoire congolais de parents légalement inconnus, ainsi que les enfants nés sur ce territoire de parents sans nationalité déterminée. L'appellation indigène n'a pas été définie par la loi. Mais, selon la doctrine, il s'agissait « des personnes de race autochtones rattachées par la législation de la colonie à la nationalité belge de statut colonial »[480].

Les indigènes de pays voisins et d'autres étrangers vivant au Congo avaient continué à porter la nationalité de leur puissance coloniale ou tout autre titre juridique prévu par cette dernière. Ainsi, selon l'article 4 de la Charte coloniale, les Belges, les Congolais immatriculés dans la colonie et les étrangers jouissent de tous les droits civils reconnus par la législation du Congo belge. Leur statut personnel est régi par les lois nationales de leur pays d'origine en tant qu'elles ne sont pas contraires à l'ordre public.

Les indigènes non immatriculés du Congo belge jouissent des droits civils qui leur sont reconnus par la législation de la Colonie et par leurs coutumes, pour autant que celles-ci ne soient contraires ni à la législation ni à l'ordre public.

Il convient de rappeler la question de la nationalité depuis l'indépendance du Congo (1960-2004).

§5. La nationalité depuis l'indépendance du Congo (1960-2004)

Le Congo a obtenu son indépendance le 30 juin 1960 ainsi que sa souveraineté nationale. L'accession du pays à l'indépendance a notamment fait renaître la nationalité congolaise. Cependant, celle-ci n'a pas été directement réglementée en 1960. Il a fallu attendre la Constitution dite de Luluabourg, du 1er août 1964, soit quatre ans après l'indépendance, pour qu'apparaissent les premières règles juridiques relatives à la nationalité congolaise.

Toutefois, peu avant l'indépendance, les Congolais, réunis à la Table ronde politique à Bruxelles, [481]en janvier-février 1960, avaient adopté la résolution n° 2 qui décrétait que « le Congo, dans ses frontières actuelles, constitue à partir du 30 juin prochain un État Indépendant dont les habitants auront, aux conditions que la loi déterminera, une même nationalité, sur le territoire duquel ils pourront se déplacer et s'établir librement ... ».

A la question de savoir qui est Congolais, c'est la Constitution de 1964, première constitution élaborée par les Congolais, telle que prévue par la Table Ronde, qui y répondra.

---

[480] HALEWYCK V., *La Charte coloniale*, t. I, Bruxelles 1910, p. 169 ss. Petillon L., Des habitants et leurs droits, in: Les nouvelles, Droit colonial, t. I, Bruxelles, p. 181 ss.

[481] Cf. KABUYA LUMUNA S., *Conflits de l'Est du Zaïre, Repères et enjeux*, Kinshasa 1997, p. 5.

a) La Constitution de 1964

C'est la Constitution de Luluabourg, du 1er août 1964, qui avait abordé la question de la nationalité, en décrétant : « il existe une seule nationalité congolaise, laquelle est attribuée, à la date du 30 juin 1960, à toute personne dont un des ascendants est ou a été membre d'une des tribus ou partie des tribus établies au Congo avant le 18 octobre 1908 ».

On parle d'une partie de tribu dans la mesure où les puissances coloniales qui ont tracé unilatéralement les frontières entre les pays africains, et en particulier celles du Congo avec ses voisins, ont dû forcément diviser des tribus et des communautés qui étaient unies.

C'est le cas par exemple : des Kongo qu'on retrouve en RDC, au Congo-Brazzaville et en Angola ; des Teke, qui se retrouvent dans les deux Congo et au Gabon ; des Lunda, répartis en RDC, en Angola et en Zambie ; des Ngbandi, répertoriés dans les deux Congo, en République Centrafricaine et au Soudan.

Les autres personnes qui habitaient en RDC et qui possédaient une nationalité étrangère à la date d'entrée en vigueur de cette Constitution n'acquéraient la nationalité congolaise que si elles la réclamaient par une déclaration faite dans la forme déterminée par la loi nationale et que si, du fait de cette déclaration, elles renonçaient à leur nationalité étrangère.

Ladite déclaration devait être faite dans le délai de douze mois à compter de la date d'entrée en vigueur de la Constitution si les personnes concernées étaient âgées de 21 ans au moins, à cette date. En revanche, celles qui n'avaient pas cet âge devaient faire cette déclaration dans le délai de douze mois à compter du jour où elles avaient atteint l'âge de 21 ans.

Les différents modes d'acquisition de la nationalité congolaise sont : la filiation, la présomption de la loi, l'option et la naturalisation. Cet article précise également que : « tout Congolais qui acquiert volontairement la nationalité d'un autre État perd la nationalité congolaise ».

b) Le décret-loi du 13 mars 1965 relatif à la déclaration acquisitive de la nationalité congolaise

Le décret-loi du 13 mars 1965 réglementait la matière prévue par l'alinéa 2 de l'article 6 de la Constitution de Luluabourg.

Ce texte renforce le principe de l'exclusivité de la Nationalité Congolaise instituée implicitement par le décret du 27 décembre 1892 et explicitement posé par les dispositions de l'article 7 de la Constitution de Luluabourg. En effet, il était exigé du déclarant un certificat de législation établissant que, d'après la loi du pays auquel l'intéressé appartenait, ses ressortissants perdaient leur nationalité dans le cas où ils acquéraient une nationalité étrangère.

Les personnes dont la déclaration était enregistrée au ministère de la justice étaient réputées avoir acquis la nationalité congolaise à la date du 30 juin 1960.

c) Le décret-loi du 18 septembre 1965 portant loi organique relative à la nationalité congolaise

Pris en exécution des dispositions des articles 4 et 7 de la Constitution du 1er août 1964 et sur la base de son article 6, le décret-loi du 18 septembre 1965 fut promulgué par le Président de la République, J. Kasa-Vubu. C'est le premier texte à aborder tous les aspects de la nationalité congolaise après la colonisation. Il produisait ses effets au 30 juin 1960. Ce texte a abrogé le décret du 27 décembre 1892. Toutefois, il en conserve les acquis, tout en renforçant les conditions d'acquisition de la nationalité en ce qui concerne la naturalisation et l'option.

Ainsi, pour être naturalisé congolais, il ne suffit plus seulement d'être majeur, mais il faut remplir d'autres conditions comme, par exemple, la résidence au Congo pendant quinze ans, la bonne moralité, etc.

En ce qui concerne l'option, cette faculté est offerte à d'autres catégories de personnes qui n'étaient pas prévues par le décret du 27 décembre 1892, par exemple à un enfant légalement adopté par un Congolais ou par une personne qui a acquis ou recouvré la nationalité congolaise.

En revanche, dans ce nouveau décret-loi, les droits de ceux qui ont acquis la nationalité congolaise sont restreints. Ainsi, contrairement aux Congolais d'origine, les naturalisés et les optant ne peuvent pas, par exemple, devenir fonctionnaires de l'État.

Le Congolais qui possédait une nationalité étrangère perdait la nationalité congolaise à la date où il devenait majeur à moins d'avoir déclaré vouloir la conserver dans les six mois suivant sa majorité. Celui qui acquérait volontairement une nationalité étrangère perdait la qualité de Congolais à la date de l'acquisition de la nationalité étrangère.

Le détenteur de la nationalité congolaise d'acquisition pouvait en être déchu par décret du président de la République dans les cas suivants : s'il avait été condamné pour infraction contre la sûreté intérieure ou extérieure de l'État ; s'il avait été condamné au Congo ou à l'étranger à une peine privative de liberté d'au moins cinq ans ; s'il s'était livré au profit d'un État étranger à des actes incompatibles avec la qualité de Congolais ou préjudiciables aux intérêts du Congo.

La charge de la preuve, en matière de la nationalité, incombait dans les conditions du droit commun au demandeur.

d) L'ordonnance-loi du 26 mars 1971 (non publiée)

Le 26 mars 1971, le Lieutenant général Mobutu, Président de la République, signa l'ordonnance-loi n° 71-020 relative à l'acquisition de la nationalité congolaise. Ce texte, ayant un article unique accordait la nationalité congolaise aux personnes originaires du Ruanda-Urundi établies au Congo jusqu'au 30 juin 1960. Ce revirement législatif s'explique par le fait que par son coup d'État de 1965, Mobutu favorisa certains groupes rwandophones pour régner en divisant. Du lot de ces rwandophones un Tutsi, Barthélemy Bisengimana, est nommé directeur de cabinet à la présidence en 1969, devenant ainsi « parrain » de sa communauté. Il obtient en 1972 une modification de la loi qui étend la nationalité congolaise aux immigrants arrivés du Rwanda et du Burundi avant 1960, ainsi qu'à leurs descendants. Mais Bisengimana tombe en disgrâce auprès de Mobutu en 1977, ce qui provoque un nouveau revirement législatif, plus radical, quatre ans plus tard. Désormais, ce n'est plus 1960, ni 1908, mais 1885 (date qui correspond à la conférence de Berlin au cours de laquelle les puissances coloniales se sont partagé l'Afrique) qui est fixée comme date limite d'arrivée pour définir les groupes rwandophones qui ont droit à la nationalité congolaise.

Ladite ordonnance ne contenait pas la formule ordinaire concernant le ministre qui propose le projet d'ordonnance-loi ; elle n'indiquait pas la date d'entrée en vigueur. En outre, elle accordait collectivement, sans le consentement des intéressés, la nationalité congolaise d'origine, et ceci au mépris des usages internationaux et surtout au mépris de textes antérieurs, en vigueur depuis 1964, consacrant la nationalité d'origine et les conditions à remplir.

Le caractère personnel et particulier de ce texte avait soulevé un grand mécontentement au sein de la classe politique. Ainsi, l'Assemblée nationale qui avait abrogé le décret-loi du 18 septembre 1965 en adoptant la loi no 72-002 du 5 janvier 1972 relative à la nationalité zaïroise avait en même temps déclaré nulle et non avenue ladite ordonnance-loi du 26 mars 197.

e) La loi n° 72-002 du 5 janvier 1972

La loi de 1972 est dite « BISENGIMANA RWEMA Barthelemy » dans la mesure où ce rwandophone, directeur de cabinet du Président de la République, nous l'avons vu, en est le véritable instigateur.

Dans l'exposé des motifs de cette loi, le législateur rappelait que la nationalité congolaise « constitue un précieux trésor pour lequel nos ancêtres ont enduré tant de sacrifices, y compris celui de leur sang ».

Contrairement à l'ordonnance, la loi accordait la nationalité congolaise d'origine sur la base du même critère que la Constitution de 1964 et réaffirmait à l'article 1 et 2 le principe de la nationalité unique et exclusive. Elle consacrait également les mêmes modes d'acquisition que les autres textes légaux antérieurs et, d'autre part, renforçait les conditions d'acquisition de la nationalité par naturalisation.

En plus des conditions prévues par le décret-loi du 18 septembre 1965, la nouvelle loi ajoutait une nouvelle condition relative à l'attachement et à la loyauté envers la République Démocratique du Congo.

La loi contenait également une disposition particulière sur l'acquisition collective de la nationalité congolaise (zaïroise) à la date du 30 juin 1960 par les personnes originaires du « Ruanda-Urundi » établies dans le Kivu avant le 1er janvier 1950 et ayant continué à résider depuis lors dans le pays. Selon l'article 15, « les personnes originaires du Ruanda-Urundi, qui étaient établies dans la province du Kivu avant le 1er janvier 1950 et qui ont continué à résider depuis lors dans la République du Zaïre jusqu'à l'entrée en vigueur de la présente loi, ont acquis la nationalité zaïroise à la date du 30 juin 1960 ».

Les personnes établies après l'année 1950, ainsi que celles qui ne résidaient pas dans le Kivu et qui avaient reçu la nationalité congolaise en vertu de l'ordonnance de 1971, ont gardé la nationalité congolaise acquise conformément à l'ordonnance-loi susmentionnée.

Certes, en précisant une date limite plus ancienne (1950 au lieu de 1960), ainsi qu'une zone de résidence circonscrite au seul Kivu et non à tout le territoire congolais, la loi de 1972 est plus claire et plus réaliste que l'ordonnance-loi de 1971. Par ailleurs, et cela est capital, outre cette date de 1950, elle précise quelle est l'immigration des originaires du Ruanda-Urundi concernée, il s'agit des immigrés du fait de l'autorité coloniale. Ces deux éléments permettent d'exclure du bénéfice de la loi les originaires du Rwanda-Urundi arrivés, nous allons le voir, comme réfugiés à partir de 1959 lors de la « révolution hutue », suivis par une autre vague en 1962 à l'occasion des troubles interethniques qui accompagnèrent l'indépendance du Rwanda.

f) La loi n° 81-002 du 29 juin 1981

La loi n° 81-002 du 29 juin 1981 constitue le livre premier du Code de la famille. Elle a été remplacée le 29 janvier 1999 par le décret-loi n° 197.

Cette loi innove en décidant à l'article 4 qu'est Zaïroise, à la date du 30 juin 1960, toute personne dont un ascendant est ou a été membre d'une des tribus établies sur le territoire de la République du Zaïre dans ses limites du 1er août 1885, telles que modifiées par les conventions subséquentes.

Alors que la Constitution de Luluabourg renvoyait la référence à avant le 18 octobre 1908, c'est-à-dire à l'EIC, pour la prise en considération de l'établissement des tribus constitutives de la population d'origine, sans plus de précision, la loi sous examen situe précisément la référence aux limites du pays telles que fixées au 1er août 1885 et modifiées par les conventions subséquentes.

g) Le décret-loi n°197 du 29 janvier 1999 modifiant et complétant la loi n°81-002 du 29 juin 1981 sur la nationalité

Ce texte a été adopté compte tenu de la disparition de l'ordre constitutionnel ancien et de la nécessité d'adapter la loi de 1981 à l'ordre nouveau pour intégrer la nouvelle terminologie due au changement de nom du pays.

Pris en 1999, le décret-loi sous examen tendait à se conformer au décret-loi constitutionnel n° 003 du 27 mai 1997 relatif à l'organisation et à l'exercice du pouvoir en République Démocratique du Congo, signé par Laurent Désiré Kabila, Président de la République. Pour le reste, le décret-loi de 1999 avait repris à la lettre la loi de 1981.

Les exposés des motifs de ces deux textes (loi de 1981 et décret-loi de 1999) manifestent cinq grands objectifs :

1. l'unicité et l'exclusivité de la nationalité congolaise (zaïroise). Ce principe est affirmé à l'article 11 de la Constitution. Il n'est donc pas permis de détenir la nationalité zaïroise à côté d'une autre nationalité ;
2. la reconnaissance du droit de la mère de transmettre également la nationalité congolaise (zaïroise) par filiation. Le *jus sanguinis*, principe de transmission par filiation, est l'option fondamentale pour l'acquisition de la nationalité ;
3. l'institution d'une petite et d'une grande naturalisation et l'abandon de la protection législative au profit de la procédure administrative. La distinction entre ces deux modes de naturalisation se traduit par la différence dans les conditions qu'il faut réunir pour accéder à l'une ou l'autre naturalisation et dans l'étendue des droits qui y sont attachés ;
4. la perte expresse de la qualité de Congolais par la citoyenne qui épouse un étranger. La loi de 1972 a posé le principe de la perte de la nationalité zaïroise par l'effet du mariage. Sauf renonciation expresse par la Zaïroise dans les six mois de son mariage ou à la date à laquelle son mari a acquis volontairement la nationalité étrangère. La loi de 1981 a supprimé cette règle, par souci de protection de la citoyenne zaïroise. Désormais, cette dernière peut

conserver sa nationalité, sauf si elle y renonce expressément. En outre, aucun délai ne lui est imparti ;

5. le caractère strictement individuel de la demande de la nationalité congolaise sauf dans le cas d'adjonction de territoire. Le législateur a ainsi mis fin à la confusion créée par l'attribution collective de la nationalité congolaise qui est déclarée une et exclusive. Ainsi, l'article 54 de la loi de 1981 déclare nulle toute disposition antérieure contraire à l'article 9. Celui-ci agit donc rétroactivement et frappe de nullité absolue l'attribution collective de la nationalité par l'article 15 de la loi de 1972. Dans la même logique, l'Ordonnance no 82-061 du 15 mai 1982 prise en exécution de la loi de 1981 déclare « nuls et non avenus » les certificats de nationalité délivrés en application de la loi de 1972 ; la détention ou l'usage d'un tel document est punissable de six mois de servitude pénale.

h) La loi n° 04/024 du 12 novembre 2004 relative à la nationalité congolaise

A ce jour, la nationalité congolaise est régie par la loi n°04/024 du 12 novembre 2004 relative à la nationalité congolaise. Cette dernière loi se conforme aux prescrits de l'article 14 alinéa 3 de la Constitution de Transition du 5 avril 2003 et s'inscrit dans les orientations dégagées à Sun City en Afrique du Sud. Elle constitue donc une réponse aux critiques formulées aux différentes législations précédentes en matière de la nationalité congolaise.

Ainsi, partant d'un constat unanime sur le fait que la guerre déclenchée à l'Est le 2 août 1998 n'a été qu'une conquête identitaire des Banyamulenge, la question de la nationalité s'est révélée un véritable brûlot sous la transition (2003-2006) : à tout moment, le processus pouvait déraper.

C'est pourquoi, lors de sa réunion du 15 juillet 2004, le gouvernement de transition s'était penché sur le projet de loi relative à la nationalité congolaise qu'avait présenté la Commission politique, défense et sécurité. Rapidement, ce projet fut transmis au Parlement, où avait déjà été déposée depuis le 3 juillet 2004 une proposition de loi sur la nationalité.

Il est nécessaire de noter ici que la source première de la loi de 2004 n'est pas l'Accord de Lusaka auquel on a tant reproché d'être « imposé » par les ennemis du Congo, cet accord ne faisant que reprendre dans son préambule le communiqué du Sommet de Pretoria du 23 août 1998 où le Congo était représenté et engagé par un personnage parmi les plus importants du régime en place à Kinshasa, et qui affirmait le principe que « tous les groupes ethniques et nationalités dont les personnes et le territoire constituaient ce qui est devenu le Congo (présentement la RDC) à l'indépendance, doivent bénéficier de l'égalité des droits et de la protection aux termes de la loi en tant que citoyens ».

La formule fut reprise textuellement par la constitution de transition (2003-2006) à son article 14. En passant, le terme «nationalités» qui avait tant effarouché les Congolais mais qui n'a pas le même sens que celui du lien à un État qui nous occupe ici, mais celui de « communautés » spécifiques, a été abandonné dans ladite loi.

Je rappelle les traits caractéristiques du droit congolais de la nationalité.

§6 : Traits caractéristiques du droit congolais de la nationalité

Le droit congolais de la nationalité se caractérise ces faits : depuis la Constitution de Luluabourg de 1964 jusqu'au décret-loi de 1999, un seul critère principal avait été dégagé et maintenu en permanence. En effet, l'établissement effectif, depuis l'EIC (1885-1908), d'une tribu ou d'une partie de la tribu, sur le sol congolais. C'est cette présence physique et organique (établissement à une période historique donnée) qui est prise en considération.

Ces tribus (ou parties de tribus) qui avaient déjà la nationalité congolaise de 1885 à 1908 – au moment où le Congo était un État indépendant – ont repris, par leurs descendants interposés, la même nationalité en 1960.

La logique de la nationalité congolaise actuelle, obtenue par attribution, peut se résumer de la manière suivante : l'existence d'une nationalité congolaise à l'époque où le Congo avait la souveraineté (1885-1908) ; la récupération en 1960 de la même nationalité qu'auparavant, conséquemment avec la récupération de la souveraineté du pays ; la nationalité par attribution ; cette forme représente la nationalité par reconduction : la même nationalité remontant à l'époque de l'EIC (1885-1908) est reconduite en 1960 avec l'accession du pays à l'indépendance et la chute du régime colonial.

Est donc Congolais, en 1960, celui dont un aïeul possédait déjà la nationalité congolaise à l'époque de l'EIC. Le Congolais actuel l'obtient comme par héritage. Cependant, comme nous l'avions évoqué précédemment dans l'introduction de ce chapitre, ces caractéristiques susmentionnées ont été abandonnées par la nouvelle loi n° 04/024 du 12 novembre 2004. A ces considérations générales, nous ajoutons que la nationalité congolaise se caractérise aussi par les faits suivants : l'exclusivité, l'égalité des droits et de traitement de tous les groupes ethniques existants sur le territoire congolais, et l'organisation de la matière de la nationalité par une loi organique. Ces caractéristiques seront évoquées de manière substantielle dans la suite de notre thèse. Car le principe de l'exclusivité de la nationalité Congolaise constitue une pierre d'achoppement qui alimente des crises au sein de la Communauté congolaise.

Le rejet de la double nationalité par le droit congolais constitue une limitation contraire au principe de l'égalité de traitement. Ainsi, bien que la diaspora congolaise constitue une force économique significative pour la RDC, nombre de ces Congolais naturalisés dans leurs différents pays de résidence ont perdu leur nationalité d'origine.

Que dire sur la reconnaissance et l'acquisition de la nationalité congolaise ?

Section quatrième : Reconnaissance et acquisition de la nationalité congolaise

Le principe de la reconnaissance de la nationalité congolaise s'applique au congolais qui l'est d'origine soit par appartenance, soit par filiation soit encore par présomption de la loi.

L'acquisition de la nationalité congolaise se distingue du principe de la reconnaissance du fait que jusqu'au moment où il acquiert la nationalité congolaise, le bénéficiaire à la qualité d'étranger.

Je parle de la nationalité congolaise d'origine et celle par acquisition.

§1. Nationalité congolaise d'origine

A la lecture de l'exposé des motifs de la loi n°04/024 du 12 Novembre 2004 relative à la nationalité congolaise « la nationalité congolaise d'origine est reconnue dès la naissance à l'enfant en considération de deux éléments de rattachement de l'individu à la République démocratique du Congo, à savoir filiation à l'égard d'un ou deux parents congolais (jus sanguin us), son appartenance aux groupes ethniques et nationalités dont les personnes et le territoire constituaient l'indépendance (jus sanguin us et jus soli) ou sa naissance en République Démocratique du Congo ».

a) Reconnaissance de la nationalité d'origine par appartenance

Aux termes de l'article 6 de la loi n°04/024 du 12 Novembre 2004 relative à la nationalité congolaise « est congolais d'origine, toute personne appartenant aux groupes ethniques et nationalités dont les personnes et le territoire constituaient ce qui est devenu le Congo (présentement la République Démocratique du Congo) à l'indépendance.

Il sied de relever une lacune de la loi, relative à l'absence des définitions des groupes de nationalités auxquels se réfère l'article 6 de la loi en question.

b) Reconnaissance de la nationalité par filiation

L'option fondamentale pour la reconnaissance de la nationalité congolaise est le principe de la transmission par la filiation, par le jus sanguin us.

L'enfant reçoit en naissant la nationalité de son père, de sa mère[482]. Aux termes de l'article 7 de la loi.

Depuis donc, la réforme de 1981 telle que modifiée et complétée par le décret -loi n° 197, la transmission de la nationalité peut se faire aussi par le fait de la naissance d'une mère congolaise, la primauté du père comme donneur de la nationalité a été écartée. Ce faisant, le législateur a donné une dimension nouvelle à notre droit congolais de la nationalité, il a consacré une réalité authentiquement congolaise et il en est résulté une extension du nombre des Congolais d'origine, notamment pour les enfants nés de femmes congolaises ayant épousés des étrangers. L'actuelle réforme a préservé cet acquis.

c) Reconnaissance de la nationalité par la naissance dans l'Etat ou par Présomption de la loi

Exceptionnellement à l'option fondamentale de la reconnaissance de la nationalité par le jus sanguin us, la loi n°04/024 du 12 Novembre 2004 relative à la nationalité Congolaise réputé congolais d'origine tout en enfant nouveau-né trouvé en RDC dont les parents sont inconnus[483]. C'est le principe du « jus soli » qui présume que tout enfant qui naît sur le territoire d'un Etat reçoit par reconnaissance la nationalité de cet Etat quelle que soit la nationalité de ses parents. Toutefois, la nationalité ainsi reconnue est essentiellement provisoire, du fait que l'intéressé sera « réputé n'avoir jamais été Congolais si, au cours de sa minorité, sa filiation est établie à l'égard d'un étranger ou s'il a conformément à la loi nationale de son parent, la nationalité de celui-ci.

Il sied de préciser qu'est également congolais par présomption de la loi :

1. L'enfant né en République démocratique du Congo de parents ayant le statut d'apatride ;
2. L'enfant né en RDC de parents étrangers dont la nationalité ne se transmet du fait de la législation de l'Etat d'origine qui ne reconnait que le jus soli ou ne reconnait pas d'effet sur la nationalité à la filiation naturelle.

De même aux termes de l'article 14, al. 2 « l'enfant mineur non émancipé dont le père ou la mère est inconnu, acquiert la nationalité congolaise

---

[482] Article 6 de la loi n°04/024 du 12 Novembre 2004, relative à la nationalité congolaise.

[483] Jusque donc à une épouse récente (1981), système du jus sanguin us n'avait été appliqué qu'au profit du seul père, la mère ne pouvant pas transmettre la nationalité par filiation.

conformément aux dispositions de l'article 8 de la présente loi. Autrement dit, cet enfant est congolais d'origine par présomption de la loi.

Il y a aussi la nationalité congolaise acquise qu'il convient de voir dans les pages qui suivent.

§2. Nationalité congolaise acquise

Appelée aussi « nationalité adventice » la nationalité acquise est celle « qui résultant d'un acte ou d'un fait survenu après la naissance, opère un changement de nationalité dans la personne de l'intéressé sans rétroactivité à sa naissance »[484]. Elle provient du fait que, généralement, des Etats insèrent dans leurs législations sur la nationalité des dispositions permettant aux étrangers d'acquérir leur nationalité, et de devenir des nationaux de ces Etats de ces Etats. De plus, lorsqu'un Etat est démembré ou annexé par un autre Etat, la population habitant sur ce territoire perd son ancienne nationalité pour en acquérir une nouvelle, celle de l'Etat annexant[485].

On comprend dès lors que l'individu ne conserve pas toujours la nationalité d'origine durant toute son existence, il peut la perdre, volontairement ou individuellement, et acquérir volontairement ou involontairement, et acquérir volontairement involontairement une autre nationalité.

Dans la nationalité advance, la volonté de l'Etat est prépondérante en effet, c'est parce que l'Etat annexe tel territoire que la population de ce territoire change de nationalité ; de même c'est parce que l'Etat consent à insérer dans sa législation des dispositions en matière de naturalisation que des étrangers peuvent bénéficier de ces dispositions[486]. La volonté de l'individu peut jouer un rôle plus au moins important, mais c'est la volonté de l'Etat qui prédomine.

Tout comme dans les législations précédentes, les étrangers peuvent acquérir la nationalité congolaise par la voie de naturalisation, de l'option et de l'adoption. La loi actuelle a introduit l'acquisition par l'effet du mariage et par l'effet de la naissance et de la résidence en République Démocratique du Congo (art.10 à 23).

Chacun des modes d'acquisition de la nationalité congolaise est soumis à des conditions qui lui sont propres, d'ordre positif ou d'ordre négatif.

Quel que soit le mode d'acquisition, l'impétrant doit remplir les conditions ci-après pour acquérir la nationalité congolaise (art. 22) :

---

484 LOUSSARN Y et BOUREL P., *Op.Cit*, n°

485 Par exemple J. *Op.Cit.*, n°29, Pp.23-24

486 De BERLET J., *Op.Cit*, N°29, Pp23-24

1. Être majeur ;
2. Introduire expressément une déclaration individuelle,
3. Déposer une déclaration d'engagement par écrit de renonciation à toute autre nationalité;
4. Savoir parler une des langues congolaises ;
5. Être de bonne vie et mœurs ;
6. Avoir à la date de la demande une résidence permanente en RDC depuis 7 ans ;
7. Ne s'être jamais livré au profit d'un Etat étranger, à des actes incompatibles avec la qualité de Congolais ou préjudiciables aux intérêts de la RDC ;
8. N'avoir pas fait l'objet d'une condamnation définitive par les juridictions nationales ou étrangères pour l'une des infractions ci-après :
   - Haute trahison
   - Crimes de guerre, crimes de génocide, crimes contre l'humanité, crimes d'agression ;
   - Crime de terrorisme, assassinat, meurtre, viol, viol des mineurs, pédophilie ;
   - Crimes économiques, blanchissement, corruption, contrefaction etc.

Outre ces conditions la loi exige sur le plan procédural que la déclaration introduite individuellement soit présentée en double exemplaire, qu'elle comporte élection domicile en RDC de la part de l'intéressé, qu'elle comporte la signature légalisée de l'impétrant, la déclaration doit être accompagnée des documents qui sont déterminés par arrêté du Ministre de la justice et Garde des Sceaux délibéré en Conseil des Ministres et être adressé au Ministre et la Justice et Garde Sceaux par lettre recommandant avec accusé de réception ou par porteur après remise des pièces requises.

a) Acquisition de la nationalité de plein droit

L'enfant mineur non émancipé dont le père ou la mère a obtenu la nationalité congolaise par effet de l'option acquiert de plein droit la nationalité congolaise en même temps que son parent[487].

---

[487] Article 6 de la loi n°04/024 du 12 Novembre 2004, relative à la nationalité congolaise.

b) Acquisition de la nationalité par effet de la naturalisation (art. 11et 12)

La naturalisation est une concession d'une nationalité par un Etat à un étranger qui la demande.

La précédente législation sur la nationalité avait institué deux types de naturalisation une petite et une grande. La distinction entre les deux modes d'acquisition de la nationalité congolaise se traduisait par la différence dans les conditions à réunir pour accéder ou à l'autre naturalisation ainsi que dans l'étendue des droits y étaient rattachés.

La petite naturalisation constituait une première étape que devait franchir un étranger qui sollicitait la nationalité congolaise. Les conditions d'accès étaient relatives à la capacité, à la résidence, à la moralité, à l'intégration et à la santé de l'intéressé. Ces conditions d'accès et les droits auxquels elles donnaient lieu reflétaient le souci du législateur de prouver l'allégeance du bénéficiaire à la nationalité congolaise.

Mais la loi actuelle n'a institué qu'une seule naturalisation. Outre les conditions communes aux autres modes d'acquisition, la naturalisation est conférée, après avis conformes de l'Assemblée Nationale, à tout étranger qui a rendu d'éminents services à la RDC, ou à celui dont la naturalisation présente pour la RDC un intérêt réel à impact visible (article 11).

Il faut préciser que le décret accordant la naturalisation est délibéré au conseil de Ministres sur proposition du Ministre de la Justice et Garde Sceaux, le Président de la République signe ce Décret après avis conforme de l'Assemblée Nationale. Le requérant qui aura obtenu la naturalisation par Décret, sera admis à jouir de la qualité de citoyen congolais, mais seulement à partir du moment où il aura prêté serment, devant la cour d'appel de sa résidence, d'être fidèle à la république Démocratique du Congo, de respecter ses lois, de n'invoquer dans ce territoire la protection d'un autre Etat, de ne jamais porter des armes contre lui et ses citoyens en faveur d'une autre puissance et de ne jamais contrecarrer ses intérêts. (art.12).

La loi exige derechef à l'article 37 que toute demande de la naturalisation satisfasse aux conditions suivantes :

- Comporter élection de domicile en RDC,
- Avoir la signature légalisée de l'intéressé ;
- Être accompagnée des documents déterminés par arrêté du Ministre de la Justice et Garde Sceaux délibéré en Conseil Ministres ;
- Être adressé au Ministre de la justice et Garde Sceaux par lettre recommandée avec accusé de réception ou par porteur contre récépissé après remise des pièces requises.

c) L'acquisition de la naturalisation par option

La nationalité congolaise par l'effet de l'option peut être acquise par :

1. L'enfant né en RDC ou à l'étranger de parent dont l'un a eu la nationalité Congolaise ;
2. L'enfant adopté légalement par un Congolais ;
3. L'enfant dont l'un des parents adoptifs a acquis ou recouvré volontairement la nationalité Congolaise (art.13).

Aux termes de l'article 15 « l'option n'est recevable que si l'impétrant :

4. Réside en RDC depuis 5 ans ;
5. Parle des langues congolaises ;
6. A déposé une déclaration d'engagement à la renonciation à toute autre nationalité.

La déclaration en vue d'acquérir la nationalité congolaise, d'y renoncer ou de la recouvrer dans les cas prévus par la présente loi doit satisfaire aux conditions suivantes :

1. Être présentée en double exemplaire,
2. Être accompagnée des documents déterminés par arrêté du Ministre de la Justice et Garde Sceaux délibéré en Conseil Ministres ;
3. Être adressé au Ministre de la justice et Garde Sceaux par lettre recommandée avec accusé de réception ou par porteur contre récépissé après remise des pièces requises.

d) L'acquisition de la nationalité congolaise par effet de la naissance et de la résidence en République Démocratique du Congo

Tout enfant né en RDC de parent étrangers peut, à partir de l'âge de 18 ans accomplir, acquérir la nationalité congolaise à condition qu'il en manifeste par écrit la volonté et qu'à cette date il justifie d'une résidence en RDC (art.21).

Que dire de la perte de nationalité congolaise ?

Section cinquième : Perte de la nationalité congolaise

Tout Congolais d'origine perd sa nationalité dès l'instant où l'acquiert une nationalité étrangère. En effet, la nationalité congolaise est une et exclusive, elle ne peut être détenue concurremment avec une nationalité du Congo. (art.21).

Il peut arriver de déchoir une personne de la nationalité congolaise comme je le rappelle au point suivant.

Section sixième : Déchéance de la nationalité congolaise

L'impétrant qui a obtenu la nationalité congolaise d'acquisition en violation d'une des conditions communes à tous les modes d'acquisition (art. 22 de la loi) sera déchu de la nationalité par décret délibéré en conseil des Ministres, dans un délai d'un an, à compter de la découverte de la faute. Par une telle déchéance, l'intéressé est réputé n'avoir jamais acquis la nationalité congolaise.

En court aussi la déchéance, l'étranger qui :

- Ayant bénéficié de la nationalité d'acquisition à toutefois conservé sa nationalité d'origine ;
- A acquis la nationalité congolaise par fraude, par déclaration erronée ou mensongère, par dol ou sur présentation d'une fausse pièce contenant une assertion mensongère ou erronée ;
- S'est rendu coupable de corruption ou de concussion envers une personne appelée à concourir au déroulement de la procédure tendant à acquérir la nationalité congolaise (art.28).

Il faut noter que le décret prononçant la déchéance est signé après délibération en conseil des Ministres et avis conforme de l'Assemblée nationale.

Le décret est notifié au concerné par les soins du ministre de la Justice et garde Sceaux, il peut faire l'objet d'un recours gracieux auprès du Président de la République et, le cas échéant, d'un recours en annulation devant la cour suprême de justice (art.29, al.3).

Conclusion : Recouvrement de la nationalité congolaise

Il y a deux modes de recouvrement de la nationalité congolaise, à savoir par décret et par déclaration.

§1 : Le recouvrement par déclaration

Ce mode concerne le congolais d'origine qui avait perdu sa nationalité, il peut la recouvrer par déclaration conformément aux dispositions de l'article 34 de la loi qui prévoient que « toute déclaration en vue d'acquérir la nationalité congolaise, d'y renoncer ou de la recouvrer dans les cas prévus par la présente loi doit satisfaire aux conditions suivante :

- Être présentée en double exemplaire,
- Être accompagnée des documents déterminés par arrêté du Ministre de la Justice et Garde Sceaux délibéré en Conseil Ministres ;
- Avoir la signature légalisée de l'impétrant ;

- Être adressé au Ministre de la justice et Garde Sceaux par lettre recommandée avec accusé de réception ou par porteur contre récépissé après remise des pièces requises.

En plus, il doit avoir conservé ou acquis avec la république démocratique du Congo des liens manifestes, notamment d'ordre culturel, professionnel, économique, sentimental ou familial. La déclaration n'a d'effet qu'à compter du jour de son enregistrement.

Enfin, le gouvernement peut s'opposer au recouvrement de la nationalité congolaise de l'impétrant pour indignité (art.33).

§2 : Le recouvrement par décret

Ce mode concerne la personne qui a la nationalité congolaise par acquisition, il peut être obtenu à tout âge de la majorité civile, il est soumis aux conditions et procédures d'acquisition de la nationalité congolaise. (art.31)

Dans tous ces deux cas, le recouvrement produit des effets à l'égard des enfants mineurs du bénéficiaire. Mais c'est à ce dernier qu'il appartient d'établir qu'il avait possédé la nationalité congolaise.

Conclusion de la deuxième partie Preuve de la nationalité congolaise et de l'extranéité

Le siège de la manière se trouve aux articles 42 à 46 de loi organique sur la nationalité congolaise. Une nette distinction y est établie entre la preuve de la nationalité congolaise d'origine ou d'acquisition et celle de l'extranéité.

La nationalité congolaise étant déterminée par une loi, l'objet de la preuve consistera à établir que l'intéressé se trouve dans l'un des cas définis par la loi. Quant aux modes de preuve, ils varieront suivant qu'il s'agit d'établir une nationalité ou de prouver une déclaration d'acquisition, de renonciation ou de recouvrement, ou encore de prouver une déchéance.

§1. Preuve de la nationalité congolaise ou d'acquisition

Aux termes de l'article 42, elle s'établit en produisant un certificat de nationalité régulièrement délivré par le Ministre ayant la nationalité dans ses attributions. Ce certificat fait foi jusqu'à preuve du contraire. Tout titulaire du certificat de la nationalité congolaise est investi de la qualité de congolais et il appartient à celui qui conteste cette qualité d'apporter la preuve contraire[488].

Cela signifie que la loi organique réserve au titulaire du certificat de nationalité position de défendeur en cas d contestation au sujet de la nationalité, et le fardeau de la preuve revient à son adversaire. En dehors de l'hypothèse où la qualité de congolais est contestée à celui qui possède un certificat de nationalité, la charge de la preuve incombe à l'individu dont la nationalité est mise en cause car il est mieux placé pour réunir les éléments de preuve.

Il est ici application de la règle de droit commun « actori incumbt probatio » chaque fois que l'intéressé lui-même, agissant comme demandeur dans un procès que de sa qualité de congolais ou la conteste. Mais lorsqu'une autre

---

[488] En matière de nationalité, le passeport, la carte d'identité ainsi que tous autres documents officiels ne sont que de simples écrits, qui présument simplement de la nationalité du titulaire et sont susceptibles de preuve contraire. Ils ne constituent, le cas échéant qu'un commencement de preuve, le seul bénéficiaire que ces documents produisent à l'égard de leurs détenteurs est de les décharger du fardeau de la preuve. Dans le même sens, BERTLET J., *Op. Cit*, n°239, p.196.

personne prend que le défendeur est Congolais ou ne l'est pas, on applique la maxime « reus in exciiendo fit actor »[489]. Le certificat comporte les mentions et références prescrites par le décret portant mesures d'exécution de la loi, notamment les références précises du registre d'enregistrement, la date, la nature de l'acte en vertu duquel l'intéressé a eu la nationalité congolaise ainsi que les documents qui ont permis de l'établir (art.42 al.2).

Le certificat de nationalité ne peut légalement être retiré que s'il a été obtenu par fraude. Toutefois, si l'administration conteste la nationalité congolaise de l'intéressé, c'est à elle de prouver que l'intéressé n'a pas cette nationalité (Article 43).

En ce qui concerne la preuve d'une déclaration en vue d'acquérir la nationalité congolaise, d'y renoncer ou de la recouvrer, elle résulte de la procédure d'une attestation délivrée par le Ministre de la Justice, à la demande de tout requérant et constatant que la déclaration a été établie et enregistre (art.44).

La preuve de la déchéance de la nationalité congolaise résulte de la production d'une copie authenticité du décret-loi déchéances, ou à défaut de cette pièce d'une attestation constatant l'existence et l'enregistrement de cet acte de' déchéance délivré par le ministère de la justice.

§2. Preuve de la qualité d'étranger (art.45 et 46)

La preuve de la nationalité étrangère d'un individu, c'est-à-dire la preuve de ce que cette personne ne possède pas la nationalité congolaise, se fait différemment selon que cette preuve est liée ou non à la perte de la nationalité congolaise.

a) Preuve de l'extranéité liée à la perte de la nationalité congolaise :

En dehors du cas déchéance, la preuve de l'extranéité est faite en établissant l'existence des faits et actes qui ont provoqué la perte de la nationalité, soit une déclaration soit un décret. Dans le premier cas, il suffira de produire un exemplaire enregistré de la déclaration, dans le second cas, une ampliation ou un exemplaire du journal officiel où décret a été publié. Si cet exemplaire ne peut être produit, il peut y être suppléé par une attestation du Ministre de la Justice constatant l'existence de l'enregistrement du décret.

b) Preuve de l'extranéité indépendante de la perte de la nationalité :

il s'agit de la preuve de l'extranéité d'origine et celle-ci sera alors uniquement rapportée par des documents probants. (art.45).

---

[489] Voy De BURLET J., *Op.Cit*, n°235, P.194

Conclusion générale

La démarche à laquelle nous nous sommes consacrés, arrive ainsi à son terme, c'est pourquoi, nous saisissons, dans cette dernière rubrique, l'occasion de faire une synthèse cette longue analyse faite dans ce livre. De nos principales préoccupations abordées, nous pouvons, sans prétention d'auto-évaluation, affirmer que l'essentiel des réponses ont été données.

Au fait, depuis l'avènement des Etats indépendants et souverains la question de nationalité a toujours été au centre des débats et des discussions sur la scène internationale car l'existence des populations irrédentes des parts et d'autres des frontières nationales a tendance à susciter des conflits sanglants qui, à la longue, poussera la communauté internationale à intervenir pour la cessation des hostilités ou pour la prise en compte des questions d'ordre humanitaire.

Étudier une matière d'actualité, comme nous venons de le faire, présente des avantages et des obstacles. En ce qui concerne les avantages, nous avons eu accès à d'abondantes sources bibliographiques, surtout en droit suisse et européen. À propos des obstacles rencontrés, nous pouvons citer le caractère très peu développé des sources des droits congolais et africains. Ainsi, tout au long de notre recherche, nous avons constaté que la plupart des sources bibliographiques du droit congolais sont la législation et la doctrine, souvent défendant des positions plus nationalistes que juridiques. De même, aucune jurisprudence n'est développée, alors que les litiges ne manquent pas. Donc, l'Afrique en général et la RDC en particulier ont encore beaucoup d'effort à faire dans tous les domaines.

Toutefois, il ressort de notre étude que la nationalité est l'un des droits fondamentaux de la personne humaine ; en même temps, le pouvoir dont jouit un pays de conférer la nationalité à une personne humaine est une marque indéniable d'affirmation de l'autorité suprême et de la souveraineté de l'État. Mais les évolutions conceptuelles récentes imposent un certain nombre de limites à cette compétence.

En effet, nous retiendrons que la citoyenneté européenne amorce une rupture du couple nationalité-citoyenneté. Et cette avancée nous conduit à voir dans la citoyenneté européenne un nouvel ordre juridique international et l'émergence d'une citoyenneté transnationale, bien en phase avec les évolutions socioéconomiques contemporaines. Il en résulte que les États ne sont plus en mesure de gérer les mouvements de personnes uniquement par le biais de leur législation migratoire unilatérale. Ils cherchent donc à coordonner au niveau régional et international la gestion des flux migratoires.

Le XXIe siècle impose vraisemblablement un rétrécissement des frontières étatiques et bouscule les politiques internes des États-Nations, affectant même les législations positives relevant de la compétence exclusive des États. Dans ce registre, nous avons été amenés à constater que les évolutions actuelles imposent implicitement une modification de la législation congolaise et suisse de la nationalité. Nous avons noté l'émergence du concept de citoyenneté transnationale, au-delà de la citoyenneté étatique, et développé la pratique de la double-nationalité. A côté de ces néologismes, nous avons également mis en évidence la notion de la « nouvelle citoyenneté », fondée sur la participation locale et la citoyenneté de résidence comme fondement pour la reconnaissance des droits politiques locaux aux étrangers, ayant vu le jour en Europe durant les années 1990.

Par ailleurs, nous avons relevé dans la présente étude qu'au-delà des considérations de race, de culture ou de politique, la nationalité est une disposition essentiellement juridique dont la gestion doit éviter de se diluer dans des considérations passionnelles. Un protectionnisme exagéré de la nationalité conduit à l'exclusion et à des frustrations entraînant des conflits et manques à gagner pour l'économie. Dans des pays qui n'ont pas de grande tradition politique, la question de la nationalité est truffée de nombre de considérations anthropologiques et sociologiques, qui elles-mêmes génèrent troubles et conflits. Tel est le cas de la RDC où la gestion passionnelle de cette question, instrumentalisée par les politiques pour justifier une politique agressive à l'encontre de minorités, a conduit toute une sous-région dans un cycle infernal de conflit.

Pour prétendre à une nationalité/citoyenneté à l'instar de l'UE dans la sous-région des Grands Lacs ou pour négocier un ALCP du modèle Suisse-UE, la RDC doit au préalable rétablir l'autorité de l'État sur son territoire. En effet, le pouvoir de l'État est déficient ou inexistant dans de nombreuses parties du pays où l'autorité est exercée par les administrations parallèles qui ont été créées par les groupes armés, y compris en complicité avec le pouvoir central. De plus, des milices armées, qui cherchent à conserver leur contrôle illicite sur les ressources naturelles, continuent de s'opposer aux efforts visant à mettre en place des administrations légitimes. Le rétablissement de l'appareil étatique est également freiné par la présence continue de groupes armés étrangers dans l'est du pays, qui contrôlent un certain nombre de zones dans la région. Par ailleurs, l'absence de progrès concernant le désarmement, la démobilisation et la réinsertion (DDR) des ex-combattants congolais constitue notamment un important facteur de déstabilisation. En effet, la lenteur de l'application du programme Désarmement, démobilisation, rapatriement, réinstallation et réinsertion (DDRRR) des combattants étrangers, avec l'aide de la MONUSCO, reste une préoccupation majeure.

La démarche méthodologique a consisté en l'étude comparative du droit suisse et du droit congolais, concernant la législation du droit de la nationalité. Une comparaison évocatrice a été faite par rapport au droit européen pour s'inspirer des avancées de la législation en la matière. La méthode et les techniques utilisées ont été essentiellement basées sur l'herméneutique, ce qui nous a permis de comprendre, interpréter et expliquer les attitudes des deux législateurs en présence, et de trouver les justifications qui soutiennent leurs décisions en matière de nationalité.

Notre étude a commencé ainsi par élucider dans sa première partie, pour besoin d'analyse et de façon plus au moins exhaustive, des questions générales liées à la nationalité. Les notions, définitions, les approches conceptuelles de la nationalité et l'émergence d'une citoyenneté transnationale ont été abordées en détail. Cette première analyse conceptuelle nous a permis de déceler les liens qui existent entre la notion de la citoyenneté, ainsi que les possibles développements qui en sont fait actuellement. Il s'en est dégagé que la citoyenneté transnationale était typiquement une innovation européenne, résultant de la volonté des dirigeants européens d'intégrer leurs différentes nations.

Cette intégration des nations européennes passerait par un processus savamment conçu qui donnerait lieu à la création d'une identité transnationale : la citoyenneté européenne. Ainsi les nations autrefois antagonistes ont été appelées à faire route ensemble et se côtoient aujourd'hui sans difficulté majeure, repoussant ainsi les velléités bellicistes et xénophobes qui caractérisaient leurs rapports.

Nous avons alors souligné le fait que ce processus suivi par l'Union Européenne proposait une démarche à la fois pédagogique et méthodologique riche en enseignements, aussi bien pour la Suisse que pour la RDC. En effet, en Europe la Suisse est l'un des rares pays qui, pour des motivations de politique économique interne, n'appartient pas à l'Union Européenne. De son côté, la RDC est entourée de 9 pays voisins, dont la cohabitation pacifique se heurte depuis plus d'une décennie à des tensions récurrentes. Ainsi nous a-t-il paru qu'une analyse en droit comparé entre les législations respectives des deux pays serait riche d'enseignements mutuels.

Inspiré du modèle d'intégration européenne ainsi que de ses implications sur le droit de la nationalité, nous avons présenté le schéma de l'intégration régionale comme un tremplin pour vaincre les prétextes sécuritaires et politiques qui ruinent la paix en RDC et dans la sous-région des grands lacs. Pour le besoin de l'analyse, nous avons abordé de manière illustrative la Communauté Économique des Pays du Grands Lacs (CPGL) et la

Communauté du Développement de l'Afrique Australe (SADC) comme communauté d'intégration régionale. L'appartenance de la RDC à ces deux communautés la place de manière implicite sur un schéma irréversible d'ouverture vers l'extérieur. Les implications sur les citoyens congolais qui pourront émigrer librement vers les pays de la sous-région et/ou dans le reste du monde et s'y établir, exercent une pression légitime sur la législation congolaise de la nationalité qui est restée surannée.

Nous disons surannée parce qu'après examen de l'évolution du droit congolais de la nationalité, depuis l'époque de la colonisation belge en passant par l'indépendance, jusqu'en 2004, tous les textes relatifs au droit de la nationalité : les décrets royaux belges relatifs à la naturalisation des indigènes congolais, au statut des congolais et des résidents étrangers au Congo ; la Constitution de 1964 et les décrets -lois du 13 mars 1965 sur la nationalité congolaise post coloniale ; la Constitution de Luluabourg de 1964 ; l'ordonnance de 1971 et la loi de 1972 accordant la nationalité collective aux originaires du Ruanda-Urundi ; la loi de 1981, premier livre du Code de la famille, le décret-loi n° 197 du 29 janvier 1999 sur la nationalité congolaise et la loi de 2004, sont inadaptés aux contextes socioéconomiques et politico-culturels du moment.

Pour ce qui est du droit suisse, nous avons tour à tour examiné la Constitution de 1848 accordant la compétence exclusive aux cantons en matière de nationalité, la révision constitutionnelle de 1874, et les lois correspondantes faisant partager les compétences entre la Confédération et les cantons, la Constitution fédérale de 1874, la révision constitutionnelle de 1928, la loi de 1952 et les différentes révisions constitutionnelles et législatives qui s'en sont suivies, notamment, l'adoption d'une nouvelle Constitution en avril 1999 et les modifications antérieures.

Nous avons ainsi conclu que la RDC, à l'instar d'autres grandes nations du monde qui ont compris les bienfaits de l'ouverture, a tout intérêt à adapter sa législation relative à la nationalité, en offrant la possibilité aux Congolais d'origine de conserver leur nationalité d'origine. Car comme nous l'avons démontré, d'un point de vue juridique, il est contradictoire de supprimer la nationalité d'origine, alors que les textes consacrent la notion d'attachement du national à sa nation. Ces Congolais qui ont émigré à l'étranger et qui ont acquis d'autres nationalités restent pourtant très attachés à la RDC culturellement (ils continuent à parler les langues congolaises, qu'ils apprennent même à leurs enfants), spirituellement, économiquement et politiquement. L'autorisation de la double nationalité en RDC résoudrait ainsi beaucoup de défis auquel est confrontée aujourd'hui la RDC.

Quant à la Suisse, pays jouissant d'une riche expérience juridique et d'une grande stabilité politique, l'évolution actuelle du droit de la nationalité vers l'acceptation de la double nationalité contribue à conforter la culture citoyenne suisse et à faire profiter la Suisse des avantages évidents de la rencontre, du brassage des peuples et de la diversité culturelle.

Parlant des convergences entre les deux législations, nous avons noté que les deux législations satisfont aux exigences du droit international coutumier. Cependant, dans la pratique, les choses ne se passent pas toujours comme la loi le prévoit, et les conditions de naturalisation varient considérablement dans ces deux pays.

Par exemple, la durée de résidence est de dix ans en Allemagne et en Autriche ; cinq ans en Belgique, en France, au Royaume-Uni, aux Pays-Bas et en Suède. La RDC, pourtant non-membre du Conseil de l'Europe, vient de la ramener à sept ans au lieu de quinze ans auparavant.

La double nationalité est acceptée en droit suisse depuis 1992. En revanche, la loi congolaise, relative à la nationalité congolaise du 12 novembre 2004, prévoit que la nationalité congolaise est une et exclusive.

La naturalisation avec le maintien de la nationalité d'origine a été considérée comme une solution acceptable tant qu'une personne a un véritable lien avec son pays d'origine.

De tout ce qui précède, on retiendra que le problème de l'Afrique en général et du Congo en particulier, n'est point de manquer de textes de lois ou accords pertinents ; c'est surtout un problème de mentalité, de respect de l'esprit et de la lettre des textes. La tradition orale ancrée dans la mentalité africaine serait-elle juste un frein à l'application de l'esprit des lois ?

Il est donc important que les abus en termes de discriminations qui portent atteinte à la cohésion sociale soient bannis, et que les politiques d'intégration et de cohésion sociale soient promues, pour assurer la paix et la stabilité dans les deux pays étudiés.

Enfin, il sied de souligner que pour une intégration sociale réussie, les organisations régionales africaines ont tout intérêt à adopter le découplage opéré par le droit de l'Union européen des concepts des nationalités et des citoyennetés, en promouvant l'extension d'une citoyenneté transnationale. Indubitablement, la haute portée socioéconomique et culturelle de la citoyenneté européenne, dans l'appréhension des liens existant entre nationalité et immigration, ou entre nationalité et intégration.

La libre circulation et la non-discrimination fondées sur un traité international, à l'instar de l'ALCP, serait pour la RDC et les pays de la sous-région de Grands Lacs une meilleure solution pour résoudre la crise qui dure et cause des morts. En effet, nous proposons un concept de la nationalité citoyenneté transnationale imaginée dans le cadre d'une intégration économique pour aboutir à une citoyenneté africaine à la lumière de la citoyenneté européenne.

Bibliographie

1. Ouvrages

1. ACHERMANN A., et autres (éd.), *Annuaire du droit de la migration*, Berne 2004-2012.
2. ACHERMANN A., et autres, in : *Annuaire du droit de la migration*, éd. Stämpfli, Berne, 2012/2013.
3. ACHERMANN A., KÜNZLI J., *(forthcoming), Hand-buch Bürgerrecht*, Bern 2011.
4. ACHERMANN A., *Le logement convenable comme condition pour le regroupement familial*, Berne 2004.
5. ACHERMANN A., STURM E., VON RÜTTE B., *Stu-die zur praxis von bundesgericht und bundesverwal-tungsgericht im bereich der integrationskriterien.*
6. ACHERMANN C., GASS S., *Staatsbürgerschaft und soziale Schliessung, Eine rechtsethnologische Sicht auf die Einbürgerungspraxis der Stadt Basel*, Zürich 2003.
7. ALBERTINI M., *Procedura di naturalizzazione: accertamento dell'idoneita dei richiendenti e tutela della sfera privat*a, rtid 2007 361-381.
8. ALBERTINI M., *Protezioni dei dati e diritti die cittadini, Riflessioni su una realtà in continua evoluzione*, Basel 2004.
9. ALDEEB ABU-SAHLIEH S. A., *Mariages mixtes entre Suisses et musulmans: enjeux de normes légales con-flictuelles*, Lausanne 1996.
10. ANDRE C., DUPONT P., LUBANDA LUNANGA, MAFIKIRI TSONGO, PARQUE V., *Conflits au Ki-vu: antécédents et enjeux, Anvers 1970.*
11. ANGELONI R., *Questions relatives au droit de cité*, REC 1982, p. 34 ss.
12. Apeldoorn B. A., "Theorizing the transnational", in Journal of International Relations and Developpement , 2004, vol.7, pp.142-176
13. AREND M., *Einbürgerung von Ausländern in der Schweiz,* Bâle 1991.

14. ARGAST R., et autres, « Citoyenneté, nationalité et formation nationale en Suisse 1798-1925 », in *Etudes et Sources*, 2003, 29, 129-160.

15. ARGAST R., et autres,"Wer gehört dazu ? Bürger-rechtsakten in der Schweiz als Instrument von Ein- und Ausschluss", in: *Kaufmann Claudia/*

16. ARGAST R., „Kontrolle, Integration, Abwehr. Das Schweizer Bürgerrecht als Sicherheitsdispositiv (1876/1926)", in: *Opitz Claudia/Studer Brigit-te/*Tanner Jakob (Hrsg.), Kriminalisieren – Entkriminalisieren – Normalisieren, Zürich 2006, 227-241.

17. ARGAST R., *Staatsbürgerschaft und Nation? Aus-schliessung und Integration in der* Schweiz 1848-1933, Göttingen 2007.

18. ARLETTAZ G., BURKART S., *Naturalisation, assimilation et nationalité suisse: l'enjeu des années 1900-1930*, in: CENTLIVRE P. (éditeur), Devenir Suisse: adhésion et diversité culturelle des étrangers en Suisse, Genève 1990.

19. ARLETTAZ G., *Démographie et identité nationale (1850-1914): la Suisse et La question des étrangers*, Berne 1985.

20. ARLETTAZ G., *Les effets de la première guerre mondiale sur l'intégration des étrangers en Suisse*, Paris/Genève, 1988.

21. ASBECK V., *Le régime des étrangers dans les colonies*, RCADI, vol. III, 1937.

22. ASSANI A.A., *Clarification de quelques concepts relatifs à la question de la nationalité congolaise*, Kinshasa 2000.

23. AUBERT J.-F., MAHON P., *Petit commentaire de la Constitution fédérale de la Confédération suisse du 18 avril 1999, Zurich/Bâle/Genève 2003.*

24. *AUBERT J.-F., Traité de droit constitutionnel suisse,* volume 1, Neuchâtel 1967.

25. AUBERT J.-F., *Traité de droit constitutionnel*, volume 3, Supplément 1967-1982, Neuchâtel 1983.

26. AUER A., DELLEY J.-D., HOTTELIER M., MALIN-VERNI G., (éd.), *Aux confins du droit :Essais en l'honneur du Professeur Charles-Albert Mo-rand*, Genève 2001

27. AUER A., MALINVERNI G., HOTTELIER M., *Droit constitutionnel suisse*,

28. AUER A., *Naturalisation: les limites de la démocratie directe*, DP 2000.

29. BENZ U., *Die ordentliche Einbürgerung von Auslän-dern in der* Schweiz, Zurich 1968.

30. BIAGGINI G., Art. *37 und 38, Kommentar Bundesver-fassung der Schweizerischen Eidgenossenschaft*, Zü-rich 2007. .

31. BIANCHI DORIS, *Die Integration der ausländischen Bevölkerung, Der Integrazionsprozess im Lichte des schweizerischen Verfassungsrechts*, Zurich 2003.

32. BIANCHI DORIS, P*aradigmenwechsel im Einbürge-rungsrecht*, zbl 105/2004 401-427.

33. BIANCHI DORIS, *Vereinheitlichungstendenzen im Ein-bürgerungsverfahren, in: Schindler Benja-min/Schlauri Regula* (éd..), Auf dem Weg zu einem einheitlichen Verfahren: Analysen und Perspektiven von Assistierenden des Rechtswissenschaftlichen Insti-tuts der Universität Zürich, Zürich 2001, 310-325.

34. BIAYA T.K., M., « L'ethnicité au cœur de l'idéologie nationaliste », in *Le Zaïre vers quelles destinées?*, Paris 1992.

35. BIGLER-EGGENBERGER M., *Bürgerrechtsverlust durch Heirat: Ein dunkler Fleck in der jüngeren Schweizer Rechtsgeschichte*, 1999.

36. BOILLET V., *L'interdiction de discrimination en raison de la nationalité au sens de l'accord sur la libre circulation des personnes*, Bâle 2010.

37. BOIS P., *Nationalité et naturalisation*, in: CENTLIVRE P. (éditeur), Devenir Suisse: adhésion et diversité culturelle des étrangers en Suisse, Genève 1990.

38. BOLLETER W., *Der Erwerb des aargauischen Bürger-rechtes*, Zurich 1968.

39. BOLZMAN C., PONCIONI-DERIGO R., RODARI S., TABIN J-P., *La précarité contagieuse,* Genève 2002.

40. BONER B., *Les procédures cantonales de naturalisation ordinaire des étrangers*, Berne 1999.

41. BONER B., « Les procédures cantonales de naturalisation ordinaire des étrangers (état au mois de décembre 1999) », in: *REC* 2002.

42. BOONE O., *Carte ethnique du Congo et du Ruanda-Urundi, Zaïre, in « Revue congolaise »*, vol. VIII-5 de mai 1954, p. 459 et 465 ; Carte ethnique du Congo, Bruxelles 1961.

43. BOREL E., *La nationalisation des étrangers,* Zurich 1916.

44. BORGHI A., *La libre circulation des personnes entre la Suisse et l'UE, Commentaire article par article de l'accord du 21 juin 1999,* Genève, Lugano, Bruxelles 2010.

45. BRASSEUR J.-P., *La nationalité belge de statut colonial,* Elisabethville 1941.

46. BRIDEL M., *Précis de droit constitutionnel et public suisse, volume 1: Introduction historique et première partie, notions préliminaires et fondamentales*, Lausanne 1965.

47. BRIDEL M., *Quelques aspects de la double nationalité*, REC 1956, p. 219-230.

48. BUCHER ANDREAS, *Personnes physiques et protection de la personnalité*, 4e édition, Bâle 1999.

49. BUCHMANN K., *Die Bürgergemeinde – Idee und Wirklichkeit*, St. Gallen 1977.

50. BURLET J., *Nationalité des personnes physiques et décolonisation*, Bruxelles 1975.

51. CABINET DU MINISTRE DES DROITS HUMAINS, *Livre Blanc sur les violations massives des droits de l'homme et des règles de base du Droit International humanitaire par les pays agresseurs*, Kinshasa 1998.

52. Canton de Genève, Données statistiques, l'acquisition de la nationalité suisse par les personnes résidant à Genève, résultats rétrospectifs 1974 à 2001, Genève 2002.

53. CARLEN L., *Die Bürgergemeinde in der Schweiz*, Fribourg 1988.

54. CAVIN J.-F., *Territorialité, nationalité et droits politiques*, Lausanne 1971.

55. CENTLIVRE P. (éditeur), *Devenir Suisse: adhésion et diversité culturelle des étrangers en Suisse,* Genève 1990.

56. CENTLIVRE P., CENTLIVRE-DEMONT M., *La Suisse des naturalisés: paysage, espace, trajectoire,* Berne 1989.

57. CENTLIVRE P., GIROD I., *Les défis migratoires*, Zu-rich 2000.

58. CENTLIVRE P., *Intégration et naturalisation: l'exemple suisse*, Paris 1990.

59. CENTLIVRE P., *Naturalisation des étrangers*, Paris 1994.

60. CENTLIVRE P., SCHNAPPER D., *Nation et droit de la nationalité suisse,* Paris 1991.

61. CEREGHETTI A., « Permis "L", Pratiques abusives, proies faciles », in: *plaidoyer* 1/2000.

62. CESLA A., *L'intégration des étrangers à l'épreuve du droit suisse, Fondements et applications pratiques*, éd. Stämpfli SA Berne 2012, p. 166.

63. CESLA A., *Minh Son Nguyen, Migrations et économie, l'accès des étrangers à la vie économique : les normes et leur application*, éd. Stämpfli SA Berne 2010.

64. CESLA A., Nguyen M.S., (Editeur), *Code annoté de droit des migrations*, volume 1-5, éd. Stämpfli SA Berne 2014.

65. CHATON G. T., « La déclaration de garantie pour les visiteurs étrangers soumis à visa et la branche d'assurance n° 18: esquisse d'une interdépendance », in: *AJP/PJA* 2002.

66. COMMISSION FEDERALE DES ETRANGERS, *L'intégration des migrantes et des migrants en Suisse, Faits, secteurs d'activité, postulats*, Berne 1999.

67. COMMISSION FEDERALE DES ETRANGERS, *L'intégration des migrantes et migrants en Suisse – Faits, Secteurs d'activité, Postulats*, Berne 1997.

68. COMMISSION FEDERALE DES ETRANGERS, *Naturalisation et connaissances linguistiques, Recommandations de la CFE aux communes, aux cantons et à la Confédération,* Berne 2006.

69. COMMISSION FEDERALE POUR LES QUESTIONS DE MIGRATION, *La nationalité en Suisse, Evolution* 1992-2010, Berne 2012.

70. COMMISSION FEDERALE POUR LES QUESTIONS DE MIGRATION, *La naturalisation, Propositions et recommandations pour un droit de cité contemporain*, Berne 2012.

71. COMMISSION FEDERALE POUR LES QUESTIONS DE MIGRATION, *Les marges de manœuvre au sein du fédéralisme : La politique de migration dans les cantons*, Berne 2011.

72. COMMUNIQUE FINAL DES CONCERTATIONS DES ORGANISATIONS ET FORMATIONS DE L'OPPOSITION POLITIQUE EN PREVISION DE LA TABLE RONDE DE BRUXELLES, De la na-tionalité, Kinshasa 2002, p. 6.

73. D'AMATO G., Vom Ausländer zum Bürger, der Streit um die politische Integration von Einwanderern, in : *Deutschland, Frankreich und der Schweiz*, Münster 2001, 2. Aufl.

74. DE BURLE Jacques, *Précis de droit International Privé Convolait*, Université de Louvain, Kinshasa, Ed. Ferdinand, Larcier, Bruxelles, 1999.

75. DEC BAYLEY, JL. LOUBET, *Introduction aux Méthodes sciences Sociales*, Ed. PRIMAT, Moulusse, 1989.

76. DECOTTIGENS R., DEBIEVILLE M., *Les nationalités africaines*, Paris 1963.

77. DERRUPE, *Droit International Privé*, Mémentos, Ed. Dalloz, 1989.

78. DEVAUX V., Essai critique sur la situation des indigènes du Congo Belge, RBDC 1938, n° 8, p. 228.

79. Dictionnaire le Robert, Paris 1995.

80. DIE MITARBEITERINNEN UND MITARBEITER DES BUNDESAMT FÜR JUSTIZ (éd.), l'atelier du droit, Mélanges en l'honneur de Heinrich Koller à l'occasion de son 65e anniversaire, Bâle 2006

81. DURIEUX A., *Nationalité et citoyenneté,* Bruxelles 1959.

82. DUTOIT B., *La nationalité de la femme mariée*, volume 1: Europe, Genève 1973.

83. DUTOIT B., *La nationalité de la femme mariée*, volume 2: Afrique, Genève 1976.

84. DUTOIT B., MASMEJAN D., *La nationalité de la femme mariée*, volume 2: Afrique, Supplément 1976-1990, Genève 1991.

85. DUTOIT B., SATTIVA SPRING C., *La nationalité de la femme mariée,* volume 1: Europe, Supplément 1973-1989, Genève 1990.

86. DUTOIT B., *Théorie générale. Sources formelles du droit de la nationalité, Jurisclasseur Nationalité*, 5, Paris 1984.

87. DÜTSCHLER C., Das Kreuz mit dem Pass? Die Proto-kolle der „Schweizermacher“, Zürich 1998.

88. *Encyclopédie Universelle*, Ed. MAFA, Rams, 2003.

89. ESTOPPEY A., *La loi fédérale du 3 juillet 1876 sur la naturalisation et la renonciation à la nationalité suisse*, Lausanne 1888.

90. FASEL D., *La naturalisation des étrangers. Etude du droit fédéral et du droit vaudois*, Lausanne 1989.

91. FERNANDO ARLETTAZ, "Minority rights in the inter-national covenant on civil and political rights: con-ceptual considerations", in *Jurisprudence* , 2013, 20 (3), p.901-922.

92. FLAUSS J.-F., « L'abus de droit dans le cadre de la Con-vention européenne des droits de l'homme », in: *Abus de droit et bonne foi,* Fribourg 1994.

93. FOEX G., « A propos de l'expulsion des étrangers », in: *RPS* 1958, p. 131 ss.

94. GASSER B., *Erwerb und Verlust der Kantons- und Gemeindebürgerrechte in Basel-Stadt und Basel-Landschaft*, Basel 1979.

95. GERBER P., *Le recours constitutionnel subsidiaire:un dérivé du recours unifié,* in DIE MITARBEITERIN-NEN UND MITARBEITER DES BUNDESAMT FÜR JUSTIZ (éd.), l'atelier du droit, Mélanges en l'honneur de Heinrich Koller à l'occasion de son 65e anniversaire, Bâle 2006.

96. GOODE, J.W, *Méthode in Social; New York*, MC GRAW-Hill Book Company, 1952.

97. GRANT P., « Etrangers: les contours de la future loi », in: *plaidoyer* 2000.

98. GRANT P., « L'art. 8 CEDH, les étrangers et les voies de recours au Tribunal: entre innovation et cul-de-sac », in: *PJA/AJP* 1998, p. 269 ss.

99. GRANT P*., La protection de la vie familiale et de la vie privée en droit des étrangers*, Genève 2000.

100. GRANT P., *Mesures de contrainte: vers quels durcissements?* Asyl 2001/4,

101. GRENDELMEIER H. R., *Erleichterte Einbürgerung*, Zürich 1969.

102. GRISEL E., *Commentaire de la Constitution fédérale*, art. 43, 44 et 60, Bâle 1988/1989.

103. GRISEL E., *Les cantons et leurs ressortissants*, Lausanne 1977.

104. GUTZWILLER C., *Droit de la nationalité suisse. Acquisition, perte et perspectives,* Zurich 2016.

105. GUTZWILLER C., *Droit de la nationalité et fédéralisme en Suisse*, Zurich, 2008.

106. GUTZWILLER C., *Le partenariat enregistré sous l'angle du droit de la nationalité*, AJP 2005 1373-1388.

107. GUTZWILLER P. M., BAUMGARTNER U. L., *Schweizerisches Ausländerrecht – Die Rechtsstellung der Ausländer in der Schweiz*, 2. Aufl., Basel 1997.

108. HAFNER F., BUSER D., in: *St. Galler Kommentar zur Schweizerischen Bundesverfassung,* Bd. I, Zürich 2008, Art. 37 und 38.

109. HAKIZA R., *Intégration des immigrés au Zaïre, le cas des personnes originaires du Rwanda*, Bruxelles 1988.

110. HANGARTNER Y., *Grundsatzfragen der Einbürge-rung nach Ermessen, Schweizerisches Zentralblatt für Staats- und Verwaltungsrecht* 2009.

111. HANGARTNER Y., *Grundsätzliche Fragen des Einbürgerungsrechts*, AJP 2001 949-967.

112. HANGARTNER Y., *Neupositionierung des Einbürge-rungsrechts*, AJP 2004

113. HARTMANN K., LAURENT M., „"Einbürgerungen: Erwerb und Verlust des Schweizer Bürgerrechts, in: *Uebersax Peter/Rudin Beat/Hugi Yar Thomas/Geiser Thomas*, Ausländerrecht, 2. Aufl. 2009.

114. HEGI R., *La nationalité de la femme mariée*, Lausanne 1954

115. HEGNAUER C., *Droit suisse de la filiation*, Berne 1978.

116. HELBLING M., KRIESI H., *Staatsbürgerverständnis und politische Mobilisierung: Einbürgerungen in Schweizer Gemeinden, Schweizerische Zeitschrift für Politikwissenschaft 2004*, Heft 4, 33-58.

117. HENGELER O., „"Die Revision des Bürgerrechtsgesetz", in: *REC* 1973, .

118. HENGELER O., „Die Revision des Bürgerrechtsgesetz", in: *REC* 1973.

119. HEUSSLER W., *Änderungen im Zivilgesetzbuch und im Bürgerrechtsgesetz, Zeitschrift für Zivilstandswesen* 2009.

120. HEUSSLER W., « Double nationalité: L'Italie accorde la réciprocité », in: *REC* 2000.

121. HEUSSLER W., *Reform des Bürgerrechtswerwerbs von Personen schweizerischer Herkunft und der Abgaben für Einbürgerungen, Zeitschrift für*

122. HIERONYMI O., *La crise internationale et la sécurité de la Suisse*, Genève 1988.

123. HOOL F.-H., *Les effets de la double nationalité en droit suisse*, Neuchâtel 1949.

124. HOTTELIER M., « La naturalisation accélérée des étrangers en droit genevois », in: *AJP/PJA* 1993.

125. HOTTELIER M., « Le nouveau droit de la nationalité suisse », in: *RIDC* 1991.

126. IMMER P., *La perte de la nationalité suisse par l'écoulement du* temps, Lausanne 1964.

127. KABUYA L., *Conflits de l'Est du Zaïre, Repères et enjeux,* Kinshasa 1997.

128. KADDOUS C., JAMETTI GREINER M., (éd.), « « Accord billatéraux II Suisse-UE et autres accords récents/Bilatérales », *Dossier de droit européen* n° 16, Genève, Bâle, Munich, Bruxelles, Paris 2006. *Cette immigration séculaire des Rwandais au Congo*

129. KAJIGA G., , Elisabethville 1957.

130. KALALA M.M., MASIKA KATSUVA M., IYELEZA MOJU-MBEYI V.A., *La législation congolaise en matière de nationalité,* Kinshasa 1997.

131. KÄLIN W., *Grundriss des Asylverfahrens*, Bâle et Francfort-sur-le-Main 1990.

132. KÄLIN W., Stöckli, Das neue Asylverfahren, ASYL 1990/3.

133. KALONGO MBIKAYI B.O, « Nationalité et statut personnel dans le droit de la nationalité zaïroise, burundaise et rwandaise », in: *Nationalité et statut personnel*, Bruxelles/Paris 1984..

134. KAMMANN K., *Probleme mehrfacher Staatsangehö-rigkeit,* Berne 1984.

135. KANT, *Méthodologie de la Recherche Scientifique*,

136. KAPETA NZOVU I., *Droit international privé*, Kinsha-sa 2005.

137. KARENZI B., *Evolution de la législation zaïroise sur la nationalité en général*, Kinshasa 1994.

138. KIBUEY MULAMBU P., *La raison de l'engagement: La RDC*, Kinshasa 1999.

139. KNAPP C., *Quelques questions de nationalité actuelles en Suisse*, REC 1952.

140. KREIS G., KRRY P., Die schweizerischen *Einbürge-rungsnormen im Wandel der Zeit*, Basel 1996.

141. KREIS G., *Une étude sur la naturalisation en Suisse*, Bâle 1997.

142. Leimgruber Walter (Hrsg.), *Was Akten bewirken können. Integrations- und Ausschlussprozesse eines Verwaltungsvorgangs*, Zürich 2008, 82-180.

143. LUTZ S., *La naturalisation d'étrangers en Suisse,* Berne 1982.

144. MAMPUYA A., *La problématique de la nationalité congolaise*, in: le Potentiel, éd. Du 28 juillet 2004, p. 7 ss.

145. MEMORANDUM DE LA SOCIETE CIVILE – FORCES VIVES A LA RENCONTRE DE BRUXELLES, *De la nationalité*, Kinshasa 2002.

146. MEYER, P. *Insiste sur cette conséquence suite pour lui la substance du lien de nationalité.*

147. MITEO L., MULISI KAEMBE F., *Regard sur les causes et origines du « conflit Kivu »*, Bruxelles 1999.

148. MORTENAM G., *Transplantation des Banyarwanda,* Léopoldville 1937.

149. MUHINDU KAMBERE, *Regard sur les conflits de nationalité au Congo ; cas de Hutu et Tutsi aux Kivu, Aspect Juridique*, Ed. YIRA, Kinshasa, 1998.

150. MUKONDE MUSULAY P., *Communication portant sur la notion de la nationalité exclusive en République Démocratique du Congo (RDC) et la contribution de sa diaspora à la reconstruction nationale*, Ottawa 2000.

151. MWAYILA TSHIYEMBE, *Refondation de la nation et nationalité en République Démocratique du Congo*, Paris 2007.

152. NGIRA B., *Héritage colonial, Histoire des ethnies frontalières du Zaïre, le cas des Hutu et des Tutsi du Kivu au 16ème siècle à 1977*, Kinshasa 1989.

153. NGUYA N., *Les conditions juridiques des étrangers en République démocratique du Congo*, Kinshasa 1972.

154. NGUYA-NDILA MALENGANA C., *Nationalité et citoyenneté au Congo/Kinshasa : le cas du Kivu,* éd. L'Harmattan, Paris 2001, p. 311.

155. Paris 1960,

156. PIRANTONI R., *Le traité de Berlin et l'État Indépendant du Congo*, Paris 1901.

157. POMEPLAU A., et MALCUIT G., *L'enfer et son environnement,* Rense, chi-histoire du Québec, 1982.

158. RAPPORT DE LA COMMISSION VANGU MAM-BWENI, *De la nationalité, Kinshasa* 1995.

159. RAPPORT TEUWEN, *De la nationalité*, Léopoldville 1966.

160. REYNTYENS F., MARYSSE S., *Conflits au Kivu, Antécédents et enjeux*, Anvers 1996.

161. RUHIMBIKA, Manassé (Müller). *Les Banyamulenge (Congo-Zaïre) entre deux guerres*, Paris 2001.

162. SAMBA KAPUTO T., *Phénomène d'ethnicité et conflits ethno-politiques en Afrique Noire post-coloniale,* Kinshasa 1982.

SANKIEME LUSANGA A., *Droit international humanitaire*, Paris 2022

163. SANKIEME LUSANGA A., - *Esquisse sur l'émergence d'une nationalité et citoyenneté transnationale face aux concepts traditionnels: Etude des droits africain, congolais, européen et suisse*, Berne 2014

164. SANKIEME LUSANGA A., *Ethique de la migration: La valeur de la justice comme base pour une migration dans l'Union Européenne et la Suisse*, Genève 2011

165. SANKIEME LUSANGA A. *La problématique de la migration et de l'asile: étude des textes bibliques, des documents de l'Eglise et des instruments juridiques internationaux,* éd. Université de Fribourg, 2006

166. SANKIEME LUSANGA A., *Les quatre vertus cardinales au service de l'amour d'amitié*, Fribourg 1994 –

167. SCHIER A., *La nationalité des Congolais*, Bruxelles 1950.

168. SHOMBA KINYAMBA K ; *Méthode de la Recherche en Science Sociale*, Ed. MES, Kinshasa, 2005-2006.

169. TABLE RONDE DE BRUXELLES, Thème 2: Constitution et nationalité protection des minorités, problématique des Kivu, Bruxelles 2002.

170. TODARO M.& SMITH S., *Development Economics*, 11th edition Addison – Wesley, 2011.

171. TSHIBANGU TSHIASU KALALA F., *Le droit zaïrois de la nationalité*, Kinshasa 1991.

172. UNHCR, *Nationalité et apatridie : un guide pour les parlementaires*, n° 11-2005.

173. VAN DER KERKEN G., « La nationalité des Congolais ou sujets belges du Congo », in: *RBDC* 1937, n° 4, p. 170.

174. VAN DER KERKEN G., « Le statut des sans nationalité «Heimatlosen» et leurs descendants en droit congolais », in *RBD*C 1938, n° 1, p. 1.

175. VERWHILGEN M., *Nationalité et Statut Personnel*, Bruxelles 1984.

176. VISSCHER P. *(de), l'affaire Nottebohm*, R.G.D.I.P., 1956.

177. *Volume 1, L'État*, Berne 2006.

178. WEIL P, *Mission d'étude des législations de la nationalité et de l'immigration, Des conditions d'application du principe du droit du sol pour l'attribution de la nationalité française, Pour une politique de l'immigration juste et efficace*, Paris, 1997.

179. WEIL P., HANSEL R., *Nationalité et Citoyenneté en Europe*, Paris 1999.

180. WEIL. P, *Qu'est- ce qu'un Français ?* Paris, 2002.

181. WELOLI M., *L'octroi de la nationalité en droit zaïrois et comparé*, Kinshasa 1996.

182. WIHTOL DE WENDEN C*., La question migratoire au XXIe siècle, Migrants, refugiés et relations internationales*, éd. Sciencespo., 2013.

183. WILLAME J.-C., *Les Banyarwanda et les Banyamulenge, violence ethnique et gestion de l'identitaire au Kivu Zaïre,* Paris 1997.

184. *YANGAS MESSIA J., « La protection diplomatique en cas de double nationalité », in: Hommage d'une génération de juristes au Président Basdevant,*

185. ZATZEPINE A., *Le droit de la nationalité des Républiques francophones*, Paris 1963.

186. *Zivilstandswesen* 72/2004 25-30.

187. ZUHANDEN *Bundesamt für Migration, Direktionsbereich Zuwanderung und Integration*, Bern 2010.

2. Revues et articles

1. *Convention de la Haye du 12 Avril 1930.*

2. BOUTROS BOUTROS Ghali, *Agenda pour le passé*, Servals, des Nations, New-York, 1992.

3. Par SANKIEME LUSANGA A., -« Visa Schengen : Les ressortissants de la RDC sont souvent victimes de la discrimination raciale », in *Journal le potentiel*, 20 aout 2015 - Privation des droits des migrants de la RDC dans les pays d'accueil, journal le potentiel, 11 aout 2015 - La nationalité est l'une des principales raisons de tensions politiques dans les Grands Lacs d'Afrique, journal le potentiel, 25 aout 2014.

4. Nationalité et démocratie en période de migrations transnationales : contexte, opportunités et risques de la double nationalité, consulté sur https://www.swissinfo.ch/resource/blob/44626432/a602078484c1984f3b610b1166a9eca5/l-%C3%A9tude-en-fran%C3%A7ais-data.pdf?force-download.

5. Quelle voie vers l'inclusion? La citoyenneté entre institutions et attitudes (Marion Aeberli et Gianni D'Amato), consulté sur : https://www.swissstats.bfs.admin.ch/collection/ch.admin.bfs.swissstat.fr.issue201420162000/article/issue201420162000-11.

6. Pour un Requiem de la proposition de Loi dite "Congolais de Père et de Mère » pour accéder aux hautes fonctions en RDC (publié le 01/04/2023 par YAV & ASSOCIATES), consulté sur : https://www.legavox.fr/blog/yav-associates/pour-requiem-proposition-dite-congolais-33948.htm.

Table des matières

Structures éditoriales du groupe L'Harmattan

L'Harmattan Italie
Via degli Artisti, 15
10124 Torino
harmattan.italia@gmail.com

L'Harmattan Hongrie
Kossuth l. u. 14-16.
1053 Budapest
harmattan@harmattan.hu

L'Harmattan Sénégal
10 VDN en face Mermoz
BP 45034 Dakar-Fann
senharmattan@gmail.com

L'Harmattan Cameroun
TSINGA/FECAFOOT
BP 11486 Yaoundé
inkoukam@gmail.com

L'Harmattan Burkina Faso
Achille Somé – tengnule@hotmail.fr

L'Harmattan Guinée
Almamya, rue KA 028 OKB Agency
BP 3470 Conakry
harmattanguinee@yahoo.fr

L'Harmattan RDC
185, avenue Nyangwe
Commune de Lingwala – Kinshasa
matangilamusadila@yahoo.fr

L'Harmattan Congo
219, avenue Nelson Mandela
BP 2874 Brazzaville
harmattan.congo@yahoo.fr

L'Harmattan Mali
ACI 2000 - Immeuble Mgr Jean Marie Cisse
Bureau 10
BP 145 Bamako-Mali
mali@harmattan.fr

L'Harmattan Togo
Djidjole – Lomé
Maison Amela
face EPP BATOME
ddamela@aol.com

L'Harmattan Côte d'Ivoire
Résidence Karl – Cité des Arts
Abidjan-Cocody
03 BP 1588 Abidjan
espace_harmattan.ci@hotmail.fr

Nos librairies en France

Librairie internationale
16, rue des Écoles
75005 Paris
librairie.internationale@harmattan.fr
01 40 46 79 11
www.librairieharmattan.com

Librairie des savoirs
21, rue des Écoles
75005 Paris
librairie.sh@harmattan.fr
01 46 34 13 71
www.librairieharmattansh.com

Librairie Le Lucernaire
53, rue Notre-Dame-des-Champs
75006 Paris
librairie@lucernaire.fr
01 42 22 67 13

Made in United States
Orlando, FL
04 November 2026

90218352R00122